古代歷史文化研究輯刊

三編

王明蓀 主編

第24冊

從民間出發：
民國初年的中等教育改革
（1912～1926）

易正義 著

國家圖書館出版品預行編目資料

從民間出發：民國初年的中等教育改革（1912～1926）／易
正義 著 — 初版 — 台北縣永和市：花木蘭文化出版社，2010
〔民 99〕
目 2+232 面；19×26 公分
（古代歷史文化研究輯刊 三編；第 24 冊）
ISBN：978-986-254-108-1（精裝）
1. 中等教育 2. 教育改革 3. 中華民國
524   99001347

ISBN - 978-986-2541-08-1

9 789862 541081

古代歷史文化研究輯刊
三 編 第二四冊   ISBN：978-986-254-108-1

從民間出發：
民國初年的中等教育改革（1912～1926）

作　　者　易正義
主　　編　王明蓀
總 編 輯　杜潔祥
出　　版　花木蘭文化出版社
發 行 所　花木蘭文化出版社
發 行 人　高小娟
聯絡地址　台北縣永和市中正路五九五號七樓之三
　　　　　電話：02-2923-1455／傳真：02-2923-1452
網　　址　http://www.huamulan.tw 信箱 sut81518@ms59.hinet.net
印　　刷　普羅文化出版廣告事業
初　　版　2010 年 3 月
定　　價　三編 30 冊（精裝）新台幣 46,000 元

從民間出發：
民國初年的中等教育改革（1912～1926）

易正義　著

作者簡介

易正義，1956年生於台灣基隆市。
1979年淡江大學歷史系，1988年政治大學歷史所碩士，2009年中國文化大學史學所博士。
亞東技術學院副教授。

提　要

　　民國初年的中等教育改革，是中國中等教育歷經引進、調適和定制的過程。改革因理想、因需要而起，受職業與民主教育思想所引導。更是民國建立以來唯一一次由下而上的教改運動，最大的動力來自民間教育團體，不論是確立的改革方向，或是推動改革的進程，甚至新制頒行之後規畫新課程，無一不是民間教育團體主動作為的成果。研究題為：「從民間出發：民國初年的中等教育改革 1912～1926」，其中「民間」兩字，指的就是民國初年活躍於教育界的各類、各級教育團體。這場改革的力量來自於民間，從定制後的新課程來看，改革的理想也回到了民間，不只使普通與職業合流，課程的內涵更是充滿著養成具備關懷社會、改造社會能力的現代公民。研究時間範圍定在 1912 年～ 1926 年之間的原因是：民國建立是在 1912 年，不論是在政治或是教育方面，都是一個新局；到了 1926 年，在廣州的國民政府成立教育委員會，在民國教育史上，又是教育制度再次變革的開始。而中等教育的改革，在這一段時間內也完成了調適與轉換的改革，自外國引進的中等教育制度不只度過了過渡時代，而且開啟了一個全新的紀元，不只實現了普通與職業教育合流的目標，而且奠定了現行兩級制中等教育的基礎。

獻給 我的妻子

目

次

附　圖

附　表

第一章　緒　論

第一節　研究動機與目的

　　直到二十世紀初，中學才在中國出現，近代的教育體系才在中國建立。嚴格地說，政府明令各省、府、直隸州、各州、縣分別將書院改設大、中、小學堂，是在 1901 年，近代學校系統──學制的建立則始自 1902 年，然而，真正實施則自 1904 年初頒行癸卯學制以後〔註1〕。從 1901 年到 1912 年民國建立為止，中國在清政府的統治下實施了這一套從小學、中學到大學三段式的學校系統。在中國傳統的教育體系之中，有大學和小學，無中學的概念，換言之，二十世紀開始所實施的中等教育制度，是一個全新的開始，制度之始創無庸置疑是學習自外國的經驗的。

　　一百多年過去了，我們今天很習慣地從小學到中學到大學，逐級地從入學到畢業，卻少有去審視，從小學到大學為什麼一定要經過中學？中國原本沒有中學，為什麼會有中學的加入？而我們現在實行的兩級中學制度，將中學分為初級中學和高級中學，為什麼不是制度始創時的一級中學制度？甚至現在高級中學分為文理兩組，還有綜合高中的制度，也不是始創時期的原貌，可以想見：一百多年來的中學制度歷經從引進實行，到調適變革，到自我建立的變遷過程，如果說清末是中等教育的始創階段，那麼民國初年剛好就是中等教育在中國經過調適到定制的時期。

─────────────

〔註 1〕 癸卯學制於光緒二十九年十一月二十六日定頒，轉換成西元紀年為 1904 年 1
　　　　月 13 日。

　　1950 年代以降，對於中國近現代歷史的研究，往往受到西方中心模式和中國中心觀等理論的影響，不論是費正清（John K. Fairbank, 1907～1991）所主張的挑戰與回應，或是李文森（Joseph R. Levenson, 1920～1969）所強調的傳統與近代的模式，甚至是帝國主義模式，都相當程度地誇大了西方的力量及其對中國的影響力；至於中國中心觀的研究角度，則是把中國歷史的中心放在中國，重新認識中國的歷史。對照「挑戰回應」、「傳統現代」、「中國中心論」的研究取向，中等教育的制度甚至整個新式教育的制度，無疑是受到外力的影響而發生的，但是中等教育從始創到自立的變遷過程，卻充滿著中國內在的自我調適。從這個角度看，中國中等教育制度的建立和演變的過程，正是中國現行教育制度中，一個可以探究制度從無到有，繼而改革修正，終於成為現制的最好對象。基於此，本研究不在強調西力衝擊與傳統的崩潰，而是強調中國由傳統過渡到現代的積極面相，就像若干中國研究者的觀點，從中國本身出發，並未完全漠視東西洋國家教育制度對中國的影響，而是企圖在外力影響的表相之下，深入探究中國教育界本身在選擇接受和轉化的過程中，自我反思並且制訂適合於中國現狀的教育制度的一項成果。

　　本研究的主題為：「從民間出發：民國初年的中等教育改革（1912～1926）」。研究的時間範圍始自 1912 年，迄於 1926 年，原因有二：一是因為此一階段是中等教育制度發展史中，變動最大，也是兩級中學制度底定的時期。誠如蔣夢麟（1886～1964）所說，這是一個新舊交替的過渡時代，在民國歷史的分期上，北洋政府時代與南京國民政府時代是分屬於兩個不同的時代，彼此之間有很明顯的區隔，本研究沿用此一觀念，將研究時間下限定在1926 年。另一個原因是，國民政府於 1926 年公布「教育行政委員會組織法」，2 月 9 日國民政府特派陳公博、甘乃光、許崇清、金曾澄、鍾榮光為教育行政委員會委員，3 月 1 日委員會成立〔註2〕，這是教育行政體系上一個很大的改變，加上國民政府旋即定都南京，開啟了一個新的時代，再一次對於中等教育制度展開修正。

　　本研究所指的「中等教育」（Secondary Education），並不只限於傳統所謂的中學校，尚且包括學齡和中學校相當的師範學校和職業學校，其範圍要比

〔註 2〕丁致聘編，《中國近七十年來教育記事》（商務：商務印書館，1935 年），頁 128；教育部部史，教育部網站，2008 年 8 月 27 日，http://history.moe.gov.tw/ worldhistory.asp?page=6。

中學校大的多。這個階段的教育是以三級學制模式為基礎而形成的概念，它是指位於初等和高等教育之間的中等程度教育。這一個制度本來不存在於中國傳統教育制度之中，而是源自於西方的。在西方，近代學校系統的中小學是呈雙向發展的，一條是從程度較高級的學校向較低級的學校延伸，如英國、法國和德國都是先出現中世紀的大學，再到具有大學預科性質的古典文科中學，帶有貴族化和學術性的特徵，以培養高層人才為目的；另一條是反向的發展，即由下而上的，例如：歐洲以外的國家大都以實施國民教育的小學開始，延伸到職業學校再到中學，具有大眾化和普及化的特性，以普及國民教育和教化為目的。這兩條路徑在相當長的時間裡彼此獨立，各自具有專門的教育對象〔註3〕。不論是由上而下或是由下而上，歐美的中學發展過程有其歷史脈絡，而在中國則完全缺乏孕育中等教育制度的過程。由於中國建立中等教育的制度是直接學習日本，間接學習歐美而來，事實上並無歐美國家產生中等教育的背景，橫向移植之後，要如何安置這一個新的制度，使之能夠適合中國的水土，更是倍加艱辛。

不巧的是，中國的中等教育制度從初建到調適的過程中，適逢清朝末年和民國初建的政權交替。尤其是民國初年，歷經袁世凱政府及其後的軍閥政治時期，國內政局擾攘不安成為常態，軍事倥傯之際，對於教育確實多有疏忽；然而，就學制發展史來看，尤其是中等教育的改革史來看，吾人今日所實行兩級制的中等教育制度，卻是在這一段期間訂定的，之所以會有如此成就，其中的關鍵，是由於此一時期，來自「民間」的力量發揮了影響力。

本文以「從民間出發」為軸心，研究民國初年中等教育制度的改革，這裡的「民間」具有雙重的意涵，一是與國家政府相對的民間社會的意義，強調民初中等教育改革是由民間力量所促成，推動的力量來自於教育界人士與團體，鼓吹議論的平台為民間的報章雜誌。另一個意涵，則是改革因民間的需要出發，不論是職業教育的提倡或是養成共和國公民的教育目標倡議，都是起自民間，改革的結果也深受職業教育和民主教育思想的影響。

民國初年中等教育制度的改變，是緩進而非驟進的，如何從清季的中等學堂教育轉換成為 1920 年代的中等教育，其實是一個重新整合的過程，不只是教育制度形式上的轉變，更是一個從教育宗旨開始，到制度設計，到課程

〔註 3〕 單中惠主編，《外國中小學教育問題史》（山東：山東教育出版社，2005 年），頁 1～3。

規畫徹底轉換的過程。從 1912 年到 1926 年，中等教育制度共經歷了四次改革。1912 年民國建立，中等教育第一次改革，與共和體制不合的制度首遭淘汰，中學校令頒行，中學校由五年改為四年，廢文實分科，成為一個養成健全國民，完足普通教育的教育階段，而中學校與其同級的甲種實業學校和師範學校仍屬分立的狀況。第二次改革則是在 1916 年中學校增設第二部的變革，第三次則是在 1918 年中學校校長會議之後，教育部於 1919 年通令各省區得酌量地方情形增減科目及時間，成為選科制之法源，也正式打破民國建立以來畫一中學課程的規定。這三次的改革，都只是針對中學校做局部的改革，基本的架構仍然延續清末以來的制度。而 1920 年代進行的第四次中等教育改革，則是配合整個學制系統的改革，做了一次徹底的翻修，可以說是民國初年中等教育制度改變中最大的一次改革，也是到目前為止，仍在實行的中等教育制度的原型。

本文針對民初中等教育改革進行研究，除了試圖重建民初中等教育改革的完整歷程之外，另有三個目的：

（一）分析時代環境的變化與主流教育思想產生的背景，理解民國初年中等教育改革的必要性及其發展趨勢。

1912 年民國建立民主共和制度，顛覆了數千年的君主制度，為因應新形勢，既有的教育制度勢必要隨之調整；而引進不久，尚在調適的中等教育，遭逢此一巨變，更得要加速其調適的步調。加上此期間國際形勢也發生了急遽的變化，歐戰爆發，讓中國工業有了發展的機會，連帶迫切需要產業人才的養成；歐戰結束，代表民主共和體制的英美國家，戰勝了德國，使得民主教育思想成為戰後教育思想的主流，養成共和國家的國民成為教育界所努力的目標。在此內外環境交織變化的時代裏，民間教育團體推動之下，中國教育界產生了引領教育趨勢的新教育思想，職業教育思想基於實用教育思想而轉型，民主教育思想也有取代清末以來盛行的軍國民教育思想的趨勢。歷史上所有改革事業的發生，莫不是由於觀念思想的改變而起，其進行也都受到思想觀念所引領，進而孕育出全新的內涵。民國初年的中等教育改革亦復如此，而為探究因改革而產生的新內涵，及掌握改革的新趨勢，剖析此期間引領時代風潮的主流教育思想是有其必要的。

（二）分析民間教育團體在中等教育改革過程中所扮演的角色，及其與國家政府之間的互動關係。

　　1912 年到 1927 年之間，除了袁世凱政府初期還維持一統局面外，袁氏政權因帝制而告終，隨之而來的是全國陷入長期擾攘不安的局面，國家南北分裂，各自為政，根本無暇顧及民生經濟，遑論教育。中等教育能有局部的改革，端賴教育界之奮起，教育團體和以報刊雜誌為主體的輿論界在教育改革的過程中，扮演主動積極的角色。筆者認為：由於民國初年發動改革中等教育的力量起自民間，因此，在討論制度變革的同時，來自民間的各個教育團體和各級學校教育工作人員所倡導的改革言論，以及他們對於新制的試驗都是本研究關注的重點。目的在分析改革過程中，國人改革的動機與行動，及其由言論主張化為實際成果的潛在脈絡，藉以彰顯民初的中等教育改革為教育團體的主動作為。

　　然而，不管起自民間的教育界人士或教育團體發揮多大的影響力，訂定了多麼進步的教育制度，要能推行於全國，仍有賴於在體制之內促其實現，這就非得頒布國家政令不可了。依照舒新城（1893～1960）的看法，學制就是「學校的系統制度」，包含三個要素：一是學校，二是系統，三是制度。換言之，只有學校，而無系統組織及為國家法律所規定，就不能稱為「學制」〔註 4〕。其中的一個關鍵，就是國家法律的規定，這是為什麼民間教育團體所有會議的決議，都必須經過教育部頒布才能實施於全國的原因。而中等教育是整個學校系統中的一個階段，中等教育改革的完全實現，必俟學校系統改革案的頒行才能成為定制，本研究將中等教育改革與學制改革視為一體，原因在此。

　　無論是在中等教育改革過程中，或是在學制的改革過程中，主管教育的行政機關，在中央的教育部，在省的教育廳，不論其有無積極作為，由於任何一項制度的變革，必須經過政府正式頒行才能有效，無論是中等教育制度的設計或是整個學校系統的更張要能夠推行全國，都要有政府正式頒布才能實現。因此，本研究固然偏重民間教育團體的改革作為，但對教育主管機關，

〔註 4〕舒新城，《教育通論》（上海：中華書局，1927 年），頁 44。另外，所謂「學制」，就是「學校教育制度」，亦稱「學校系統」。指一個國家各級各類學校的體系，它規定各級各類學校的性質、任務、入學條件、學習年限以及各校之間的銜接和關係。參教育大辭典編纂委員會編，《教育大辭典》一冊（上海：上海教育出版社，1996 年），頁 72。學制與教育制度不能混為一談，教育制度的範圍很廣：有教育宗旨、教育行政、教育方法、教育經費、學校制度等，學制不過其中之一部份，不能混而為一。

也絕不刻意忽略，研究中將特別留意兩者之間的互動關係，同時探討教育主
管當局在此一改革的過程中所扮演的角色與功能。

　　（三）分析改革之後的中等教育新課程與舊制之區別，並剖析新訂共同
必修科目的內容，藉以梳理新課程對於新思想、新主張的實踐。

　　中等教育改革絕不是制定了一個新的學校系統就可宣告成功的，經亨頤
（1877～1938）在學制草案制定之後，曾有「不先研究教材定這個草案確有
不妥」〔註5〕的感嘆。同樣的，不規劃課程，如何實踐教育目標，實現辦教育
的目的呢？也就是說，民國初年中等教育改革之後，建立了全新的兩級制中
學制度，實施了選修制和分科制，解除了清末以來劃一的中等教育課程的結
構，開創了前所未有的新課目，這是民初十餘年間，內外環境變化影響下的
產物，要建立完整的中等教育改革的過程及其影響，非進一步探討分析新課
程的規劃與建立不可。

　　而在整個新課程的規劃實行的過程中，再次地看到了民間的力量，包括
推動的的主力，全國各省教育會聯合會發揮了影響力；課程對於養成一個共
和國公民的安排，顯現了中等教育回到民間的教育目標。從配合新制，重新
設計新課程，訂定課程綱要，編訂教科書，進行教學，全國教育會聯合會在
整個中等教育制度的改革過程中，比教育部更積極，更有始有終，從倡議、
提案、討論、試驗、定制到課程重整，匯聚了國內教育界的力量，一以貫之
地推動這一次的改革。然則，教育當局的角色與功能又當如何看待？一言以
蔽之：「頒行之」而已。

　　筆者認為民國初年的中等教育改革是一項持續不斷進行的改革，從一開
始局部的改革到1922年配合著學制改革而有了全盤的更新。民初的中等教育
改革，不只和學校系統改革案一致，也和同一時期世界各國所進行的教育改
革在時間上重疊。從全球的觀點來看，民國初年中等教育的改革過程，顯然
與歐美各國中等教育的改革脈動是一致的。民初的中等教育改革也是民國史
上唯一一次由民間教育團體所主導的教育制度改革，而「民間」的力量和意
識是逐步增強的，改革並非始終皆由「民間」所主導，而是漸進的。因此，
研究關注的重點，不只是中等教育改革的過程，更關注推動中等教育改革的
力量，及其與政府之間的互動關係，藉此探討整個1920年代我國中等教育系

〔註5〕　經亨頤，〈新學制研究〉，張彬編，《經亨頤教育論著選》（北京：人民教育出
　　　　版社，1993年），頁265。

統整合的嘗試及其過程。

第二節　相關研究回顧

　　本研究是以民國初年中等教育改革為研究對象，與中等教育改革相關的教育團體的研究及與近現代教育變革相關的研究成果都是本研究應該參考的。迄今為止，與本研究主題相關的各項研究成果，包括普通中學教育、職業教育與師範教育，歷來按學校體系從事研究之教育史專著，成果相當可觀。以下擬分成：教育團體和教育類期刊、以及外文的相關研究成果等三個項目，對中等教育研究概況做一個簡單的回顧與評述。

一、以中等教育和學制課程為主題的研究成果

　　1949 年以前，以教育制度、學制（學校系統）為主題的著作也頗不乏人，郭秉文的《中國教育制度沿革史》出版最早，1922 年即已問世，郭著係由其博士論文翻譯而成，黃炎培序本書為「空前之作」，強調其開創之功。陳寶泉的《中國近代學制變遷史》（北京：文化學社，1927 年）、蔡芹香編著的《中國學制史》（上海：世界書局，1933 年）為國人最早以學制為主題所編著的專書，前者出版於 1927 年，專論近代；後者出版於 1933 年，則從古代一直論述到近代，陳寶泉曾長期任職教育界，該書為其退休後書寫，書中所引，頗多直接由官方檔案而來，尤其珍貴。但由於出版的早，且兩書之撰述多為資料排比，當作檔案資料參考書可以，視為學制變遷史的論著則仍嫌不足。1930年代出版的專著尚有周予同的《中國學校制度》、姜書閣的《中國近代教育制度》等。1990 年代以後，較著名的如高明士的《中國教育制度史論》倡論中國教育史，提出廟學制的觀點。李國鈞、王炳照主編的八卷本《中國教育制度通史》則是一部集體式的著作。而以學制作為主題研究的專書則有錢曼倩、金林祥主編的《中國近代學制比較研究》，全書分四章：中國近代學制的前奏、壬寅學制和癸卯學制、壬子‧癸丑學制和壬戌學制，係一部以清末民初歷次學制頒行之時間為分期的學制變遷史，1922 年的學制只占全書的四分之一，論述亦僅限制訂學制的背景、過程及學制內容的分析，至於學制改革必須討論的課程、教材，則付之闕如。本論文以民國初年中等教育改革為主題，筆者認為中等教育改革之完成，需與學制改革的進程相一致，因而對於學制的變革有較深入的討論，對於前輩學者的著作自然也不敢輕忽。

　　學制的改革，就表相而論，只是學校系統的更張而已，然就實質而言，更需涉及課程的變革。目前有關課程的研究成果中，以呂達的《課程史論》（北京：人民教育出版社，1999 年）最爲有名，呂著以學制建立爲分期點，討論清末新教育建立以後，直到 1920 年代中國普通中學課程沿革，從早期的教會學校課程到學制頒定後的各時期普通中學課程科目、學分數及分析課程的特色，呂達同時剖析張之洞、康有爲、梁啓超、嚴復、蔡元培、黃炎培等人的教育思想，在課程設計上的實踐，此中構想確有其獨見。惟呂氏在論述 1922 年學制改革後的課程擬訂，只剖述黃炎培一人，而忽略廖世承、舒新城、陶行知等人的觀點，涵蓋面不夠周延的；且對於新制新課程的規劃因果缺乏探討，筆者希望能就此做進一步的探討。

　　另外，最近專門以「中等教育」爲主題的研究，有王倫信（1961～）的《清末民國時期中學教育研究》（上海：華東師範大學出版社，2002 年）。王氏研究清末民初中學教育，觀察從清末至民國中等教育制度的建立與演變，分析清末民國中學教育制度的演變過程及其原因，同時分析清末民國中學課程、學校訓育的設置、實施的動態發展情況，最後則從成長速度、區域差異、學生來源背景、性別比重等方面，量化分析清末民國中學教育實施的進展情況。本書研究清末民初的中等教育，時間超過一甲子，論述內容涵蓋制度與課程，與本論文主題相近，惟其研究，偏重長時期的制度與課程的演變過程，對於變動過程的時代因素與社會背景，以及當代的教育團體、教育界人士對於教育改革的推動與制度形成的辯論過程的分析則較欠缺，以 1922 年的學制變革爲例，單純的以美國制度代替日本制度的看法，與學界一般看法無異，但若從國內教育界的角度去觀察，則引進美制的看法確實有待進一步釐清，而中等教育的發展也不僅只在三三制的確立而已。至於課程的論述，作者對於課程的制訂及課程類型的分析頗爲費心，係其重要貢獻，惟對於中等教育變革前後，新課程的規劃與當代中等教育理論的相關性並無深入的分析，實則兩段式中等教育爲 1920 年代教育改革的特色，改制之後的高級中學課程，有多門屬於新設，對於設置的緣由，課程的規畫及其與當代教育理論，和中等教育目的相關性，實在沒有忽視的道理。

二、以教育團體與教育類期刊爲主題的研究成果

　　包括蔡行濤著《抗戰前的中華職業教育社》（臺北：東大圖書公司，1988 年）、張彬著《從浙江看中國教育現代化》（廣州：廣東教育出版社，1996 年）、

張偉平著《教育會社與中國教育近代化》（浙江：浙江大學出版社，2002 年）和劉正偉著《督撫與士紳——江蘇教育近代化研究》（石家莊：河北教育出版社，2002 年）等等。

　　蔡行濤為臺灣學者，所著係針對中華職業教育社之組織發展及該社辦學試驗、職業指導、農村改進等項事業之舉辦作研究；張偉平等三人的著作，都是大陸學界以教育近現代化為主題的研究專題。張偉平針對教育團體，劉正偉和張彬分別以江蘇、浙江為對象，研究兩省教育近代化的經過，而有涉及兩省的省教育會的研究者。

　　張偉平的《教育會社與中國教育近代化》一書中所指的教育會社，即本研究所稱的教育團體，該書以教育會社與推動普通教育、職業教育和參與制訂學制的過程為主題，分析教育會社參與的各項活動，如私塾改良、爭取教育經費、義務教育入憲、傳播職業教育思想、興辦職業學校、在普通學校中推行職業教育等，及參與學制改革的過程，並評論教育會社所產生的影響。張著的特色，為運用歸納的方法，條列分明地陳述了教育會社在近代教育史上的參與歷程，惟較缺乏理論的論辯，以致於容易知其然而不知其所以然。

　　劉著探討江蘇 1861～1927 年間的教育變革，在清末廣方言館、格致書院、南菁書院、江南水師學堂、兩江師範學堂論江蘇教育的發展，兼及義務教育與實業教育。劉氏指出民國以後中等教育有與實業教育相聯絡的趨勢，是一個相當敏銳的觀察，也可看出 1920 年代教育改革的過程中，江蘇的教育團體，包括教育會、中華職業教育會都扮演著關鍵角色。

　　近年來，另有數篇以教育團體和《教育雜誌》為研究主題的博士論文，包括：鄭新華撰《近代中國教育如何可能——以江蘇省教育會的實踐為例（1905～1927）》（上海：華東師範大學博士論文，2006 年）、張廣勇撰《社會變遷中的中國近代教育會研究》（武漢：華中師範大學博士論文，2006 年）和楊建華撰《中國近代教育期刊與近代教育發展——以上海近代教育期刊為例》（上海：華東師範大學博士論文，2005 年）。鄭著從政治、文化和教育三個角度深入分析清末民初的江蘇省教育會的角色與功能，其中討論省教育會與教育改革時，分別由單級教授研習所、江蘇教育經費委員會、科學名詞審查會、國語委員會的組織與參與，發揮省教育會對於教育改革的影響力的說法，或可證明省級教育會對於教育改革的積極任事。惟論文中認為江蘇省教育會的《教育研究》，從教育理論、教學方法和教學分科等方面重塑了教育知識譜系

和分類，直接影響了 1922 年壬戌學制後的初級中學六科分類的說法，則有待商榷，主要原因是作者並未提出該刊在 1917 年到 1922 年的文章足以證明兩者之間有直接的關連，且忽略了江蘇省教育會之外的教育類雜誌，筆者認為是有待釐清的。張著討論的教育會有兩個系統：一個是教會系統的中國教育會，一個是各省教育會系統的教育會。與本研究較有關係的是各教育會，張著亦以江蘇省教育會和全國各省教育會聯合會為探討重心，在江蘇省教育會的研究方面，和前述劉正偉著《督撫與士紳——江蘇教育近代化研究》所附之江蘇省教育會之研究相去不遠；對於各省教育會聯合會關於學制改革的討論，也只論及學制制訂的過程，有關學制頒行後，課程的規劃及課綱訂定的討論也付之闕如，這都是有待補白的。至於楊建華討論上海的教育期刊與近代教育發展的關係，本是一個很好的課題，他從教育理論的傳播、學制的遞嬗和教育方法變革等三方面，討論期刊所扮演的輿論平台的功能及其影響。惜論文僅止於雜誌刊登的文章之歸納與分類，以學制為例，作者以羅振玉的《教育世界》和清末民初的商務發刊的《教育雜誌》為主，討論期刊在近代學制從清末到 1922 年的幾次演變過程中所發揮的功能時，雖然提及《教育雜誌》和《中華教育界》都曾為訂定學制而特別發行專刊，但論文中卻只引述了廣告內容，對《教育雜誌》學制課程研究號竟然毫未論及，其待補白的部分可見一斑，也給了筆者可以在論文中就這部分稍作補強的機會。

三、外文的相關研究成果

此外，與本文主題相關的外文著作中，論述清末民初中國教育改革的專著，首推法國漢學家巴斯蒂（Marianne Bastid, 1940～）著 *Educational Reform in Early Twentieth-Century China*（1971），全書以張謇（1853～1926）做為個案的方式探討清末（1900～1911）教育改革的目的、主張及改革演進及實施過程。作者藉張謇儒生、狀元、實業家、政府高級官員、憲政及教育改革主要成員等多重角色，以剖析二十世紀初教育改革的實質目的及其影響，探討紳商與教改的關係，教育改革與政治改革和地方自治與教育改革互為支持、相互依存之關係〔註6〕。晚清紳商勢力之崛起，與清末改革關係密切，教育改革與教育團體的出現互為表裡，民國初年教育團體展現民間力量，不但參與甚至主

〔註6〕 李弘祺，《中國教育史英文著作評介》（臺北：臺灣大學出版中心，2005 年），頁 376～379。

導教育改革，其來有自。

　　繼巴斯蒂之後，莎莉‧伯斯威克（Sally Borthwick, 1945～）亦著有 *Education and Social Change in China: The Beginnings of the Modern Era*（1983）一書，研究範圍亦涵蓋 1902 年至 1912 年之間，著重於兵馬倥傯之際興建學堂與創立學校所遭遇之種種困難。補二者之不足者則爲貝利（Paul John Bailey, 1950～）的 *Reform the People: Changing Attitudes toward Popular Education in Early Twentieth-Century China*（1990），貝利對於中國清末民初教育思想的演變提供更深入的分析，貝利認爲傳統上把教育視爲掄才手段的觀念，在清末民初已逐漸轉變，認爲教育的目的是爲了普遍提升人民素質，強調的是這段期間教育思想的沿革並且與民國初年之各項教育變革有著深切的關係〔註7〕。全書所論與本論文內容相關者爲討論 1912 年的學校系統，民國初年普通教育發展的部分，分別探討 1912 年後，制定民國學校系統的論辯及教育部的角色；民國初年普通教育的推動及發展情形，兼及社會教育與職業教育的推廣，惟其探討只到 1920 年爲止，專注於清末民初政權轉變之際教育變革及其功能，對於 1920 年代的教育持續改革甚少著墨，有待後續的研究者繼續研究。

　　至於葉文心（Yeh, Wen-Hsin）的 *Provincial Passages: Culture, Space, and Origins of Chinese Communism*（1996），以浙江爲個案研究的對象，惟書中有專章論述浙江教育會，其深入探討教育會與省府當局的互動關係，可作爲本文研究教育會之參考。杜威（John Dewey, 1859～1952）〔註8〕是 1920 年代來華且影響中國教育改革的關鍵人物，Barry Keenan 著 *The Dewey Experiment in China: Educational Reform and Political Power in The Early Republic*（1977），全書除討論杜威來華經過外，對 1920 年代師承杜氏的中國著名教育學者，有意藉杜氏來華旋風，順勢形成一股改革中國教育風潮的過程著墨甚深，另有專章討論陶行知的教育改革事業，及其對杜氏教育理論的改良與實踐。Keenan 的觀點，對於筆者撰寫 1920 年代留美教育學者與杜威的互動關係，頗多啟

〔註7〕　李弘祺，《中國教育史英文著作評介》，頁 403。
〔註8〕　杜威，美國哲學家和教育家，1884 年獲約翰‧霍普金斯大學哲學博士學位後，先後執教於密西根大學、明尼蘇達大學和芝加哥大學；到 1904 年才到紐約哥倫比亞大學哲學系任教，一直到 1930 年。他反對傳統的灌輸和機械訓練的教育方法，主張從做中學。提出教育即生活，學校即社會的口號。其教育理論強調個人的發展、對外界事物的理解以及通過實驗獲得知識，影響很大。

迪。

　　另有數篇研究成果爲未刊之博士論文，共同特點是這些論文都以一位特定的教育家爲中心，對民初教育的演變和改革進行研究。如密西根州立大學 Qizhang Kuang 所撰 *Pragmatism in China: The Deweyan Influence*（1994），針對杜威訪華，對中國在思想和教育兩方面所產生的影響進行研究。由於五四前後傳統儒家文化備受批判，基於對新思潮的渴望，實用主義隨著杜威訪華被引進中國，此一哲學思想支配了 1919～1927 年間的中國知識界。作者認爲杜氏對中國教育的影響是巨大的、多樣的和持久的，學校系統在 1922 年以美國爲模範進行改革，即杜氏影響的結果。

　　又如華盛頓大學 Ernst Peter Schwintzer 所撰 "Education to Save The Nation: Huang Yanpei and The Educational Reform Movement in Early Twentieth-Century China"（1992），即針對黃炎培及民初職業教育作探討。耶魯大學 Sarah Coles McElroy 所撰 "Transforming China Through Education: Yan Xiu, Zhang Boling, and The Effort to Build a New School System, 1901～1927"（1996），以嚴修（1860～1929）、張伯苓（1876～1951）和南開學校爲中心，審視民初學校系統建立之過程。明尼蘇達大學 Yusheng Yao 所撰 "National Salvation Through Education: Tao Xingzhi's Educational Radicalism"（1999），則研究陶行知（1891～1946）一生所從事之教育事業，陶以留學美國哥倫比亞的背景，除於促成杜威和孟祿（Paul Monroe, 1869～1947）〔註9〕來華扮演關鍵角色外，陶氏一生的教育成就，起步也正是這個時候，論文中雖觸及 1922 年前後中國教育改革，惟因其主題爲陶氏一生，文中多專注於陶氏個人，少就教育團體及相關教育言論做更深入的論述。

第三節　研究方法與使用資料

　　在研究方法上，除了利用檔案文獻資料作描述式的研究，和對改革的論題作整體的分析解釋外，並參酌公民社會的理論，呈現以教育團體、各級學校教師和輿論界等屬非政府組織的民間力量，在學制改革及中等教育改革中

〔註 9〕　美國著名教育史家、比較教育學家、哥倫比亞大學師範學院教授，民國時期
　　　　　多次來華從事調查教育、講學。1921 年 9 月，由實際教育調查社聘請，孟祿
　　　　　來華進行了大規模教育調查與講學。對於改進中國科學教育和科學研究，對
　　　　　壬戌學制和中等教育的改革有直接的影響。

的主動作為。為完成此一研究工作，一方面以靜態的檔案資料和史料匯編為基本史料，探討民國初年教育制度改革過程；另一方面，藉由發表於報刊雜誌的相關文章及時論、報導，歸納分析比較時人對教育制度的改革主張，略窺教改的必要性及教育界和輿論界在改革過程所扮演的角色。

鑑於教育部所保存和已移交國史館典藏之教育部檔案文書較缺乏研究所需要的檔案資料；再者，本研究偏重於教育界與輿論界在改革過程中所扮演的角色與功能。因此，在研究及撰寫過程中所使用的材料，無論是民國初年官方與民間所出版的雜誌、報紙，如：《教育部編纂處月刊》、《京師教育報》、《新教育》、《教育雜誌》、《中華教育界》、《北京高師教育叢刊》、《中等教育》、《教育與職業》、《義務教育》、《申報》、《晨報》、《大公報》；或是學制改革、中等教育改革的參與者的相關著述，如：廖世承編撰的《中學教育》和《施行新學制後之東大附中》、邰爽秋編的《中學教育之理論與實際》和《中小學課程問題》、教育雜誌社編輯的《新學制的討論》三冊、《新學制中學的課程》、《師範教育改造問題》以及胡適等編的《孟祿的中國教育討論》等書皆為搜集的重點，都是主要參考的史料。

此外，近年來中國大陸出版相當多的教育史料匯編，如朱有瓛主編的《中國近代學制史料》、璩鑫圭等編的《中國近代教育史資料匯編》，包括學制演變、高等教育、普通教育、實業教育師範教育、教育行政機構及教育團體等，南京第二檔案館編的《中華民國史檔案資料匯編》關於教育的部份以及舒新城編的《中國近代教育史資料》等史料匯編，均是本研究課題必需善加利用之資料。再輔以當代教育界人士的文集，如《陶行知全集》、《黃炎培教育文集》，以及相關人物的口述訪談、回憶錄等資料以補充文獻資料之不足。

在使用的資料中，丁致聘編的《中國近七十年來教育記事》和周邦道主編的《第一次中國教育年鑑》，對基本史實的記事頗為詳實，有助於建立基本史實架構。第一次年鑑在 1934 年由教育部編審處編寫發行，1980 年代臺灣傳記文學社與宗青圖書公司皆曾影印重刊，兩者對於清末至 1930 年代為止的教育發展，提供了史實發展的脈絡所需的資料。

報刊雜誌與史料匯編是本文使用資料的最大宗。報刊以《申報》、《大公報》和《晨報》為主。《申報》創辦於 1872 年，《大公報》創辦於 1902 年，雖因抗戰而顛沛流離，卻能易地出刊始終維持不墮，本文研究時限在 1912 年至 1928 年之間，現有上海書店影印重刊，兩報皆能完整運用。《晨報》前身

為《晨鐘報》，創刊於 1916 年 8 月 15 日，因隨《晨報》附送，故稱《晨報副刊》，1921 年 10 月 12 日把第七版改出四版單張，定名為《晨報副刊》，至 1928 年 6 月停刊，該社地處北京，與上海的《申報》對照，或可提供不同地域觀點的觀察。雜誌尤為本文所倚仗，參考最多的以《新教育》、《教育雜誌》、《北京高師教育叢刊》、《中等教育》、《教育與職業》等為主。

　　參考中等教育改革者的著作，以及當代編輯的教育論著，常能補書報雜誌無法搜集完整的缺憾，例如廖世承（1892～1970）編撰的《中學教育》和《施行新學制後之東大附中》，前者是 1920 年代以前中國實施中等教育的理論與實際的總集成；後者則是東南大學附屬中學（以下簡稱東大附中）實驗分科選科制的總記錄，兩本書的重要性，在於它是本研究時間範圍內所出版的專書，記錄了當時實施的中等教育制度現況及其理論基礎，系統記載中學教育的學說主張及設施方法，由於作者就是 1920 年代中等教育改革的重要旗手之一，就本研究而論，作者是當事人，寫當代事，更寫當代中等教育理論，確實具有相當高的史料價值。另教育雜誌社所編輯的《新學制的討論》和《新學制中學的課程》則是該社蒐集教育雜誌十四卷號外及其他發表與該雜誌有關中等教育論著的重刊本，和胡適等編的《孟祿的中國教育討論》、邰爽秋編的《中學教育之理論與實際》、《中小學課程問題》等書，由於是參與中等教育改革的當事人留下的即時記錄，皆可作為重建這一段歷史的重要史料依據。

　　教育史資料匯編，則是在難以取得教育部檔案及民初相關人物著作的情況下，不得已的選擇。所幸自 1928 年舒新城編纂《近代中國教育史料》以來，佳作迭出，亦可彌補原始檔案不足的缺憾。本文最常使用之資料匯編有下列數種：

　　（一）舒新城主編《近代中國教育史料》，上海中華書局於 1928 年出版。這是最早有關此課題的史料匯編，該書依時間順序，分門別類地蒐集整理了有關近代教育的文獻資料。1963 年，舒新城又主編《中國近代教育史料》，共三冊，與《近代中國教育史料》的編輯方法不同，新編本為 1949 年以後的作品，按照中共階級鬥爭史觀和近代史分期法編纂。

　　（二）日本多賀秋五郎編《近代中國教育史資料》，1972 年由日本學術振興會出版。內容分清末篇與民國編，臺灣文海出版社影印再版。

　　（三）朱有瓛主編，由華東師範大學出版社出版的《中國近代學制史料》

四輯，於 1983 年到 1987 年間問世，第一輯：清末學制建立前的學堂（上、下兩冊）；第二輯：清末學制；第三輯：民國初年學制；第四輯：我國近代教會學校。該書以學制變化為主線，所選資料年限從 1862 年京師同文館成立，到 1922 年壬戌學制公布為止。本文所用較多者為第二輯和第三輯清末與民國初年學制兩輯。

（四）另一部包羅更廣的教育史資料匯編，是在 1990 年到 1995 年，由陳元暉主編，璩鑫圭、田正平、唐良炎、高時良、朱有瓛、潘懋元、劉海峰、湯志鈞、陳祖恩、童富勇、張守智、李桂林、戚名琇、錢曼倩等人共同主編的《中國近代教育史資料彙編》，共十種，由上海教育出版社發行，2007 年部分修訂後，重新再版。本資料匯編以專題為經、年代為緯進行編排，吸取此前各種近代教育史資料的成果，在收集文集、年譜、日記等方面有所擴展，且將教育家的議論、章程的初擬和修訂分別立項，成為迄今為止中國近代教育史資料編輯的集大成之作。只是由於範圍擴大，時間加長到整個民國時期，因而就晚清學務而言，內容較朱有瓛主編的《中國近代學制史料》稍略。共分《鴉片戰爭時期教育》、《洋務運動時期教育》、《戊戌時期教育》、《高等教育》、《普通教育》、《實業教育、師範教育》、《留學教育》、《學制演變》、《教育行政機構及教育團體》和《教育思想》等卷。本文使用以後七卷為主。

（五）顧明遠主編的《中國教育大系》六卷，包括《歷代教育論著選評》、《歷代教育制度考》、《現代教育理論叢編》、《馬克思主義與中國教育》、《歷代教育名人志》等。本文多參考歷代教育論著及教育制度等書中有關民國部分資料，例如《中國教育大系歷代教育制度考》第四章學校教育關於壬寅學制、癸卯學制公布後的學堂部份，與其他史料集之資料類似。

第四節　章節安排

本論文擬藉由教育團體與報刊雜誌互為表裡的作用，分析 1922 年學制改革過程中，實現了民初以來中等教育改革的主張與目標。全文除緒論與結論外，共分四章。

第二章，「中等教育導入中國之困境及其改革」，首先分析民國初年我國自清末以來，中等教育的發展情形與面臨的困境；其次則是討論國人試圖改革中小學教育所做的努力，包括在國內倡導職業教育運動、新教育運動，以

及遠渡重洋訪求外國的教育經驗，聘請外國專家如杜威、孟祿來華，傳播當代教育理念，調查中國教育現況，從而孕育了教育界改革中等教育新的契機。

第三章，「全國教育會聯合會與中等教育改革」，以全國教育會聯合會為主軸，探討清末民初各省教育會及全國教育會聯合會之起源，及其在推動地方教育與其對中等教育改革過程中所扮演的角色與功能。全國教育會聯合會由全國各省區教育會所組成，是一個全國性的組織，其集會為每年一度，其決議，或陳請教育部通令全國執行，或由各省縣教育會透過地方政府教育團體實踐，對於民國初年各級教育的推動，尤其是中等以下教育具有領導功能。本章分析 1921 年學制系統草案議決之前，全國教育會聯合會持續推動中等教育的改革經過，在這一段時間之中，全國教育會聯合會扮演發動改革的角色，在與教育部、和地方教育當局積極互動的情形下，中等教育改革已有若干的進展。另一方面，時人對於教育的改革其實是全面性的，學制改革的浪潮既起，先行的中等教育改革遂與之合流，成為學制改革的一部分，學制改革若能實現，中等教育制度也可以徹底變革。

第四章，「廣東全國教育會聯合會議後中等教育改革之議論與試行」，以第七屆全國教育會聯合會決議徵求意見之程序為軸心，重建教育界與輿論界對於學制，尤其是中等教育部分的討論與試驗情形。首先探討各省區教育會對於學制草案的回應，以江蘇、浙江和廣東等省為例，分析各省執行全國教育會聯合會學制草案決議的情形。其次以教育界倡議中等教育改革，發表言論主張的各園地，包括《教育雜誌》、《新教育》、《中等教育》、《北京高師教育叢刊》、《教育與職業》、《中華教育界》等雜誌上所刊載的文章及參與中等教育改革行動的教育界人士的著作為依據，整理教育界諸先進與各雜誌之間的關係，並論證雜誌在言論傳播的功能。進而分析 1920 年代中等教育改革的各項主張，以及部分中等學校試驗新制，將理論化為實務，以論證 1922 年學制改革與民初中等教育改革互為表裡，相輔相成的作用，終使改革有所成就。

第五章，「1922 年學制的頒行與中等教育新制的展開」，討論在全國教育會聯合會發起民國初年中等教育與學制改革運動後，全國教育界與輿論界相繼投入，終使此一改革運動蔚為風潮，全國教育會聯合會的主導地位無庸置疑。在每年一度的開會過程中，學制是歷屆年會中的一個議案，惟其可貴處

在一貫性，從第一屆的最初提議，到第七屆的草案決議，都是以教育會聯合會年度會議爲討論場域。惟在第七、第八兩屆期間，教育部刻意介入，召開學制會議，意圖取得改革學制主導權的一段史實，更足以刻畫出國家與社會之間的關係，當主政者無力施爲之際，起自民間的力量適足以取而代之。其次，以學校系統草案之內容，論述民初以來中等教育改革主張的實現，源自於兩者分進合擊的結果。而中等教育新制雖經制定頒行，仍有待各級教育行政主管當局及學校實際推行，改革才能算是完成，但教育部仍未主動承擔，課程綱要的制定，仍須仰賴全國教育會擔負起規畫的責任。

　　爲完整重建民國初年中等教育改革的過程，在「新制中等教育的展開」一節，探討延續中等教育改革的工程，除了中等教育的試驗在 1921 年學制草案通過後各校試驗配合修正外，焦點放在新學制新課程的訂定，除討論擬訂新課程的經過，頒布的課程標準及綱要外，部分新設課目，也是本文關注的重點。有關中等教育課程之討論，呂達和王倫信的研究重心多以時間爲軸，探討清末以來課程的變遷過程，1922 年學制後的課程變化則少深入的探討，本論文以課程的變動與新設爲觀察重心，除試圖補前述研究之不足外，主要是因爲完成課程改革才是學制改革的最後目的，進一步分析探討 1922 年學制之後，教育界研議新課程之過程及其內容。

第二章 中等教育導入中國之困境 及其改革

　　中等教育正式成為中國三段式學校系統中的一個階段，是在清末的「癸卯學制」中確定的。由於是直接由日本橫向移植到中國，因此無論是中等教育的定位、辦學宗旨、課程內容，甚至是校務行政，基本上都是日本學制的再製。至於辦理中學教育所需的經費、師資乃至於與初等、高等教育之間的承接問題，則尚未在考慮之列。新制初創，政府著力於推動初等教育，中等教育的問題尚無燃眉之急，數年之後，當高小畢業生逐漸增多之時，中等教育即面對承接問題。1912 年，循級而上的高等小學學生已到畢業之年，中等教育的興辦、調整與強化實已刻不容緩。

　　事實上，民國初建之時，中等教育的中學的數量、辦學的品質、教育經費的分配、教師的素質以及學生的出路等問題已經存在，而改朝換代之後所建立的共和政治，迥異於往昔的君主專制體制，面對一個前所未見的新體制，中等教育的宗旨勢必要改，中等教育的內容當然也要改變，至於要改什麼？要如何改？當然與其所面對的問題有關，也會受到時代的教育思潮、政治經濟環境所影響，本章首先分析清末建立中等教育的過程，次及民國政府對於清季中等教育制度的修正。

　　由於 1912 年的改革不夠徹底，加上十餘年之間，不只是中國國內政治、經濟、社會、文化都發生了急遽且巨大的變化，歐戰的爆發與結束，更使世界局勢產生重大的改變。外在環境的變化，新的需要因之產生，連帶的影響教育思潮、教育目的及教育內容；因此，本章的另一個重點，著重於分析民

國初年中等教育的問題，藉以說明民國初年國人對中等教育的檢討和要求，反應出中等教育改革確有其必要性。又鑑於民初教育界為因應內外環境變化，鼓吹職業教育和倡導民主教育制度的思想逐漸成為主流，本文擬藉中華職業教育社及中華教育改進社的行動，剖析職業教育思想和民主教育思想，逐步為國人所接受之過程，及其終能成為 1920 年代中等教育改革的重要內容之原因。

第一節　清末民初中等教育的發展與困境

一、清末民初的中等教育制度

　　中國傳統教育中很早就有「小學」、「大學」的觀念，但沒有「中學」的說法，開始有中學教育的引入，係「西學東漸」的結果，也是建立「新式教育」體系所帶來的變革。中國新式教育始建於 1860 年（咸豐十年）英法聯軍之役以後，一些與傳統教育截然不同的新式學堂，如江南製造局附設機器學堂、天津電報學堂等紛紛設立。根據不完全的統計，到甲午戰爭前，中國已自辦了二十五所學堂，其中五所語言學堂，九所軍事學堂，普通學堂五所，工藝學堂六所，學生約 2,000 人〔註1〕。這些學校是應洋務活動對西學人才的急切需求而興辦的，在性質上屬於提供專門訓練的專科性學校，目標在於造就各項洋務事業急需的專門人才，隨主辦者的需要而轉移，在學習程度、課程設置、修業年限等方面多處於各自為政的狀態，學制系統尚未建立。〔註2〕

　　1896 年 6 月，刑部侍郎李端棻（1833～1907）奏請推廣學校，建議設立京師大學、省學、府州縣學〔註3〕，雖未實行，然已開廣建學校，建立分級學堂制度之門。惟在政府頒行正式學制之前，已經將三階段學校制度付諸實行的則是盛宣懷（1844～1916），盛氏先於 1895 年創辦天津北洋學堂（中西學堂）二等學堂，是全國最早的公立中學，學制四年，招收十三歲到十五歲之學生入學，學習英文、數學、各國史地、格物等。學生畢業後，經過挑選，

〔註 1〕桑兵，《晚清學堂學生與社會變遷》（臺北：稻禾出版社，1991 年），頁 37。

〔註 2〕王倫信，《清末民國時期中學教育研究》（上海：華東師範大學出版社，2002 年），頁 14。

〔註 3〕陳學恂主編，《中國近代教育文選》，人民教育出版社 1983 年版，頁 62～69，亦載朱有瓛主編，《中國近代學制史料》一輯，下冊（上海：華東師範大學出版社，1986 年），頁 484～488。

始可進入頭等學堂。盛氏所創辦的二等學堂，與舊式書院的辦法不同，陳東原認爲這是中國有普通學校的開始〔註4〕，仍只有二級制。1896年，盛宣懷又在上海設立師範院，做爲培育教師之所，復仿效日本師範學校的作法，附設小學一所，爲外院學堂，招幼童 120 名，令師範生分班教之，稱爲「南洋公學」。1898 年，又辦二等學堂，名曰「南洋公學中院」，學生由外院高級生選拔遞升〔註5〕，續開頭等學堂，名曰「南洋公學上院」。南洋公學先後設立的師範院，係爲中國師範學校之濫觴，其程度殆近於優級師範〔註6〕，而外院、中院、上院相當於小學、中學、大學；三級相互銜接，依次遞升，已具有近代三階段學制的雛形。

1898 年，總理衙門籌議京師大學堂章程稱：

> 擬通飭各省上自省會下及府州縣，皆須一年內設立學堂，府州縣謂之小學，省會謂之中學，京師謂之大學，由小學卒業領有文憑者，作爲經濟生員升入中學，由中學卒業領有文憑者，作爲舉人升入大學，由大學卒業領有文憑者，作爲進士，引見授官。〔註7〕

這是三階段學校制度和「中學」一詞首次出現於中央政府文書中。旋奉上諭將各省府廳州縣現有書院，改爲兼習中學西學之學校，以省之書院爲高等學，郡城之書院爲中等學，州縣之書院爲小學〔註8〕。此一制度雖因戊戌變法失敗而未實行，但清末新式學校制度依高等、中等、初等三階段的規畫，從此成爲中國學制的基調。

庚子之後，張之洞（1837～1909）、劉坤一（1830～1902）論育才興學之道有四：設文武學堂、酌改文科、停罷武科和獎勵遊學。尤其對於設學堂一事再三致意，認爲各國人才日多，國勢日盛之根本原因在於興學之功，建議朝廷「取日本學校章程迅速詳議，乾斷施行，收人心以固國基。」〔註9〕是直

〔註4〕陳東原，《中國教育史》（上海：商務印書館，1937 年），頁 477～478。

〔註5〕朱有瓛主編，《中國近代學制史料》一輯，下冊，頁 524～527。

〔註6〕王雲五，《商務印書館與新教育年譜》（臺北：臺灣商務印書館，1973 年），頁 4。

〔註7〕湯志鈞、陳祖恩、湯仁澤編：《中國近代教育史資料匯編（戊戌時期教育）》（上海：上海教育出版社，2007 年），頁 234。

〔註8〕朱有瓛主編，《中國近代學制史料》一輯，下冊，頁 441～442。

〔註9〕張之洞、劉坤一，〈會奏變法自強第一疏〉，舒新城編，《近代中國教育史料》第一冊，收入《民國叢書》第二編（上海：上海書店，1989 年），頁 77～86。

陳以「日本為師」矣！

　　清末學習日本教育的過程，主要透過官紳考察學務和留日學生進行了解的。這兩大群體由於各自地位不同，活動方式不同，考察和學習的側重點亦有異，其影響亦各有不同，在擬訂「學校制度」的工作方面，以官紳之貢獻為多〔註 10〕，其中影響最大的是羅振玉（1866～1940）與吳汝綸（1840～1903）。羅振玉在 1901 年，受張之洞、劉坤一委託考察日本學務，歷時兩個月，撰成《扶桑兩月記》，記載了考察日本各級、各類學校的情況，與日本教育界人士的談話記錄，詳細收集了日本教育的相關統計數字〔註 11〕。同時，翻譯日本學制法規，刊登在他所主編的《教育世界》雜誌上。〔註 12〕

　　吳汝綸則是在擔任京師大學堂總教習後，於 1902 年 5 月赴日本考察四個多月，考察期間日本文部省官員還專門為他講課，介紹日本的教育情況，吳汝綸把他在日期間聽取日本文部省官員介紹日本教育情況的十八次聽講記錄、訪日期間日記摘抄、和日本各界人士訪談記錄和來往信件二十八篇以及日本學校圖表等資料編成《東遊叢錄》四卷，交付東京三省堂刊行，回國後交給管學大臣張百熙（1847～1907）「以備採擇」。庚子後赴日考察的官紳或

〔註10〕　清末赴日考察教育，目前有記錄可稽者如下：姚錫光《東瀛學校舉概》、蕭瑞麟《日本留學參觀記》、朱綬《東遊紀程》、鄭元濬《東遊日記》、羅振玉《扶桑兩月記》、郭鍾秀《東遊日記》、李宗堂《考察學務日記》與《考察日本學校記》、李文幹《東航紀遊》、吳汝綸《東遊叢錄》、黃鸝《東遊日記》、繆荃孫《日遊彙編》、樓黎然《礪盦東遊日記》、張謇《癸卯東遊日記》、呂珮芬《東瀛參觀學校記》、吳蔭培《嶽雲盦扶桑遊記》、鄭崧生《瀛洲客談》、林炳章《癸卯東遊日記》、定樸《東遊日記》、胡景桂《東瀛紀行》、張大鏞《日本各校紀略》與《日本武學兵隊紀略》、王景禧《日遊筆記》、沈翊清《東遊日記》、楊澧《日本普通學務錄》、關庚麟《日本學校圖論》。以上均收入呂順長編著，《晚清中國人日本考察記集成——教育考察記》（杭州：杭州大學出版社，1999 年）。

〔註11〕　衛道治主編，《中外教育交流史》（湖南：湖南教育出版社，1998 年），頁100。

〔註12〕　《教育世界》共四十二卷，每卷分文篇與譯篇，發行時間從光緒二十七年四月下旬至二十八年十二月下旬，現在中央研究院郭廷以圖書館藏有該刊的影印本。在四十二卷一一六篇中，只有五篇四個主題與歐美有關，其餘都是介紹日本有關教育的各項學制制度，共一一一篇，包含九十九個主題，從文部省、東京帝國大學、中學校、小學校、師範學校、實業學校、農、工、商學校以及高等女學校、女子師範學校、生徒學校、殘廢學校都有系統的加以引介。見羅振玉主編，《教育世界》文譯篇，卷一～卷四十二（北京：學部，光緒二十七年 4 月下旬至二十八年十二月下旬），中央研究院郭廷以圖書館收藏影印本。

直接由張之洞、劉坤一、張百熙等委派，或與他們有特殊關係，考察歸國後，有的將考察所得供其採納，有的直接參與制定教育政策，如與羅振玉一道赴日考察的陳毅，回國後即曾參與修訂學制的起草工作；有的則爲文獻策，參預規劃，凡此皆足以影響清代學制的制訂工作。

　　1902 年 7 月 12 日，管學大臣張百熙〈進呈全學程章程摺〉〔註 13〕，奉旨照准，此章程爲學制系統建立之始，稱《欽定學堂章程》，以時值「壬寅」，又稱「壬寅學制」。此一學制分蒙學堂、小學堂、中學堂、高等學堂、大學堂等，雖係抄自日本，但中學在學制上擁有正式的地位則是從此開始〔註 14〕。尚未實行又奉詔重新釐訂，1904 年 1 月又由張百熙、張之洞、榮慶（1859～1912）聯名提出《奏定學堂章程》，正式頒布實施，成爲中國歷史上第一個正式實行的近代學制章程。因頒行之時，歲次「癸卯」，又稱爲「癸卯學制」〔註 15〕。共有二十種章程，凡大學、中學、小學、師範、實業、考試、獎勵、管理、任用教員一切規章都包括無遺，同時並規定遞減科舉辦法。中學不獨在學制上有了確定的位置，因科舉遞減，各府書院漸次改爲中學，自此中學亦奠定了堅實的基礎。〔註 16〕

　　日本自 1871 年設「文部省」（相當於中國的教育部），翌年頒布學校制度，即設有中學校，名爲尋常中學校，1888 年分爲尋常中學校、高等中學校，1895 年又改高等中學校爲高等學校，而不與尋常中學校並稱〔註 17〕，癸卯學制即襲用此一新制。比較 1900 年的日本學校系統，可以發現兩者極爲類似，日本學制中，初等教育有幼稚園、尋常小學校、高等小學校；「癸卯學制」中則有蒙養院、初等小學堂、高等小學堂。中等教育，日本有中學校；「癸卯學制」中則有中學堂。高等教育，日本有高等學校、帝國大學、大學院；「癸卯學制」中亦有高等學堂、分科大學及通儒院。此外，實業學校、師範學校亦皆有之。

〔註 13〕　張百熙，〈進呈全學堂章程摺〉，舒新城，《近代中國教育史料》，中冊，頁 2
　　　　　　～3。
〔註 14〕　舒新城，〈中國中學教育之分期〉，收入邰爽秋等編，《中學教育之理論與實際》
　　　　　　（上海：教育編譯館，1935 年），頁 2～3。
〔註 15〕　〈命張之洞會同張百熙榮慶釐定學章〉，舒新城，《近代中國教育史料》，中冊，
　　　　　　頁 7。
〔註 16〕　舒新城，〈中國中學教育之分期〉，收入邰爽秋等編，《中學教育之理論與實際》
　　　　　　（上海：教育編譯館，1935 年），頁 4。
〔註 17〕　路義思撰，衛理口譯，范熙庸筆述，《日本學校源流》（上海：江南製造局，
　　　　　　光緒二十五年），頁 26～29。

通篇除女子教育與身心障礙教育學校，如高等女學校、東京盲啞學校等外，可以說「癸卯學制」就是日本學制的翻版。〔註18〕

日本尋常中學校修業五年，辦學宗旨有二：一備學生升入高等學校，一不願入高等學校者則學習經濟，學生若有學習經濟之意，則自第四年開始可以擇習工藝學以代替中學校之課程。若學校認為有必要，亦可自第一年起即增設工藝學以代替中學校課程，意即農工商諸學皆可學〔註19〕。從這個角度看，日本的中學校並非全為升學而設，是有幾分職業學校的成分在其中。

癸卯學制將中等教育定位為第二階段教育，只有一級，中學堂前承續高等小學，後接高等學堂或大學預科，辦理中學堂的宗旨，就是提供高等小學畢業生升學，以施較深之普通教育，以便學生畢業後可以具備升入各高等專門學堂的根基，亦可入仕，不仕者有從事於各種實業的能力〔註20〕。以此視之，中學堂除了升學之外，似仍有為職業準備。但究其實質，中學堂課程分十二科：修身、讀經講經、中國文學、外國語、歷史、地理、數學、博物、理化、法制經濟、圖書，及體操，每週授課三十六小時，其中讀經講經就占了九小時。並未將職業教育課程納入中學校課程，而且另設中等實業學堂與初級師範學堂及師範簡易科，與中學堂同級〔註21〕。中等實業學堂實施職業預備教育，計分四種：中等農業學堂、中等工業學堂、中等商業學堂，及中等商船學堂。各學堂皆設有本科及預科兩種，本科三年畢業，但可酌量地方情形縮至二年以內或延至五年以內，招生對象為年在十五歲以上已修畢高等小學堂之四年課程者；至於預科則修業一年，招收年在十三歲以上已修畢初等小學堂之五年課程者，各實業學堂本科再設各分科，供學生修習。〔註22〕

〔註18〕 文部省，《學制九十年》（東京：文部省，昭和三十九年），頁 586。

〔註19〕 路義思撰，衛理口譯，范熙庸筆述，《日本學校源流》（上海：江南製造局，光緒二十五年），頁 27。

〔註20〕 1904 年 1 月 13 日（光緒二十九年十一月二十六日）《奏定中學堂章程》，璩鑫圭、唐良炎編，《中國近代教育史資料匯編（學制演變)》，頁 326。1902 年 8 月 15 日（光緒二十八年七月十二日）《欽定中學堂章程》則說：「中學堂之設，使諸生於高等小學堂卒業後而加深其程度，增添其科目，俾肆力於普通學之高深者，為高等專門之始基。」見璩鑫圭、唐良炎編，《中國近代教育史資料匯編（學制演變）》，頁 272。

〔註21〕 林孟宗，〈清代教育制度之研究〉，《新竹師專學報》七期，1981 年，頁 85～87。

〔註22〕 謝文全，《中等教育——理論與實際》（臺北：五南圖書公司，1996 年），頁 65～67。

　　癸卯學制的中等教育制度，是一種包含普通教育、實業教育和師範教育雙（多）軌並行的設計〔註 23〕，將普通教育與職業教育分爲兩軌，但所收學生都是高小畢業生，入學之後由於課程不同，宗旨各異，所培育的人才專業因而分途。學部又於 1909 年奏請學習德制，將中學堂分爲文科、實科，其課程仍分十二門，於十二門之中，就文科實科之主要，權其輕重緩急，各分主課通習二類，文科以讀經講經、中國文學、外國語、歷史、地理爲主課，其餘爲通習；實科以外國語、算學、物理、化學、博物爲主課，其餘爲通習。主課授課時數較多，通習各門較少，皆以五年畢業，所有中學堂按照文實分科辦法，於一堂之內分設兩科，學生於入學之初，即採分科招生，入學後分科學習。〔註 24〕

　　直隸提學司對於學部文、實分科辦法頗有疑慮，認爲德國中學文、實分科之別，只在文科有希臘語，實科有近世外國語之別，其餘科目鐘點每星期所差不過三小時，雖云分科，課程其實相去不遠。若按學部所規定實行，恐有羼入高等學堂分際之弊，雖無害於升學，但對中學畢業而未升學之學生，則於普通知識之學習難免因此欠缺，且不能符合中學教育宗旨之規定，而學生一旦分途，由於學科差距過大，實則斷了學生因志趣不合想要中途轉科之路〔註 25〕。直隸提學司的說法，事實上是不太了解德國文科中學的制度，德國是實施雙軌制的教育制度，文科中學課程特重語文，乃爲學生未來進入高等教育研究更高深的學問做準備而設，絕非只是每週多幾小時語文課而已；而且德國中學雖有九年，但學生在進入中學之前，只有經過三年的預備學校，兩者合計不過十二年；癸卯學制初小五年、高小四年，加上中學五年，合計十四年，超過德國二年，或謂德國中學九年有足夠時間完足普教育才宜於文、實分科，然試將中學九年分爲前五年和後四年，則預備三年加中學前五年，

〔註23〕　筆者此處所用的雙軌制教育的概念，與歐洲中等教育分貴族平民（預備與國民教育）的概念不同。蘇雲峰從學生畢業升學的出路看，認爲不是多軌制，而是輻射形式，原因是各級師範學校與各級實業學校之間，並無上下連貫，師範學堂畢業生不能升入高等師範學校，乙種實業學堂學生不能升入甲種實業學堂。見蘇雲峰，《中國新教育的萌芽與成長（1986～1928）》（臺北：五南圖書公司，2005 年），頁 140。筆者之所以仍用雙（多）軌制的說法，乃著眼於在中等教育段三者並立的事實。

〔註24〕　〈學部變通中學課程分爲文科實科摺‧併單〉，《教育雜誌》一卷五期，宣統元年（陰曆）4 月，總頁 395～397。

〔註25〕　〈直隸提學司詳直督變通文實分科文〉，《教育雜誌》二卷三期，宣統二年（陰曆）3 月，總頁 1509～1510。

也不過是八年，尚且不如初小和高小合計之九年，若謂九年尚不足以完足普通教育，則德制爲有實施之可能？王倫信謂直隸提學司所言「羼入高等學堂分際之弊」爲擊中要害，以初等和中等合併計算看其實未必，反倒是因爲分科課程差距過大，造成學生轉科困難才是重點，學部於 1911 年改訂文、實分科課程，除了因爲師資、設備和財源問題外，最主要的原因就在學生分科之後轉科不易〔註 26〕。不久，辛亥革命爆發，清廷覆亡，中學教育在民國建立後立即有了民初時期的第一次變革，其中之一就是廢除文、實分科制度。

清末是中國首次建立中等教育制度的時代，但從 1904 年癸卯學制頒行，到 1912 年清廷覆亡爲止，正式實施的時間也不過八年的時間。清代中等教育是普通教育和實業教育與師範教育三個體系併立，但其承上啓下的承轉位置，卻只有普通中學校擔負此一承轉功能。以甲種實業學校爲例，所招收的學生是中學校畢業學生，而不是乙種實業學校畢業生，就是一個明顯的例子。中學的教育宗旨爲兼顧升學和職業，然就中學的課程內容看，實難達到此一目的。宣統年間的文、實分科似乎爲此而做了修正，然旋踵間清廷覆亡，中等教育的問題，只有留待民國政府加以解決。

民國時期中等教育制度第一次的改革，由 1912 年 1 月 19 日教育部通電各省頒布《普通教育暫行辦法》開其端，繼而在 1912 年 7 月召開臨時教育會議後頒行《學校系統令》及各級學校令和規程後而有初步的實現。

爲不使學生受教育因革命發生而中斷，南京臨時政府教育部要求各州、縣中、小學按時開學，惟鼎革之局既成，民主共和與君主政體截然兩途，自無延續清廷所訂的教育宗旨，而不做更張的道理，縱使一時之間無法全盤變革，總要在關鍵處先行改變。蓋共和時代的教育與帝制時代應判若兩個世代，當務之急以去帝制爲首要，即以去除不符合共和精神之教育制度爲第一要務。南京臨時政府於 1912 年 1 月 19 日下令禁用清學部頒行之教科書，民間出版之教科書不可有尊崇清廷之情事，凡不合共和宗旨者應隨時刪改；尤其重要的是，小學讀經科一律廢止；中學校爲普通教育，文、實不必分科；中學修業年限改爲四年。〔註 27〕

〔註 26〕 〈學部奏改訂中學文實兩科課程摺‧併單〉，《教育雜誌》三卷三期，宣統三年（陰曆）3 月，總頁 2697～2703；王倫信說法參見《清末民國時期中學教育研究》（上海：華東師範大學出版社，2002 年），頁 24。

〔註 27〕 1912 年 1 月 19 日《教育部通電各省頒發普通教育暫行辦法》，李桂林、戚名琇、錢曼倩編，《中國近代教育史資料匯編（普通教育）》（上海：上海教育出

　　教育總長蔡元培（1868～1940）為凝聚教育界的共識，將臨時教育會議作為全國教育改革的起點，蔡氏認為君主時代之教育，以利己主義為尚，教育的目的在使受教育者皆富於服從心、保守心，易受政府駕馭；民國時代的教育，在養成國民對國家社會能盡其責任的能力，因而提出了「軍國民教育、實利主義、公民道德、世界觀、美育」五種主義做為培養國民能力的教育方針。這五個方針後來成為 1912 年頒行之教育宗旨的主要概念〔註28〕，此一教育宗旨，以道德為中堅，以美感教育完成道德，而實利教育、軍國民教育則必以道德為根本。蓋若無道德，雖有事業卻難以團結一致與外國抗衡；若無道德，難免常肇事端，勇於私鬥而怯於公戰。然則，何謂道德教育？即公民道德教育也，蔡元培解釋為：「法蘭西之革命也，所標揭者，曰自由、平等、親愛。道德之要旨，盡於是矣。」〔註29〕蔡元培所強調的公民道德，以法國大革命對照辛亥革命後的中華民國，顯然是在強調共和國的教育，以追求自由、平等、博愛為要旨，取代了清代教育宗旨中的「忠君」概念，正是共和與帝制最大的區別。至於軍國民教育、實利教育為「尚武」與「尚實」概念的延續，「尊孔」則如廢除讀經一般，不再特別尊崇。

　　臨時教育會議召開之前，南京臨時政府教育部鑒於現行教育法規多襲自日本，擬於新局肇建之際，採擇歐美日各國之成法加以修訂，故延攬了英、美、德、法、俄、日等國的留學生，翻譯各國的學制，捨短取長，訂定一部適合於中國之學制。所譯出之條文，有很多與國情不相合，起草委員會屢經討論，仍趨於採取日本制；臨時教育會議期間，與會人員辯論至詳，然議決案之趨勢，亦歸於模仿日本制。會有這種結果，據蔣維喬（1873～1958）的分析，主要的原因是受到經驗、學識的限制〔註30〕。臨時政府三個月結束，

版社，2007 年），頁 473～474。

〔註28〕教育部原案為「注重道德教育，以實利及武勇兩主義濟之；又以世界觀及美育養成高尚之風，以完成國民之道德。」經臨時教育會議修正為 1912 年 9 月 2 日部令第二號，所定教育宗旨，文曰：「注重道德教育，以實利教育、軍國民教育輔之，更以美感教育完成其道德。」邰爽秋等編選，《歷屆教育會議議決案匯編》（上海：教育編譯館，1936 年），臨時教育會議日記，頁 9～10；〈教育部公布教育宗旨令〉，璩鑫圭、唐良炎編，《中國近代教育史資料匯編（學制演變）》，頁 661。

〔註29〕蔡元培，〈對於新教育之意見〉，收入劉鐵芳主編，《新教育的精神：重溫逝去的思想傳統》（上海：華東師範大學出版社，2007 年），頁 12。

〔註30〕蔣維喬分析：「當時教育界辦學經驗，於小學較為豐富，故民元學制之初高等小學校令確能參合國情，表現特色。至中等教育並未發達，經驗殊少，於專

而中華民國全部學制草案，亦於此時大略完成。迨南北統一，正式政府成立，教育部遷移北京，召集臨時教育會議，再將草案修正，提出通過。〔註31〕

　　從 1912 年（壬子）9 月公布《學校系統令》開始，一直到 1913 年（癸丑年）5 月爲止，教育部陸續公布《小學校令》、《中學校令》、《師範學校令》、《專門學校令》、《大學令》、《實業學校令》。這些法令規程與 1912 年公布的《學校系統令》，綜合成爲一個新的學校系統，即「壬子・癸丑學制」。

　　《壬子・癸丑學制》分爲初等、中等和高等教育之三段七級制，中等教育段爲第二段，一級制，除中學校外，另專爲女子設立女子中學校；與中學校同級之學校有甲種實業學校、師範學校（含）預科及補習科〔註 32〕。視爲同級的主要原因是依各類學校的入學資格判定的〔註 33〕，實業學校分甲、乙兩種，「甲種工業學校預科入學資格，須年在十四歲以上，高等小學校畢業或經驗有同等學力者。」〔註 34〕師範學校的入學資格，入預科者，除須身體健全、品行端正，並須在高等小學校畢業，或年在十四歲以上與有同等學力。入本科第一部者，須在預科畢業，或年在十五歲以上與有同等學力；入本科第二部者，須在中學校畢業，或年在十七歲以上與有同等學力。〔註 35〕

　　在這一次的改革中，中等教育段變化最大的是修業年限縮短爲四年與中學校廢除文、實分科的規定。有關清末民初時期中等教育段的修業年限規定，1902 年的「壬寅學制」規定中等學堂修業期限爲四年，1904 年的「癸卯學制」

　　　　　　門大學，更屬茫然。故除增損日制，易以本國課程外，殆無經驗之可言。」〈蔣
　　　　　　維喬：民國教育部初設時之狀況〉，璩鑫圭、唐良炎編，《中國近代教育史資
　　　　　　料匯編（學制演變）》（上海：上海教育出版社，2007 年），頁 638。
〔註31〕〈蔣維喬：民國教育部初設時之狀況〉，璩鑫圭、唐良炎編，《中國近代教育
　　　　　　史資料匯編（學制演變）》，頁 637～638。
〔註32〕謝長法，《借鑒與融合》（河北教育出版社，2001 年），頁 91～92。
〔註33〕1904 年 1 月 13 日（光緒二十九年十一月二十六日）《奏定中等農工商實業學
　　　　　　堂章程》，璩鑫圭、唐良炎編，《中國近代教育史資料匯編（學制演變）》（上
　　　　　　海：上海教育出版社，2007 年），頁 457～462。1902 年 8 月 15 日（光緒二十
　　　　　　八年七月十二日）《欽定中學堂章程》則謂：「於中學堂之外，應多設稍詳備
　　　　　　之中等農、工、商實業學校，令高等小學堂畢業生不願治普通學者，得入此
　　　　　　類學堂學習實業。」見璩鑫圭、童富勇、張守智編，《中國近代教育史資料匯
　　　　　　編（實業教育師範教育）》（上海：上海教育出版社，2007 年），頁 6。
〔註34〕1913 年 8 月 4 日部令第三十五號《教育部公布實業學校規程》，璩鑫圭、唐良
　　　　　　炎編，《中國近代教育史資料匯編（學制演變）》，頁 738。
〔註35〕1912 年 12 月 10 日部令第三十四號《教育部公布師範學校規程》，璩鑫圭、唐
　　　　　　良炎編，《中國近代教育史資料匯編（學制演變）》，頁 695～696。

增加一年爲五年，中等實業學校甚至有加至七年的。到 1912 年時，壬子改制時除師範學校外又減爲四年，雖有繼續辦理五年中學的，然屬少數。

中學廢除文、實分科，使得施行不到三年的中學文、實分科的制度正式畫上休止符，曾任教育總長的蔡元培認爲清季學習德國，將中學分爲文、實兩科，其實是誤解德國中學制度，推原德國的中學，在中世紀始設時只有文科，實科或文實科是後來才出現的，並非一開始就有文、實分科的制度，且清季實施文、實分科，發生諸多流弊，各省因經費和缺乏教員而競設文科中學，使得實科中學相對地變少。既少實科中學，遂使得屬於理、醫、工、農諸科之專門以上學校缺乏合格的中學畢業生可作爲招生的對象；而文、法、商諸科所招之中學畢業生，則因科學知識太缺乏，仍爲變相的舉子，而不適於科學萬能之新時代〔註 36〕。基於此，蔡元培在南京臨時政府教育總長的任內，就將中學文、實分科的制度廢除。

中學校修業年限縮短爲四年，又廢了中學文、實分科，對於中等教育的定位究竟如何？辦學的目的究竟爲何？依然是一個自清末以來無法辨明的課題。

從中等教育段學生的入學資格來看，不論是中等教育段的中學校、甲種實業學校或是師範學校預科，都是招收高等小學畢業生；而中等教育段的畢業生的升學之路，則以升入高等教育段的大學預科、專門學校預科或高等師範學校預科，甲種實業學校和師範學校畢業生依然與高等教育階段無直接連貫關係。換言之，「癸卯學制」中各級師範和實業學堂不相連貫的問題依然存在，而中等教育階段的各軌之間仍然未建立互通的渠道。

因此，民國中等教育段三種性質不同的學校，各有其教育宗旨與辦學目標，其中實業教育和師範教育相對的單純，最難定位的其實是中學校教育。文、實分科就是一個顯著的例子，清末實施中學文、實分科，是模仿德國，不分是基於實際困難及通才教育理想，1909 年實施文、實分科，1910 年就修訂分科課程，1912 年又廢除文、實分科，到了 1915 年，袁世凱頒布「教育綱要」，又有文、實分科之議，這種現象，顯示中等教育政策，在通才與專才之間搖擺不定。〔註 37〕

〔註 36〕蔡元培，〈德國分科中學之說明〉，《新青年》五卷五號，1918 年 11 月，頁 509。
〔註 37〕蘇雲峰，《中國新教育的萌芽與成長（1986～1928）》（臺北：五南圖書公司，2005 年），頁 140。

中學教育的定位，到了民國以後不僅依然存在而且更加複雜。不單只是政治體制由帝制進入共和，更是傳統教育體制徹底崩解及確立新教育的階段；不只是形式上的制度的更迭，更在培育「國民」的觀念上有了根本的變化。

二、民國初年的中等教育及其困境

如前所述，中國中等教育的建立，係學自日本，而日本則是仿自德國、英國、美國等西方國家。換言之，中國的中等教育制度係間接襲自西方。考西方中、小學教育制度，向來有單軌制與雙軌制兩類。單軌制者，小學教育爲全國所共同，中學承接小學，漸行分化，而機會均等，如美國學制。雙軌制者，小學與中學雙軌併行，互不相銜接，招收入學學生也不同，大致而言，中學爲培養社會領袖及學術人才之基礎，入學中學者多爲上層社會之兒童，先入中學之預備階段，目的是要接受中學教育；小學爲施行義務教育之場所，下層社會之子女，多入小學，受國民義務教育。歐洲各國多行雙軌，例如法國與歐戰前之德國，其學制皆雙軌式之典型〔註38〕。換言之，歐洲雙軌制的學校，一種是中學，專爲貴族而設；一種爲小學，專爲平民而設，這兩種學校，完全不銜接，美國本來也是這種制度，至十九世紀中葉，始漸漸設法使之銜接〔註39〕，西方各國如德國、法國和英國等國家，在第一次世界大戰之後也逐漸進行改革。

中國所建立的三段式學校系統，自初等、中等以至高等，逐級而升，各級學校又有普通、職業與師範並立之系統存在。比較特殊的是，實業學校系統並無上下連貫，招收的學生主要來自普通學校的畢業生；亦即，初等小學畢業生入高等小學、乙種實業學校，高等小學畢業生入中學校、甲種實業學校、師範學校預科，中學校畢業生入大學、專門學校、高等師範學校預科。由此可知，升學是各級普通教育系統學校的主要目的，這種現象從癸卯到壬子都未改變。而當歐美各國對該國的中等教育進行改革之際，在中國實施已經超過十年的中等教育制度，隨著初等教育實施逐漸成熟，高等小學畢業生升學的需要，及第一次世界大戰期間中國工業發展的人才需求，中等教育也

〔註38〕汪懋祖，〈中學教育之檢討與改進〉，《中華教育界》二十二卷一期，1934 年 7 月，頁 187。

〔註39〕周調陽，〈般格利氏中等教育原理述要〉，收入邰爽秋等編，《中學教育之理論與實際》（上海：教育編譯館，1935 年），頁 18。

到了不能不改的時候了。

　　先就中等教育的教育宗旨來看，民國以後，中學校以「完足普通教育，造就健全國民」爲教育宗旨〔註40〕，不僅定位不清，也缺乏明確的教育目標。所謂「完足普通教育」，其目的爲何？若是爲升學做準備，則大學嫌其程度不夠，要求學生入學之前需先進入預科；無法升學者，進入職場又缺乏職業指導與職業教育的訓練，中等教育畢業生的出路問題，從一開始辦中等教育的時候就產生了。〔註41〕

　　這可以從1921年應邀來華調查教育的孟祿〔註42〕，所提出的調查結果，獲得相當的驗證。孟祿從1921年的9月下旬到次年的1月初，先後調查了河北、山西、河南、浙江、江蘇、廣東、福建、山東、奉天、北京、上海、南京等九省三市的教育情形〔註43〕。孟祿考察了中國教育狀況之後，在北京與各省代表討論中國教育問題〔註44〕，指出中國中學面臨三種困境：一是學生在校所學，出校後，在社會上不能作相當之事，這不僅是說學生學非所用，

〔註40〕1912年9月28日部令第十三號〈教育部公布中學校令〉，璩鑫圭、唐良炎編，《中國近代教育史資料匯編（學制演變）》，頁669。參1904年1月13日（光緒二十九年十一月二十六日）《奏定中學堂章程》說：「設普通中學堂，令高等小學畢業者入焉，以施較深之普通教育，俾畢業後不仕者從事於各種實業，進取者升入各高等專門學堂均有根柢爲宗旨。」見璩鑫圭、唐良炎編，《中國近代教育史資料匯編（學制演變）》，頁326。1902年8月15日（光緒二十八年七月十二日）《欽定中學堂章程》則說：「中學堂之設，使諸生於高等小學堂卒業後而加深其程度，增添其科目，俾肆力於普通學之高深者，爲高等專門之始基。」見璩鑫圭、唐良炎編，《中國近代教育史資料匯編（學制演變）》，頁272。

〔註41〕廖世承，〈中學教育〉（上海：商務印書館，1930年），頁79。

〔註42〕1918年嚴修、范源濂訪美經張伯苓的介紹，認識擔任哥倫比亞大學師範學院的主任孟祿，1919年冬，中國赴美參觀團團員袁希濤與陳寶泉，在紐約遇到了孟祿，「因慨中國教育之虛僞不切實用，乃議請博士重來中國，以歐美科學的背景，與其自身實際教育的經驗，診斷中國教育之弱點，並示以改良進步的方法。」在與國內的嚴修、范源濂商議，並徵得孟氏首肯，乃直接促成了孟祿來華之行。參見王卓然，《中國教育一瞥錄》（上海：商務印書館，1923年），頁5。

〔註43〕〈孟祿在華日記〉，《新教育》四卷四期，1922年4月，頁699～705。

〔註44〕孟祿調查中國教育的方法是，每到一地，盡可能收集當地關於教育的印刷品與資料，並從事實地參觀，再與教育界人士進行對話。論題相當廣泛，從整體的教育問題、舊教育與新教育的差異、教育缺失、教育改革、義務教育、學制問題到中學教育分科選科問題、師範教育分科選科問題到農業教育的缺失，無所不談。見王卓然，《中國教育一瞥錄》（上海：商務印書館，1923年），頁126。

而且是學而無用；二是中學與高等教育機關連絡的機會都沒有，意即中學校畢業生升學無門，更嚴重的是，中學的課程與高等教育互不聯結，造成大學必須設立預科，重複學習中學的課程的困境；三是中學校本身也有種種困難，不僅在中學課程切割成幾個部分，使學生沒有自由選擇的餘地，而且是在中學校的組織和辦學效率上根本就發生問題〔註45〕。孟祿也直言不諱，他認為，中國辦得好的中學極少，程度也差，從大學要設預科，就可以獲得證明，要提高程度，可從延長中學修業年限，設立兩級制的中學，實施分科選科，以及改良中學的教學方法，重視科學實驗等方面著手。〔註46〕

從孟祿所進行的調查及教育界人士所提出的觀察，中等教育的問題根源，不僅是中等教育的目標定位不清楚，還有修業年限過短因而造成學生程度不夠、課程的過分整齊劃一，無法培養各界所需人才以及中學教學只重講授，不重實用的教學方法等問題，都是亟待改革的。

中學畢業生的程度不夠的原因，一為修業年限太短，一為課程程度無法與高等教育相銜接。修業年限短，是整個學制設計的問題，中學教育承續小學教育，修業年限自清末新式教育創立以來屢次修改，「壬寅學制」（1902 年）規定為四年，「癸卯學制」（1904 年）規定為五年，「壬子癸丑學制」（1912～1913 年）規定為四年，若與民初將初等小學和高等小學的修業年限由十年改為七年一齊觀察的話，同樣是中學畢業生，民國初年一個中學畢業生，從小學入學到中學畢業為止的修業時間，比清末的中學畢業生，一共減少了三到四年的時間。修業時間既已縮短，要維持同等的水準，是有些困難的，教育總長蔡元培廢止了小學讀經科，或可彌補若干授課時數，然而補救終屬有限。

再加上課程的內容過分劃一，不問學生性質如何，志願如何，環境如何，統以中學「以完足普通教育為目的」為理由，皆受同樣的陶冶，不但抹殺了

〔註45〕 陳寶泉、陶行知、胡適編，《孟祿的中國教育討論》（上海：實際教育調查社，1923 年），頁 11～22。

〔註46〕 華中師範學院教育科學研究所主編，《陶行知全集》（長沙：湖南教育出版社，1984 年），第一卷，頁 229～231。對於孟祿批評中國「中學教育最弱」的說法，廖世承（1892～1970）以為「孟祿只看了我們學校的表面，沒有看到辦學的真精神」。因為辦學的人無不以「虛懷若谷」的態度，潛心探討解決訓育、編制課程、訂定課程標準、教學方法、能力分組的辦法。意謂國人認清了我國教育不良，無不致力於尋求解決之道，他認為我國教育是充滿著生機的。廖氏其實是過分樂觀了，這何嘗不是國人急病亂投醫的一種寫照。見〈從今後〉，《中等教育》二卷一期，1923 年，頁 1～2。

「個性教育」，而且於畢業後如不能繼續升學者，每每因缺乏專業技能而無法謀得適當的職業〔註47〕。中學校所授課程包括修身、國文、外國語、歷史、地理、數學、博物、理化、法制經濟、圖畫、手工、家事園藝（女）、縫紉（女）、樂歌及體操等十五科，每週上課三十二至三十五小時不等。從課程內容看，中學校所授學科，多屬基礎學科，以「完足普通教育」而言，是否足以完成升學準備都成問題，若依照哈佛大學教授殷格利氏（Inglis, Alexander James 1879～1924）所訂的中等教育的三個目的爲標準〔註48〕，則「造就健全國民」的目標顯然難以達成。蔡元培在臨時教育會議開議時強調共和國的時代，教育者與受教育者應思考教育應從如何善盡對國家、對社會的責任出發，然在中等教育制度的變革上，除了廢除文實分科外，其餘大抵和清季的制度相去不遠。

可問題就出在這裡，在實務上，就讀中學校者，意在升學，卻因爲廢除了高等學堂，只能進入附設在高等教育階段各類學校所附設的預科，升學的管道更形窄化；而就讀實業學校者，仍不乏以升學爲目的之學子，更使升學之路倍加困難，中學校畢業學生欲入職場，又受限於所學缺乏專業，以致無法適應，終成高等遊民。試問，一個連升學和就業的問題都無法妥善解決的教育階段，如何能達到培養健全國民，以善盡公民責任的目的？事實上是相當困難的，也是面對一次大戰後的新局的中等教育必需面對的課題。

再就民初辦理中等教育的實際狀況和畢業學生的出路來看，民國以後，高小畢業生日愈增多，中等教育學校並未相對地增加，以滿足學生升學的需要，而畢業學生升學無門，且無能力優遊於職場卒成高等遊民的現象，都足以證明，民國初年的中學教育辦的並不好，亟待改善。

民國初年的中學校教育與清末相比較，無論是學校數或學生數，都略有

〔註47〕 曾毅夫，〈近代中國中學課程變遷之史的研究〉，收入邰爽秋等編，《中小學課程問題》（上海：教育編譯館，1935 年），頁 127～128。又，天民，〈中學校亟須改革之點〉《教育雜誌》十卷九期，1919 年 9 月，總頁 14901，認爲「中學教育之缺陷，不在枝葉而在根本」，根本的問題之一就是課程內容的過分劃一。他提出改革中學教育的辦法是在普通中學校，設置實科中學，專注重理化數學等科，以應一戰期間國內工商業發展的需要。

〔註48〕 三個目的：一是公民的社會的目的，一是職業的經濟的目的，一是優遊的個人的目的。使受過中等教育的人成爲一個具有工作力生產力，能善盡社會責任的公民，能善用餘暇，發展人格的各種活動。周調陽，〈殷格利氏中等教育原理述要〉，收入邰爽秋等編，《中學教育之理論與實際》（上海：教育編譯館，1935 年），頁 28～29。

成長，從表 2-1-1 所列的統計數字可以發現：民國初年中學校的學校數量雖較清末略有增加，但仍嫌不足；而民國時期每年平均增加的學生人數約爲清末的 2.5 倍，代表願意接受中等教育的人愈來愈多，可惜學校數量的增加極爲有限，難以滿足高等小學畢業生的需要。

表 2-1-1　民國初年中學校教育統計

年期/項別	中學校數	學　生　數	資料來源
1912 年度	373（500）	52,100（59,971）	①②
1913 年度	406（643）	57,980（72,251）	①②
1914 年度	452（784）	67,254（82,778）	①②
1915 年度	403	59,835	④
1916 年度	350（653）	60,924（75,595）	①②
1918 年度	484	77,621	③
1922 年度	（547）	103,385（118,598）	①②

資料來源：

① 教育部編，《第一次中國教育年鑑》，收入蔣致遠主編，《中華民國教育年鑑》（臺北：宗青圖書公司，1991 年），丙篇，學校教育概況，頁 193～194。
　本表 1912 年度至 1916 年度參考教育部所編之全國教育統計。惟 1913 年度缺綏遠一省，1916 年度缺四川、貴州、廣西三省。1922 年度根據中華教育改進社出版之中國教育統計概覽及全國中等以上學校統計。
② （　）內資料來源爲教育部編，《第一次中國教育年鑑》，收入蔣致遠主編，《中華民國教育年鑑》（臺北：宗青圖書公司，1991 年），丁篇，教育統計，頁 133。
③ 《中華民國史檔案資料匯編》第三輯，北洋政府，教育，頁 295。
④ 李桂林等編，《中國近代教育史資料匯編·普通教育》（上海：上海教育出版社，1990 年），頁 848。

　　中國中學教育統計，自 1907 年（光緒三十三年）學部公布第一次教育統計圖表開始才有比較可信的統計數字。從 1907 年到 1910 年間，中學堂的數量，從 419 所發展到 485 所，學生人數由 31,682 人成長到 38,881 人，平均每年約增學校二十所，學生 2,400 人〔註49〕。民國建立以後，從 1912 年到 1916 年的教育統計，學生數大致上是逐年遞增的，只有學校數在 1915 年和 1916 年度反而減少，就學校數來看，在 1912 年至 1922 年統計，雖然僅增加了四十七所，但學生人數則增加了 58,627 人，平均年增 5,863 人，可見民國初年中學學生人數較清末時期確有成長。

〔註49〕周予同，《中國現代教育史》（上海：良友圖書公司，1934 年），頁 178；廖世承，《中學教育》（上海：教育編譯館，1935 年），頁 17。

但若從小學畢業生的人數進一步分析，則中學校學額不足的現象是日趨嚴重的，顯示小學畢業生升學無門的困境。1916 年中學在校學生 60,924 人，修業四年，平均每年學生學額估計約 15,000 人左右；1922 年為新學制草案試驗與頒行之一年，新制剛施行，未及一年，對學生總數之影響，至多增加一個年度的學額數，以修業五年計，平均每年學額不過 23,720 人，即使仍以修業四年計，每年學額也不到 30,000 人。若以 1916 年高等小學畢業生人數 72,522 人為基準，1917 年有機會升入中學的學生為 20%，若合計所有中等學校的學額計，能升學的高等小學畢業生比率也只有 38%。

據統計，1912～1922 年之間，受初等教育的學生人數增加約 1.4 倍，1922 年達 660 萬以上，若僅就高等小學學生人數論，依 1923 年中華教育改進社調查所得，1922 年高等小學校學生數為 615,378 人，而中學校學生數僅 118,598 人，加上同級的甲種實業學校學生 20,360 人，不過 138,958 人〔註50〕，換言之，高小學生數為中等教育學生數的 4.4 倍，若以高小三年，則每年畢業生有 205,126 人，中等教育學生以四年計，每年學生名額僅 34,740 人，僅能滿足 17% 的學生有入學的機會〔註51〕。顯見十年之間中等教育的發展速度不如初等教育之快，無法滿足高等小學畢業生升學需要。學生人數比較表，參見表 2-1-2：

表 2-1-2 1916 年和 1922 年初等教育與中等教育學生人數比較表

學校別	學生數		1916 年		1922 年
			在 校 生	畢 業 生	在 校 生
初等教育	乙種實業	國民學校	3,462,527	225,252	5,965,957
		高等小學	328,270	72,522	615,378
		農 業	11,500	1,657	20,467
		工 業	3,238	498	
		商 業	4,827	362	
	其 他		33,093	1,845	
	計		3,843,455	302,136	6,601,802

〔註50〕中華教育改進社編，《中國教育統計概覽》（上海，商務印書館，1923 年），頁2。

〔註51〕教育部編，《第一次中國教育年鑑》，收入蔣致遠主編，《中華民國教育年鑑》（臺北：宗青圖書公司，1991 年），丙篇，學校教育概況，頁 423。

中等教育	甲種實業	中　　學	60,924	12,417	118,598
		師　　範	24,959	4,019	38,277
		農　　業	4,982	1,130	20,360
		工　　業	3,436	701	
		商　　業	2,106	507	
	其　　他		14,671	6,770	5,569
	計		111,078	25,544	182,804

資料來源：
① 1916 年依據教育部總務廳統計科編，《中華民國第五次教育統計圖表》（北京：出版年不詳），頁 1～3。
② 1922 年依據中華教育改進社，《中國教育統計概覽》（上海：商務印書館，1924 年），頁 2。

　　再者，各省中學校入學試驗應試人數超過招收的學額甚多，從表 2-1-3 可以看出，1922 年各省報考中學的學生，除黑龍江、福建二省和京兆一區外，各省未錄取人數皆超過錄取人數，廣東和陝西甚至未錄取人數超過錄取人數五倍以上〔註 52〕，江蘇省南京一中報名人數更高達 688 人，而錄取學生名額才八十人，未錄取人數超過錄取人數將近八倍〔註 53〕，顯見入學試驗競爭是很激烈的，主要原因是中等學校居於初等教育與高等教育之間，清政府創辦新式教育，於初等教育階段用力較深，中等教育與高等教育既無暇且無力顧及。民國以後，情況依舊，初等教育人數倍增，中等學校校數雖有增加，但仍極爲有限，能夠升學的高小學生不到五分之一即是明證，顯見中學校的數量是亟待擴充的。若與世界各國相比較，1910～1911 年間，各國戶口數與中學生人數的比例，英國爲 1：202，法國爲 1：300，德國爲 1：122，美國爲 1：83，中國則爲 1：6,220〔註 54〕，中國中學不足的現象更明顯。

表 2-1-3　1922 年各省中學校入學試驗應試與錄取人數比較表

省　別	正取生數	備取生數	實際應考生數	省　別	正取生數	備取生數	實際應考生數
河　南	101	22	460	山　東	85	15	233
陝　西	60	20	420	四　川	70	15	187

〔註 52〕陸殿揚，〈全國中學校狀況調查統計〉，《新教育》五卷五期，1922 年 12 月，頁 997～1006。
〔註 53〕陸殿揚，〈1921 年之中學教育〉，《新教育》四卷二期，1922 年 1 月，頁 200。
〔註 54〕廖世承編，《中國職業教育問題》（上海：商務印書館，1929 年），頁 65。

湖　北	111	34	365	京　師	95	12	160
廣　東	54	9	361	廣　西	60	50	155
江　西	88	19	358	奉　天	53	12	120
湖　南	126	12	334	直　隸	48	17	112
江　蘇	90	16	303	安　徽	32	8	93
雲　南	120	40	285	福　建	52	8	87
浙　江	100	30	283	黑龍江	87		87
山　西	79	15	145	京　兆	40	40	80

資料來源：陸殿揚，〈全國中學校狀況調查統計〉，《新教育》五卷五期，1922 年 12 月，頁
　　　　　1005。

　　除了數量不足之外，中等教育的辦學經費、設備品質也是問題重重。民
國以後，各府立中等學校收歸省辦，改為省立第幾中學，未改省立者，則為
共立中等學校，縣立及私立中等學校亦漸增多〔註 55〕。民國初年，各省教育
經費增加了，從 1912 年與 1922 年相比較，全國中等學校總經費增加 2.2 倍，
其中，中學校增加兩倍，師範學校增加 2.3 倍，職業學校則增加 2.7 倍。從表
2-1-4 的統計數字來看，民初的十年之間，中等學校確有增加，職業學校增加
的幅度且大於中學校，尤其是 1916 年到 1922 年的六年之間，職業教育經費
幾呈倍數成長，正顯示中等教育質變的現象。

表2-1-4　民國初年中等教育各類學校經費統計比較表

	中學及初中	師範學校	職業學校	總　　　計
1912 年度	3,296,672	2,040,387	1,024,903	6,361,962
1913 年度	3,849,893	2,533,110	1,065,856	7,448,859
1914 年度	4,612,194	2,673,632	1,117,936	8,403,722
1915 年度	4,920,084	2,731,209	1,190,326	8,841,619
1916 年度	4,200,412	3,077,746	1,296,900	8,575,059
1922 年度	6,600,256	4,633,919	2,790,005	14,024,180

資料來源：教育部編，《第一次中國教育年鑑》，丙編，學校教育概況，頁 193。

〔註55〕教育部編，《第一次中國教育年鑑》，收入蔣致遠主編，《中華民國教育年鑑》
　　　　（臺北：宗青圖書公司，1991 年），第二冊，丙編，教育概況，頁 189～190。
　　　　省立學校之名稱，民國以前多以府州之地名名之，民國以後改稱第幾中學，
　　　　江蘇和福建則仍有以地名為校名者。

　　再以 1922 年度來看，每一名中學校學生所能分配到的教育經費只有 63.84 元〔註56〕，若以每校平均人數 189 人為標準〔註57〕，一所中學校所能分配到的經費約為 12,066 元；但若以每十一名學生應有一位教職員為基準〔註58〕，每一位教職員月薪平均以六十元計〔註59〕，則一校之教職員全年薪金達 12,370 元，已超過每一所學校的經費總額。在這種情形之下，校舍自然無力擴充，教學設備當然簡陋，器械標本圖書，必然不敷教授之用；加以辛亥革命以後，國內軍事行動此仆彼起，教育環境迭遭破壞，即使是舊有規模都無法完全恢復〔註60〕，教學品質更難有所期待。

　　雖然教職員薪資耗去了學校大部分的經費，但教師的素質參差不齊，更是影響中學的教學品質的重要因素。一般在中學擔任文科教師的，大抵仍多為科舉時代之人；擔任理科的教師，除了學力不夠外，還有教法不善的問題，而擔任技能科方面的教師，尤其缺乏熟練之專業人才，中學辦學成績不佳，與師資的素質不好有絕對的關連〔註61〕。舒新城曾到南京一所未立案之私立大學的附屬中學參觀，發現校舍借用舊祠堂，光線根本不合條件，教具只有桌椅，書籍雜誌值不到二十元，而圖書室只能容納二十人，既沒有分科作業室，也沒有儀器設備。上海又有一間學校，是一座兩間的衖堂房子，校長是一位赫赫有名的大政治家，但與之談教育，則莫名所以〔註62〕。在上海和南京，辦學尚不免如此，或可推估此為國內普遍之現象，難怪孟祿調查中國教育後，會有「中國教育，中學最壞」〔註63〕的慨嘆了。

　　中學畢業生的出路是另一個問題。1915 年，黃炎培（1878～1965）〔註64〕

〔註56〕　中華教育改進社編，《中國教育統計概覽》（上海，商務印書館，1923 年），頁 3。

〔註57〕　中華教育改進社編，《中國教育統計概覽》，頁 28。

〔註58〕　中華教育改進社編，《中國教育統計概覽》，頁 29。

〔註59〕　教育部編，《第一次中國教育年鑑》，收入蔣致遠主編，《中華民國教育年鑑》（臺北：宗青圖書公司，1991 年），丙篇，學校教育概況，頁 200。

〔註60〕　李步青，〈中學校制度之商榷〉，《教育雜誌》十二卷九號，1920 年 9 月，總頁 17257。

〔註61〕　李步青，〈中學校制度之商榷〉，《教育雜誌》十二卷九號，年月，總頁 17258。

〔註62〕　舒新城，《我和教育》（臺北：龍文出版公司，1990 年），上冊，頁 237～8。

〔註63〕　陳寶泉、陶行知、胡適編，《孟祿的中國教育討論》（上海：實際教育調查社，1923 年），頁 22。

〔註64〕　黃氏號楚南，後改號任之，筆名抱一，江蘇川沙人。1902 年入上海南洋公學特班，從蔡元培受業，1903 年辦川沙小學堂，1905 年受楊斯盛委託創辦浦東

調查江蘇公私立各中學校，就所報告統計之，大約畢業生升學者 30%，謀事而不得事者 30%，即無業者三分之一〔註65〕。1919 年，劉永昌調查了江蘇十五所公私立中學校歷屆畢業生的出路問題，在 1926 名畢業生中，升學者 785人，占 40.67%，其中升大學校 10.28%，升高專者 16.4%，升高師者 8.1%，升其他學校者 5.97%。就業者 636 人，占 32.97%，其中就教育者，22.69%；就實業者，4.67%；就行政者，3.63%；就其他事業者，1.9%。在家、未詳者 468人，占 24.3%；死亡者 37 人，占 0.19%〔註66〕。前後五年間，江蘇省的中學生畢業生，升學者由 30% 提升到 40% 左右。換言之，不升學而就業者約在60% 至 70% 之間。

　　江蘇省的中學畢業生的升學情形與其他省份相比較並不是最壞的，就如舒新城所說，當時的教育統計上，中學生不能升學的有 77%，此 77% 的學生必得就業，而因在校未曾受職業訓練之故，即使就業，也每與社會扞格不入而不能樂業的現象仍很普遍〔註67〕。黃炎培嘗謂中學教育「產出若干高等遊民」，學生日增而遊民日多，原因很多，既和學生不屑於從事父兄之業，也不肯屈就工商業有關，也和中學教育偏重升學有關，學生所學不切用於社會實際生活，一旦無法升學，勢必進入職場，卻因未具備就業能力，只能無奈蹉跎；而市場胃納有限，更是畢業生無法謀得職業的重要因素。陳公博（1892～1946）以為中學畢業生，除了當教師及升學外，別無他途，而升學既非人人可以做到，且每年中學畢業生不少，也沒有那麼多的教席來安置他們，所以學生每到中學畢業時期，常常發生恐慌的現象〔註68〕，以商務印書館曾有

中學。辦學的同時，又與沈恩孚等發起組織江蘇省學務總會（後改稱江蘇省教育會），任調查幹事。民國成立後，先後任江蘇都督府教育司長及江蘇省教育會副會長，1914 年後，游歷國內外考察教育，積極尋找改良教育之良方。參孫培青、李國鈞主編，《中國教育思想史》（上海：華東師範大學出版社，1995 年），頁 171～180。

〔註65〕黃炎培，〈考察本國教育筆記〉，《教育雜誌》七卷五號，1915 年 5 月，總頁8687～8688。

〔註66〕劉永昌，〈江蘇全省區中學校歷屆畢業生調查表〉，《教育雜誌》十一卷二號，1919 年 2 月，總頁 14853～14856。

〔註67〕舒新城，《我和教育》，上冊，頁 236；舒新城另指出，湖南各中校與江蘇一中、南高附中諸校之實況，不能升學者最少占 50% 以上，參《教育雜誌》十四卷一號，1922 年 1 月，總頁 19221。

〔註68〕陳公博，〈我對於改造中學的意見〉，《新教育》三卷三期，1920 年三期，頁290。

校對缺額二名為例，投考求用者，人數竟達三十多人，且不乏中學畢業生，足證學生謀事之艱難，無處消納也。〔註69〕

綜合前述，民國初年中學的問題，大致可以分成兩方面，一是學校的創辦，受限於時局紛擾與經費匱乏等因素，使得中學校無法快速的成長，造成高小畢業生的瓶頸，而高等教育的發展也同樣造成中學畢業生升學的瓶頸。另一方面是，受限於中等學校的制度、課程、教學，使得中等教育的水準相對較低，所學又無法滿足職場的需要，出路的問題，最終形成中學畢業生升學與就業的兩難。

第二節　民初中等教育改革的新方向及形成

民國建立後，對於清末頒行的中等教育制度，雖經初步修訂，終未能因應時局的變化與社會的需要，因此，不只是中等教育，甚至整個學制，教育界始終有改革的倡議，激烈如舒新城者，甚至認為新教育係工業社會的產物，不能與中國的農業社會相適應，主張廢去學校，大唱「學校關門論」〔註70〕。惟教育的問題終究不是一句學校關門可以解決的，可惜的是，1912 年以後，中國政局的發展不穩定，對學校教育產生了巨大的影響，尤其是袁世凱死後各軍系競逐政權，導致共和基礎嚴重破壞，民國教育因此無法步入正軌，中央政府亦無暇顧及。在此情勢之下，教育要有進步，只好「禮失求諸野」，教育界人士反而因此獲得相對自由的空間，得以推動教育改革〔註71〕，起自民間的教育界成為改革的動力，其入手之方就是組織結社，號召同志，宣傳主張；教育團體之間也互相聯合，彼此之間的激勵，使得新教育的理念得以傳揚，成為 1920 年代中學教育改革的主要動力。

教育制度之制訂與實施，必有其思想背景之存在，而任何一種教育思想要能形成，非得經過鼓吹，方能普遍為人所接受，而成為一股沛然莫之能禦的力量；近代以來，能使思想化為行動，最終完成理想的作法，多是藉結社集合眾人力量，以鼓動風氣，教育界也不例外。1912 年的教育宗旨蘊含了道

〔註69〕吳家煦，〈對中小學畢業生的批評及其建議〉，朱有瓛，《中國近代學制史料》（上海：華東師範大學出版社，1990 年），三輯，上冊，頁 385～387。

〔註70〕舒新城，《近代中國教育史稿選存》（上海：中華書局，1936 年），頁 209。

〔註71〕Barry Keenan, *The Dewey Experiment in China: Educational Reform and Political Power in The Early Republic* (Cambridge: Harvard University, 1977), p. 7.

德教育、實利教育、軍國民教育和美感教育等教育思想,代表 1910 年代前後
中國教育思想的主流,殆無疑義。在 1915 年前後,袁世凱主政,教育思想主
流又有了國民教育思想及國家主義下的公民教育思想的出現;歐戰期間,由
於有了產業發展的機會,職業教育思想也逐漸成形〔註 72〕;歐戰結束後,世
界形勢改變,民主教育思想逐漸普遍為人所接受。民初各種教育思想迭出,
與教育界亟圖發現解決中等教育問題的方法有關,一開始時,大多皆由一、
二先行者大力倡導,繼之以民間教育團體集體推廣,經過鼓吹,始為人所熟
稔,進而試驗,終於被多數人接受,而成為定制。

　　民國初年中等教育制度所面臨的困境,已如前節所述,教育界亟思改
革,為解決中等教育的問題,1920 年前後流行的職業教育思想和民主教育思
想成為中等教育改革的重要元素,隱然成為中等教育改革的新方向。這些教
育思想的形成,與民間教育團體以介紹為職志,以推廣為己任,號召同志,
息息相關。本節以職業教育思想與民主教育思想為主軸,輔以民間教育團體
的活動,分析這兩個主流教育思想對 1920 年代中等教育改革思想內容的影
響。

一、中華職業教育社推廣職業教育和改良普通教育

　　民國初年中學教育在升學瓶頸和所學無益於就業的困境中,以致於學校
的畢業生愈多,社會失業的人數愈多;加上社會不知注重新技術、新人才,
以改善職業,職業與教育之間缺乏溝通,不只有害於教育,且不利於產業的
發達〔註 73〕。這種情況,在第一次世界大戰期間特別明顯,當時國際貿易上
多年入超的現象稍獲減緩,激起一般工商界興辦企業的興趣,而要掌握這個
機會,就得多多培養人才,亦即「把教育來解決社會生產問題」〔註 74〕,在
這樣的環境下,學校教育要配合職業需要的「職業教育思想」乃逐漸地推廣
開來,成為 1920 年代前後中學教育改革一個重要的部分,而扮演職業教育推
手的就是中華職業教育社和黃炎培。

　　中華職業教育社在 1917 年 5 月 6 日假江蘇省教育會召開成立大會,通過

〔註 72〕 經亨頤,《最近教育思潮》(浙江:浙江省教育會,1917 年),頁 14～23;陳
　　　　青之,《中國教育史》(臺北:臺灣商務印書館,1966 年),頁 655～664。
〔註 73〕 江恆源編,《十六年來之中華職業教育社》(上海:中華職業教育社,1933 年),
　　　　頁 1。
〔註 74〕 中華職業教育社編,《黃炎培教育文集》第四卷,頁 129。

章程，推選黃炎培、張元濟（1867～1959）、王正廷（1882～1961）、郭秉文
（1880～1969）等九人為臨時幹事〔註 75〕。分析中華職業教育社的四十四位
發起人中，包括政界、教育界與職業界人士，初步分類，有二十一位發起人
所從事的工作與教育事務有關，其中曾經擔任教育行政官員者有十人，而蔡
元培、范源濂（1877～1928）、湯化龍（1874～1918）等三人擔任過教育總長。
有十四位在職業界服務，惟所包含之職業範圍業不大，出版業六人、銀行業
三人、紡織業三人、醫生一人、協會一人，此或與發起人的地緣有關〔註 76〕。
而在中華職業教育社議事部十二名議事員中，至少有五人同時具有江蘇省教
育會職員身分，他們是黃炎培、沈恩孚（1864～1944）、蔣夢麟、郭秉文、賈
豐臻、莊俞（1876～1938），而黃炎培、蔣夢麟則又負有中華職業教育社重要
職務，分別擔任辦事部主任和書記〔註 77〕。這層關係，對於推動職業教育大
有助益，因為該社不僅可與江蘇省教育會緊密結合，更可藉此與全國教育會
聯合會聯結，從而推廣職業教育於全國，使得職業教育的觀念不僅逐步為國
人所接受，也成為中等教育的教學內容，使普通教育與職業教育逐漸有了合
流的趨勢。

　　用職業教育作為解決中學教育困境的主張，代表民國初年中國教育界為
解決中學教育困境所提出來的一種藥方，其實是一項頗能滿足產業界需要人
才的一種嘗試。由於民國初年中學教育的宗旨，強調完足普通教育，課程之
中，對於職業準備是相當忽視的，這對於無法升學的中學畢業生進入職場而
言，當然是一重極大的障礙。針對這個問題，陸費逵（1886～1941）早在民
國建立之初，即已指出：在學校系統中，如果沒有國民教育，則國家之基礎
不固；缺乏人才教育，則興辦事業乏指揮整頓之人；而少了職業教育，則在

〔註 75〕 〈職業教育社開成立大會〉，《申報》，1917 年 5 月 6 日，第三張(10)；〈中華
　　　　職業教育社成立大會記事〉，《申報》，1917 年 5 月 7 日，第三張(10)。
〔註 76〕 1917 年 1 月，伍廷芳、梁啟超、張謇、蔡元培、嚴修、唐紹儀、范源濂、湯
　　　　化龍、王正廷、袁希濤、張元濟、江謙、陳寶泉、宋漢章、陳輝德、陸費逵、
　　　　張嘉璈、穆湘瑤、張壽春、周詒春、楊廷棟、史家修、劉垣、穆湘玥、蔣維
　　　　喬、龔杰、劉以鐘、鄧萃英、于定一、朱友漁、莊俞、刁信德、朱庭祺、朱
　　　　胡彬夏、賈豐臻、朱叔源、聶其杰、陳容、顧樹森、沈恩孚、余日章、郭秉
　　　　文、黃炎培等人發起組織中華職業教育社，設址於上海，制定「組織大綱」、
　　　　「募金通啟」並發表「宣言書」，以徵求社員、募集經費。參〈中華職業教育
　　　　社宣言書〉，田正平、李笑賢編，《黃炎培教育論著選》，頁 89～90。
〔註 77〕 〈中華職業教育社成立以來之略史〉，朱有瓛等編《中國近代教育史資料匯編
　　　　（教育行政機構及教育團體）》，頁 449～450。

下者生計艱困，在上者輔助乏才。因此，主張在學校系統中應將國民教育、人才教育、職業教育三者並重看待〔註78〕。不過因爲陸費逵提倡的早，所以未爲時人所重視。

1915 年時，陳獨秀（1879～1942）從社會生產的角度，強調職業教育重要，認爲「今日之社會，植產興業之社會也，分工合力之社會也，也尊重個人之生產力，以謀公共安寧幸福之社會也。」「今之教育，倘不以尊重職業爲方針，不獨爲俗見所非，亦經世家所不取，蓋個人以此失去獨立自營之美德，社會經濟以此陷於不能自存的悲境也。」〔註79〕陳獨秀不獨從個人生計營生著眼，而且強調植產興業才是富國裕民之道，於學校教育，不只應注重普通教育，更要把職業教育拿來當作是四個教育方針之一。

陳獨秀以社會生產力與國家經濟力的觀點，主張學校教育要重視職業教育，與民元時的陸費逵的觀點其實是一樣的，但是，陳獨秀提出的時間是在一次大戰期間，交戰雙方除了軍隊肉搏之外，經濟力更是致勝的關鍵，陳氏鑑於中國的經濟極不發達，因此主張加強職業教育，以提升國家的經濟力〔註80〕。一戰期間，和陳獨秀一樣，強調在學校教育中要改良、推廣職業教育，要將普通教育與職業教育並濟的人愈來愈多。黃炎培即是其中之一，由於他的積極與堅持，終使「職業教育」思想成爲 1920 年代前後影響最大的教育思想之一。

黃炎培不是民國以後第一位號召推動職業教育的人，但他卻是第一位全力推動職業教育的行動家，也是成立中華職業教育社的主要推手。黃氏有過辦學的實務經驗，也曾實際參與教育行政工作，親歷各省市實際考察地方教育。他從 1914 年 2 月開始了一趟歷時三個多月的國內教育考察之旅，歷經上海、南京、蕪湖、大通、銅陵、安慶、九江、南昌、饒州、景德、屯溪、徽州、嚴州、桐廬、富陽、杭州等地，考察安徽、江西和浙江三省的教育狀況〔註81〕；9 月以後，又用了近兩個月的時間，考察了山東、直隸兩省的教育狀

〔註78〕陸費逵，〈民國普通學制議〉，《教育雜誌》三年十期，1912 年 1 月，總頁 3265。

〔註79〕陳獨秀，〈今日的教育方針〉，《青年雜誌》一卷二號，1915 年 10 月，頁 2 ～6。

〔註80〕舒新城，《近代中國教育思想史》，收入《民國叢書》四編四十三（上海：上海書店，1992 年），頁 207。

〔註81〕黃炎培，《黃炎培考察教育日記》（上海：商務印書館，1915 年），第一集，頁 2～4。

況，包括濟南、青州、博州、泰安、曲阜、北京和天津等地〔註 82〕。根據黃氏考察結果，發現中等學校的教材普遍有過多之病，於腦力上既患用之過度，於智識上尤患食古不化；各地學校普遍不重視體育和衛生；學校教學通行注入式之教學法，鮮少用啟發式之教學法；若學校加授農業商業課程，絕未有相當之設備與其他設施，徒加授一種特別之國文課而已。〔註 83〕

黃氏目睹各地學校教育與實際的生活相隔絕，學生受了教育不僅不能增加生活的能力，甚至還失去了生活的能力。為謀補救，乃積極倡導「學校教育採用實用主義」，主張教育與學生生活、社會實際要互相聯繫〔註 84〕。他認為學生不論道德身體技能知識，得自學校者皆無法實地運用，學子能作論說文，於通常之問候卻不能達意，能算術卻無法運用度量衡。究其病因，在學校教育只重「理論」。基於此，他從小學教學內容入手，提出教學內容「以實用為目的」，學習國文、歷史、地理、算術、理科、圖畫、手工、體育、習外國語的重點全在生活上的運用，不僅學生為生活運用而學，學校亦應生活運用而教，「一言蔽之，即打破平面的教育，而為立體的教育。易言之，蓋欲漸改文字的教育，而為實物的教育。」〔註 85〕

黃氏此時的主張，仍然只從學校既有課程出發，雖然對於加強普通教育學生的生活能力有幫助，但和進入農、工、商業職場的專業能力的培養，終究還有些距離。

1915 年，黃炎培隨同實業團赴美時，受前教育總長湯化龍的委託，調查職業教育之狀況，與職業教育與普通教育聯絡問題。這一趟美國行，改變了他提倡實用主義的初衷，回國後，他轉而極力地提倡職業教育。

在美期間，黃炎培共考察了美國東西中南北部的二十五個大城市，他發現：美國教育非常發達，尤其注重在中等以下的學校實施工、農、商與家政等四類職業教育，學生的數量在十年內增加了一倍。在教學學科上，學校課

〔註 82〕 黃炎培，《黃炎培考察教育日記》，第二集，頁 129，轉引自田正平，《黃炎培教育思想研究》，頁 48。

〔註 83〕 黃炎培，《黃炎培考察教育日記》第一集，頁 203～208。

〔註 84〕 黃炎培，〈實用主義之真諦與一年間之實施狀況〉，田正平、李笑賢編，《黃炎培教育論著選》（北京：人民教育出版社，1993 年），頁 26；黃炎培，〈學校教育採用實用主義之商榷〉，《教育雜誌》五卷七號，1913 年 10 月，總頁 5640。

〔註 85〕 黃炎培，〈學校教育採用實用主義之商榷〉，《教育雜誌》五卷七號，總頁 5639～5643。

程雖多，但必修之科絕少，每學生每年只認四種科目而已。學校之科目皆由
各地方自由選擇，其分科純看各地需要辦理，幾乎沒有不可設立的科目。

　　他更發現，美國教育發達的關鍵為行政者主持於上，學校與社會通力合
作於下，實際作法則是由政府與社會、學校合組一機關，以謀教育之進行也。
其職務，一為調查，二為規畫，三為視察。會議決議之後，由行政機關發布，
由學校實行，由社會輔助，分任其職，各盡所長〔註86〕。這一考察結果，正
是後來創立中華職業教育社之張本。

　　黃炎培亦曾向美國之教育家詢問，學生畢業後是否皆有相當職業？彼答
以雖未必，然大多數皆能有相當之職業。蓋美國有一種介紹機關，學生畢業
後可以由其介紹職業；不獨此也，即學校之校長亦能為學生介紹職業，蓋學
校校長之介紹信，在社會上最有信用〔註87〕。黃炎培回國後，看到國內「一
般社會生計之恐慌」、「百業之不改良」和「各種學校畢業生失業者之無算」
等現象，乃一改倡導實用主義教育之立論主張，轉而積極提倡「職業教育」
〔註88〕，組織中華職業教育社，方才開啟職業教育與普通教育合流之契機。

　　黃炎培說他倡導職業教育，係要以具體替代抽象，從1917年開始，黃氏
不再只是倡導實用主義的教育主張，更積極地提倡職業教育，他認為主張實
用主義教育和提出職業教育，兩者的根源是相同的，都是因為受到一般社會
生計之恐慌、各行業無法有效改良和學生失業問題的刺激而引發的，只是
職業教育的主張，較諸實用教育的主張具體，更容易讓人感受到問題之所
在。〔註89〕

　　然則，究竟什麼是「職業教育」？黃炎培首先分辨「職業教育」與「實
業教育」之區別，前者廣義的意義即教育，狹義的意義，則為講求實用知能
的教育，猶如實業教育也。後者則不只專重實用，也兼含研究學說之意味。
就兩者的範圍而論，則：

　　實業教育與職業教育，二者皆以解決生計問題為目的，然其範圍不

〔註86〕黃炎培，〈黃炎培調查美國教育報告〉，田正平、李笑賢編，《黃炎培教育論著選》，頁30～48。
〔註87〕黃炎培，〈黃炎培調查美國教育報告〉，田正平、李笑賢編，《黃炎培教育論著選》，頁35～36。
〔註88〕黃炎培，〈實用主義產出之第三年〉，《教育雜誌》九卷一號，1917年1月，頁15～16。
〔註89〕黃炎培，〈實用主義產出之第三年〉，《教育雜誌》九卷一期，1917年1月，總頁11409～11412。

同。實業教育之高焉者，高等專門實業亦屬之；其下焉，僅爲職業之預備者亦屬之。故論其長，可謂過於職業教育。英語 Industrial Education 之名詞，依其本義，僅限於工業教育，東方譯爲實業教育，亦僅限於農、工、商三種，而醫生、教師等不與焉。職業教育 Vocational Education，則凡學成後可以直接謀生者皆是。故論其闊，又可認爲不及職業教育。〔註 90〕

而劃分職業教育的類別，有分爲農業、工業和家庭藝術三種〔註 91〕，有分爲農業、工業、商業和家政四種者〔註 92〕，就像蔣夢麟對職業教育所下的定義一樣，黃炎培也認爲「職業教育，就是用教育的方法來達職業的目的。」〔註 93〕使受職業教育的人可以獲得「一技之長，以從事於社會生產事業，藉獲適當之生活；同時更注意於共同之大目標，即養成青年自求知識之能力、鞏固之意志、優美之感情，不惟以之應用於職業，且能進而協助社會、國家，爲其健全優良之分子也。」〔註 94〕

黃氏倡導職業教育，全由實務出發，學子受教育爲尋得適當的工作，學校教授當然必需配合此一目的，讓職業教育之效能，能令個人「藉以得生活」〔註 95〕之所需。因此，廣義言職業教育，則凡教育皆含職業之意味；若以狹義言，則僅以講求實用之知能者爲限，亦猶實業教育也，惟實業教育，兼含研究學說之意味，而職業教育，則專重實用，純爲生活起見〔註 96〕。一旦學生無力受更高等的教育者，令其受此教育，以獲得相當之職業；即使已就職業者，再接受職業教育，亦可幫助其業務之改良與進步〔註 97〕。換言之，要

〔註 90〕 中華職業教育社編，《黃炎培教育文集》第二卷，頁 210。
〔註 91〕 中華職業教育社編，《黃炎培教育文集》第一卷，頁 236～237。
〔註 92〕 1917 年 10 月，蔣夢麟（1886～1964）在《教育與職業》爲文指出：教育爲方法，職業爲問題，故曰職業教育，故職業教育無他，提出職業上種種問題而以教育爲解決教育之方法而已。……農、工、商、家政四者，職業中之四大類，歐美國家所公認者也。凡職業中所發生種種問題，不外乎此四大類。故言職業教育：有(1)農業教育、(2)工業教育、(3)商業教育、(4)家政教育之分。轉引自舒新城，〈中國職業教育思想小史〉，《教育與職業》一○○期，頁 743。
〔註 93〕 中華職業教育社編，《黃炎培教育文集》第四卷，頁 324。
〔註 94〕 中華職業教育社編，《黃炎培教育文集》第二卷，頁 341。
〔註 95〕 黃炎培，〈職業教育談〉，田正平、李笑賢編，《黃炎培教育論著選》，頁 120。
〔註 96〕 田正平、李笑賢編，《黃炎培教育論著選》，頁 92。
〔註 97〕 黃炎培，〈新大陸之教育〉，田正平、李笑賢編，《黃炎培教育論著選》，頁 93。

使「無業者有業，有業者樂業」，要使無業者有業，不能不注意於農、工、商、家事等科與實際職業有關的措施〔註 98〕。實施辦法則可仿效當今各國，在中等教育以下，即設種種職業學校，並於普通學校內，分設各種職業科。除力能受高等教育者外，悉予以生活上應有之學識與切要之技能，使出校後便能謀生〔註 99〕。為使有業者樂業，則應注意於職業訓練與職業指導〔註 100〕，使能因應職場之變化，學習職場所需之技能。若與黃炎培之前所主張的實用主義相比，職業教育乃是實用主義之用，用在謀生耳，陳義未必高，卻頗符合當時之需要。〔註 101〕

　　從這裡可以了解，中國學校系統之中本有實業教育，但中華職業教育社卻不從改良實業學校教育入手，改而提倡職業教育的原因，在於實業教育和職業教育的根本差異在於前者兼顧學理，後者專重實務；而且，中華職業教育社認為甲乙種實業學校不足以包括所有的職業學校，而滿足社會分業之所需；更何況，實業學校受限於制度，設置拘泥於系統而忽略供求，功課重理論而輕實習，學生缺乏能力卻多好高騖遠，不能解決生計的問題，故主張協調溝通教育與職業的關係，透過教育以便根本解決國民生計的問題。〔註 102〕

　　黃炎培等人在 1917 年成立中華職業教育社的根本目的，就是由於既有的教育體系不只無法解決人民的生計問題，反而是解決生計問題的重大障礙，因此想要透過教育的方式，做一個徹底的解決。他們不僅要改良與推廣職業教育，而且要讓普通教育有助於為職業作準備〔註 103〕，換言之，普通教育的內容要加入職業教育的課程，才能徹底解決中學教育畢業生缺乏進入職場能力的問題。

　　中華職業教育社自創社以後，一方面積極地推廣、改良職業教育，另一

〔註 98〕舒新城，《近代中國教育思想史》，收入《民國叢書》四編四十三（上海：上海書店，1992 年），頁 214。

〔註 99〕黃炎培，〈新大陸之教育〉，田正平、李笑賢編，《黃炎培教育論著選》，頁 92。

〔註 100〕舒新城，《近代中國教育思想史》，收入《民國叢書》四編四十三（上海：上海書店，1992 年），頁 214。

〔註 101〕1916 年 12 月 11 日蔡元培在江蘇省教育會演說時指出：當時教育界有三大恐慌，一為高等教育缺乏，二為實業教育之缺乏，致中學畢業生不能應社會上之用，三為道德心之缺乏。見〈教育界之恐慌及救濟方法〉，高平叔主編，《蔡元培文集（教育）》（臺北：錦繡，1995 年），頁 347～348。

〔註 102〕〈中華職業教育社宣言書〉，中華職業教育社編，《黃炎培教育文集》（北京：中國文史出版社，1994～1995 年），第二冊，頁 180～181。

〔註 103〕朱有瓛，《中國近代學制史料》三輯，下冊，頁 295～296。

方面宣傳職業教育思想，藉推動普通教育的改革，以促使普通教育與職業教育合流。在他們的努力下，國內職業學校的數量持續增加。在 1921 年 8 月間，又發起組織職業學校聯合會，發起之初，正式加入者，東至吉林，西至陝西，南至雲南，北至直隸，已有五十校〔註 104〕。此一發展方向，正面促使職業教育的理念與學校系統相結合，發揮整體的力量，有助於職業學校在學制之中取得正式的地位。

截至 1922 年為止，國內職業學校的創校數量有顯著的成長。中華職業教育社調查國內職業學校數量，除新疆及熱河、察哈爾兩特區未有報告外，從 1918 年度至 1921 年度的三年之間，校數由 531 所增至 719 所，雖然調查不無遺漏，而就下表 2-2-1 觀之，進步不可謂不速。

表 2-2-1　1918 年度與 1921 年度職業學校校數增減統計表

校　　別	1921 年度依中華職業教育社最近調查	1918 年度依教育部全國實業學校一覽表	比　較 增	比　較 減
甲種農業學校	74	56	18	
乙種農業學校	311	269	42	
甲種工業學校	34	30	4	
乙種工業學校	62	38	24	
甲種商業學校	35	31	4	
乙種商業學校	107	80	27	
男子職業學校	34	3	31	
女子職業學校	44	21	23	
職業補習學校	11		11	
慈善性質之職業學校	6		6	
職業教員養成所	2	3		1
統　計	719	531	190	1

資料來源：黃炎培，〈1921 年之職業教育〉，《新教育》四卷二期，1922 年 1 月，頁 230～231。

除了學校數量增加外，中等教育發展有一個趨勢，就是「從 1917 年後，漸將升學預備之普通教育打破而趨重職業化。」〔註 105〕據分析，係因民國後

〔註 104〕黃炎培，〈1921 年之職業教育〉，《新教育》四卷二期，1922 年 1 月，頁 230。
〔註 105〕舒新城，《近代中國教育史稿選存》，頁 57～58。

中學畢業的出路發生問題，而一次大戰期間，有機會快速發展的工商業，卻找不到適切的專業人才；新式的學校雖然辦了很多，但學校教育的內容空疏不切實際，不能學以致用的問題嚴重，即使是實業學校，仍以學習書本知識為主，沒有真正培養學生的實際工作能力。黃炎培起初提倡學校教育要採實用主義，繼而倡導職業學校，都是為解決此一教育困境而來，及至 1922 年學校系統改革案頒行，普通教育與職業教育合流的趨勢成為事實。

二、中華教育改進社及其前身推動新教育運動

　　清末開始創辦新式教育，嚴格的說起來，應從 1902 年（光緒二十八年）頒布新學制起，若從新式學校設立之時起，則應起自 1862 年（同治元年）〔註 106〕。此期間，傳統科舉取士和新式學校教育並存，仍未居主要育才地位。1905 年廢科舉，新式教育的「制度」才成為中國育才取才的主要來源。因此，對照於傳統教育，有人說：新教育是學校，舊教育是科舉；又有人說：舊教育習經史子集，新教育是習科學。前者是從育才和選才立論，後者是從教材作區隔。

　　民國建立以後，首任教育總長蔡元培，即已意識到教育在共和時代和帝制時代應判若兩個世代，「新」教育與「舊」教育的區別在去帝制為首要，即以去除不符合共和精神之教育制度為第一要務，他以自由、平等、博愛做為公民道德的內涵，共和民主的教育思想其實已經蘊涵其間，惜此說並未持續發展，反因袁世凱（1859～1916）搞帝制，張勳（1854～1923）鬧復辟，導致共和基礎嚴重破壞，民國教育因此無法步入正軌。中央政府每每因軍事而轉移，從 1912 年到 1926 年間，曾經被任命為教育部首長的共有四十三位，平均一年有三位〔註 107〕。主事者既無法久居其位，自然無法顧及教育事務的推展，教育部既無法有效地運用國家權力繼續行使統一的教育，教育界人士反而因此獲得相對自由的空間，得以推動教育改革的工作〔註 108〕，尤其是在五四運動前後，一方面由於歐戰結束後國際形勢產生了變化，另一方面由於民主的風潮出現，不僅在政治上要民主，教育上也要民主。平民教育的要求，

〔註 106〕王鳳喈，《中國教育史》（臺北：正中書局，1998 年），頁 277。

〔註 107〕教育部部史，教育部歷任首長，http://history.moe.gov.tw/minister_list.asp?type
　　　　=1，2008 年 7 月 10 日。

〔註 108〕Barry Keenan, *The Dewey Experiment in China: Educational Reform and
　　　　Political Power in The Early Republic*, p. 7.

是人人有發展均等的機會〔註109〕，觀念的改變，不僅使得中等教育的定位重新被思考，更在新教育運動的推波助瀾之下，中等教育得以注入發展個性、兒童中心教育觀、職業陶冶、公民訓練等等新的內涵。這從蔡元培在1918年時再度闡釋「新教育與舊教育之歧點」時，指出新教育是「與其守成法，毋寧尚自然，與其求劃一，毋寧展個性」的一番話〔註110〕，可以說明：新式教育已從形式的要求進步到內容的轉換了。

誠如蔡氏所言，前清教育以利己主義為目的物，乃揣摩國民之利己心，藉科舉餘習，獎勵出身驅誘學生之計〔註111〕。一旦畢業學生面臨升學與就業兩難之時，此一「已成變相之科舉」〔註112〕之學校，不可避免地會成為被改革的對象；加以國家自清末來擾攘不安，教育救國之說不絕，教育界各種學說思想從萌芽到蓬勃，此仆彼起，這種現象與其說是「吾國人特性，作事往往有初鮮終，致教育思想，未能貫徹到底」之故〔註113〕，不如說是，新教育實施未久，內外形勢十數年間不斷改變，從君主到共和，從共和改帝制，帝制忽焉幻滅，重回共和卻又陷入軍閥各自為政之時局，遂令教育界自尋出路，各家教育主張與思想乃呈百花齊放之勢。

歐戰的結果，也給中國教育界帶來了新的刺激，認為公理戰勝強權，民主打敗專制，一些新的教育觀點也順勢進入了中國而大為風行。而世界各國正在進行的學校制度的變革，包括德國和法國等典型的雙軌制教育的國家，改革學校系統，努力使小學與中學得以相通的作為〔註114〕，當然也給中國帶來莫大的鼓勵。一批原在廟堂之上推動教育的人，厭棄他們的政治生涯，轉到學術上教育上去盡力提倡，加上杜威來華宣傳學說，鼓吹推行新教育，一時之間，教育風氣為之丕變，汪懋祖（1891～1949）把這一階段的教育改革工作，稱為「新教育運動」。〔註115〕

〔註109〕孟憲承，《教育概論》（上海：商務印書館，1933年），頁64。
〔註110〕蔡元培：《新教育與舊教育之歧點》，《新青年》五卷一號，1918年7月，頁46～47。
〔註111〕邰爽秋等編選，《歷屆教育會議議決案匯編》，臨時教育會議日記，頁2。
〔註112〕蔣夢麟，《過渡時代之思想與教育》（上海：商務印書館，1933年），頁294。
〔註113〕賈豐臻，〈吾國教育思想不振之原因〉，《教育雜誌》八卷三號，1916年3月，總頁10001。
〔註114〕余家菊、汪德全編譯，《戰後世界教育新趨勢》（上海：中華書局，1926年），頁9～17。
〔註115〕任教於南京高等師範教育科，曾經留學美國的汪懋祖（1891～1949）把這一

　　汪懋祖所指的幾位名流，指的是嚴修、范源濂、袁希濤（1866～1930）、陳寶泉（1874～1937）和蔡元培〔註116〕，他們都曾主管過國家教育，蔡元培和范源濂是民國第一、二任教育總長，嚴修在清末長期主持教育，民初曾被任命爲教育總長，然未就任，袁希濤則在 1917 年和 1919 年兩度代理過教育總長。他們雖曾主掌教育，但都無法久居其位，轉而結合民間力量，提倡教育改革，也是很正常的事。嚴修等人所代表的是一群曾經身處廟堂之上，制定國家教育政策的教育家走入民間，試圖凝聚來自民間的力量從事提倡學術改革教育的工作，他們以組織民間教育團體爲手段，號召同志，推動教育改革，或列名發起，或任團體董事，甚至親身執事。與此同時，另有一股力量也在積極地推動新教育，表現在外的是杜威不遺餘力的宣揚其教育理念，然而，深層的意義則是教育界正有一股新興的力量試圖挾杜威之力，完成舊教育的過渡，以建立新的教育體制，這正是中等教育改革得以隨著學制改革而實現其改革目標的另一個新契機。

　　此一「新教育運動」的「新」，其實有兩層的意義，一爲教育形式的「新」，一爲教育內容的「新」。形式的「新」在教育制度的改革，內容的「新」在教育內容的進化。前者，係因應新時代之需求而出，爲創造新時代而設計，就舊有的教育制度改造之；後者，在因應時代的變化，及迭出的新教育思想，介紹、批評既有學說，以優者爲他山之石，劣者爲前車之鑑，研究創造適合需要的新的教育學理，和新的課程內容。〔註117〕

　　推動新教育的民間教育團體，以雜誌爲推廣教育主張的平台，進而企圖藉著來自美國的杜威和孟祿等人的魅力，趁激起旋風之便，因勢利導。這股力量，可以中華教育改進社及其前身，包括新教育共進社、《新教育》月刊社和實際教育調查社等教育團體爲代表。

個教育改革的努力，稱爲「新教育運動」。他說：「我國自辛亥那年變更國體，雖然掛著一塊共和招牌，而一般國民的頭腦，仍是數百年前之舊；內中惟智識階級，卻醞釀了一個發新的動機。看到袁氏帝制的失敗，張勳復辟的失敗，就可以證明這新動機的趨向。而五四一役，這動機便一發不可遏。從此有幾位名流，厭棄他們的政治生涯，轉到學術上教育上去盡力提倡。於時杜威博士在我國宣傳學說；告訴我們新教育是什麼，新教育的路徑應當怎樣，而全國教育思潮爲之一變，這就是新教育的運動。」參見汪懋祖，〈中華教育改進社的緣起〉，《新教育》五卷三期，1922 年 10 月，頁 343。

〔註116〕汪懋祖，〈中華教育改進社的緣起〉，《新教育》五卷三期，頁 343～344。
〔註117〕姜琦，〈何謂新教育？〉《新教育》一卷四期，頁 358～360。

　　中華教育改進社是由新教育共進社、《新教育》月刊社和實際教育調查社合組而成，成立的時間是在 1921 年 12 月 23 日〔註118〕。以調查教育實況，研究教育學術，力謀教育進行為宗旨，選出蔡元培、范源濂、郭秉文、黃炎培、汪精衛、熊秉三、張伯苓、李建勳、袁希濤為董事，孟祿、梁啓超、嚴修、張一麐、李石曾五人為名譽董事〔註119〕。董事任期分別一年、二年和三年，三種任期的董事各三分之一，於第一次選舉董事時以抽籤決定，共同組成董事會。董事會可聘任主任幹事一人主持社務，下設各委員會、學術部、事務部及各地分事務所，各有職司〔註120〕，由各學術委員會投票所選出之正、副主任皆國內教育界、學術界一時碩彥〔註121〕。該社所需經費由各團體負擔，總事務所設於京師，各處亦可設分事務所〔註122〕。新成立的中華教育改進社延續共進社聯絡國內外教育團體，共同研究新教育的作風，繼續致力於教育的改造也是很自然的事。

　　因此，要觀察中華教育改進社改造中國教育的歷程，要分成兩個階段來看，而以中華教育改進社的成立時間點為分界，1922 年以前是該社前身各組織「分進」時期，1922 年以後則是各組織「合擊」的階段。

　　中華教育改進社在改組前的各個教育團體，在 1922 年以前努力改造中國教育是有相當成績的。最早設立的組織是「新教育共進社」，乃郭秉文、黃炎

〔註118〕實際教育調查社是中國教育界為配合美國哥倫比亞大學教授孟祿（Paul Monroe）來華調查教育的工作，1921 年由范源濂、嚴修、袁希濤、張伯苓等人在北京發起的教育團體，以「察近時教育之情狀，示以改良進步之方法」。負責籌措孟祿來華的川資，調查所用之經費，以及擬定調查方法、安排聯繫、紀錄的撰寫與發表等工作。當孟祿中國教育調查結束後，該社任務結束，遂與中華教育共進社合組中華教育改進社。參見汪懋祖，〈孟祿博士之所以來華與實際教育社之緣起〉，《教育叢刊》二卷八期，1922 年 2 月，頁 1；華中師範學院教育科學研究所主編，《陶行知全集》第一卷，頁 597。

〔註119〕另一份名單則稱名譽董事有七人，增加了杜威和張謇兩人，可參考《中華教育改進社董事名譽董事名單（1922 年）》，《中華民國史檔案資料匯編（第三輯）（北洋政府教育）》，頁 799。

〔註120〕《中華教育改進社簡章》《新教育》四卷三期，1922 年 3 月，頁 531～533。

〔註121〕中華教育改進社所設委員會有按教育類型分，包括初、中、高各級、職業、師範、成人、義務等，有按課程教學分，包括：公民教、科學、生物、國語、歷史、地理、美育、體育、國民音樂等。各委員會主任名單見《新教育》六卷一期，1923 年 1 月，頁 90～91。

〔註122〕《中華教育改進社成立紀要》，《新教育》四卷二期，1922 年 1 月，頁 304；另見朱幼巔等編《中國近代教育史資料匯編（教育行政機構及教育團體）》，頁 544。

培等人在 1918 年 10 月間，鑒於世界大勢之傾向，希望聯合中外各教育機關及教育家共謀教育改造的目的，乃聯合江蘇省教育會、北京大學、南京高等師範學校、暨南學校、中華職業教育社等教育團體而發起組織的。1919 年間，郭秉文、余日章、蔣夢麟、黃炎培等人又以英、法、美諸國之教育界，雖願與吾國各重要教育機關交通聯絡，卻每以無從接洽爲苦，乃興起擴大合組之意，於 10 月 21 日致函北京大學、北京高等師範學校、南京高等師範學校、江蘇省教育會、南京暨南學校、中華職業教育社、中國基督教青年會全國協會、上海交通工業專門學校、上海復旦大學、上海大同學院、天津南開大學、中國科學社、南京河海工程專門學校、吳淞同濟醫工學校等校，請各校推定代表一人或二人，於 10 月 27 日下午七時，在上海江蘇省教育會集議，議定「以聯絡國外教育團體或教育家，輸入新教育，共同研究進行，並宣佈國內教育狀況於國外爲宗旨」，新教育共進社由各教育團體志願組織之，每團體推定代表至多三人，每人有被選舉權，每團體有一選舉權，經費以團體年費爲主。1920 年 1 月，選舉黃炎培爲主任，郭秉文、蔣夢麟副之，沈恩孚任會計，另聘陳鶴琴（1892～1982）爲英文書記，沈肅文爲中文書記。並設交際部，推余日章（1882～1936）爲主任，張伯苓、陶履恭、朱友漁、阮尚介爲幹事，辦事處則設於江蘇省教育會內。〔註123〕

　　新教育共進社成立不久，蔣夢麟等人鑑於我國學術落後，「爲直接輸入東西洋學術，使吾國固有之文化，受新潮之刺激，而加速其進化率」的目的，在 1919 年 2 月創刊了《新教育》雜誌，作爲該社機關刊物〔註124〕。《新教育》雜誌編輯部由五個教育機關團體組成，蔣夢麟擔任主編，黃炎培是通信記者，五個機關團體的編輯代表分別是：北京大學的蔡元培、胡適、陶履恭，南京高等師範學校的郭秉文、劉經庶、陶行知，暨南學校的趙正平、姜琦，江蘇省教育會的沈恩孚、賈豐臻，中華職業教育社的余日章和顧樹森。從這樣的組成中，可以發現民國初年的教育機關團體，彼此之間常藉由刊物作爲合作的平台，他們雖然各有自己的活動舞台，如黃炎培主要在中華職業教育社，

〔註123〕　參見〈中華新教育共進社成立記〉，《中華民國史檔案資料匯編》第三輯，北洋政府教育，頁 831～833；〈新教育共進社簡章〉，同書，頁 835～836；劉正偉，《督撫與仕紳：江蘇教育近代化研究》，頁 397。

〔註124〕　〈江蘇省教育會、北京大學、南京高等師範學校、暨南學校、中華職業教育社合組新教育共進社編譯叢書月刊啓〉，《新青年》六卷二號，1919 年 2 月，頁 243。

卻又在《新教育》雜誌擔任通信記者，而中華職業教育社也是《新教育》雜誌的組成團體之一，又如蔣夢麟，他是《新教育》的主編，同時也是江蘇省教育會的執事之一，而江蘇省教育會也是《新教育》雜誌的組成團體之一，這種彼此共生合作的關係，正是民初教育團體的特色，這些機關團體乃得以發揮更大的影響力。

　　《新教育》高舉著「養成健全之個人，創造社會之進化」大纛，「以教育爲方法，養成健全之個人，使國人能思、能言、能行、能擔重大之責任，創造進化的社會，使國人能發達自由之精神，享受平等之機會，俾平民主義在亞東放奇光異彩，永久照耀世界而無疆。」〔註125〕他們想要藉改造教育做爲中國種種問題的重要方法，以因應歐戰結束後的新形勢，且要以民主教育思想，做爲改革中國教育的指標，而爲達到這些目的，他們有兩個主要的作法：一個是直接輸入外國新教育思想，以刺激本國文化，使之達到進化的目的；另一個則是邀聘外國教育專家來華，使國人得以親炙外國學者風華，達到借力使力的加成效果。於前者，《新教育》於創刊之初即將編輯方向定在世界知識、教育現況及教育理論的引介上；對於後者，邀請外國教育家訪華，有杜威、孟祿相繼訪華，對於引進西方的教育思想確有直接的成效。以下謹就引進教育思想和邀聘專家訪華二項，分析其作爲及成果。

（一）在引進新教育思想方面

　　雜誌社諸君子，既有意在此掌握世局變化，使國人了解世界局勢而與時俱進，「發健全進化之言論，播正當確鑿之學說」，所介紹的外國教育現況與引進各國的教育思想包羅甚廣，創刊以後，先後介紹印度、美國、俄國、英國、法國、德國、日本、西班牙等國之教育現況，做爲國人辦教育之借鏡，而對於民主教育思想的傳播更是不遺餘力。

　　《新教育》雜誌首任主編爲蔣夢麟，原名夢熊，字兆賢，別號孟鄰，浙江寧波餘姚人。年輕時遠赴美國進修，導師爲杜威，1917 年取得美國哥倫比亞大學教育學博士。他認爲清末民初，是一個舊時代即將告終，新時代尚未完全建立的時代，在此一舊基礎已經動搖，應以積極的態度，確定中心的問題，用適當的方法，找出一個能適應社會生活需要的新思想以代替舊思想。而中國之新教育，必須與近世之精神相謀而並進，不只過渡時代以前的泥古

〔註125〕〈本月刊倡設之用意〉，《新教育》一卷一期，1919 年 12 月 1 月，頁 1。

教育不可行，消極破壞的過渡時代之教育也不可行。應當「取中國之國粹，調和世界近世之精神，定標準，立問題，通新陳交換之理，察社會需要，探適當之方法以推行之」。〔註126〕

這一種中西調和的論調，最重要的是辨明中心問題是什麼？蔣氏以為「教育有種種問題，究其極，則有一中心問題存焉。此中心問題惟何？曰做人之道而已。做人之道惟何？曰增進人類之價值而已。」所謂「人類」，是所有個人總和的一個抽象名詞而已，換言之，人類的價值，即所有個人的價值。而個人的價值，即存於你我他天賦秉性之中。個人既各有天賦的特殊的個性，教育即當因個人之特性而發展之，而新教育的價值，就在尊重個人的價值〔註127〕。所以，要完全發揮人類的價值，從教育入手，就是要適應個性，讓每一個人的天性發展到極致，人類的價值出現，個人的價值就在其中。

1918 年 10 月，第四屆全國教育會聯合會通過了「今後我國教育之注重點」案，內容與蔣氏主張如出一轍〔註128〕，強調教育之內容應為民治、科學、美感和體育，注重發展個性，以養成健全之人格〔註129〕。在歐戰結束前後，藉民主戰勝強權之契機，倡導民主共和之教育，冀望奠定民國共和教育之基石。這一個議案，顯示教育界亟欲掌握歐戰結束的契機，改造既有的教育體制與內容的企圖心，而進一步觀察蔣夢麟與全國教育會聯合會的淵源，又可以發現當時教育界的一種互動模式，筆者認為蔣夢麟的主張與全國教育會聯合會的決議如出一轍，原因是初回國的蔣夢麟曾在江蘇省教育會任事，他的

〔註126〕蔣夢麟，〈過渡時代之思想與教育〉，《過渡時代之思想與教育》（上海：商務印書館，1933 年），頁 17～22。

〔註127〕蔣夢麟，〈個人之價值與教之關係〉，《過渡時代之思想與教育》（上海：商務印書館，1933 年），頁 99～102。

〔註128〕邰爽秋等編選，《歷屆教育會議議決案匯編》（上海：教育編譯館，1936 年），第四屆全國教育會聯合會大會議決案，頁 9～10。蔣氏一再強調教育要適應個性，養成健全的個人，注重公民訓練，養成平民政治的精神，都是在鼓吹結束過渡時代，建立一個新時代的教育體制。撰文論〈世界大戰後吾國教育之注重點〉，在教育行政方面主張推動義務教育、職業教育、補習教育以增進平民之知識技能，促進社會之進化；推廣大學及高等專門教育以養成民主主義之領袖。在學校教育方面，則主張：(1)發展個性以養成健全之人格，(2)注重美感教育體育以養成健全之個人，(3)注重科學以養成真實正當之知識，(4)注重職業陶冶以養成生計之觀念，(5)注重公民訓練以養成平民政治之精神。

〔註129〕蔣夢麟，〈世界大戰後吾國教育之注意點〉，《過渡時代之思想與教育》，頁 299～300、304～305。

主張經由江蘇省教育會提全國省教育會聯合會討論議決，此種模式，正是民初教育界的各種主張能夠快速爲各界所認識，形成共識最常見的方式，一旦共識形成，化爲行動，集體性的力量即可出現。而且，此案決議時間在五四運動前一年，議決案所提出的幾個新的教育觀念的醞釀與鼓吹早在新文化運動發生之前。依時間的順序看，新文化運動與新教育思想的產生至少是並行的。

議案既經全國教育會聯合會討論且形成決議，代表著教育界對於戰後教育發展的關心，也接受了發展中的世界教育變化的趨勢。此一趨勢，在歐戰後更加的明顯，包括學制和中等教育的改革，不可避免地都與此一趨勢相結合。

不論是蔣夢麟或是全國省教育會聯合會的與會成員，都同意歐戰結束代表一個新時代的開啓。戰後教育變化的趨勢，教育將不只是訓練愛國心，且要訓練對他國的同情心；不只要了解本國的歷史文化，也要了解他國之歷史文化；物質科學以外，也要兼及精神科學。學校的課程中，科學與道德及美感將並重；而戰爭結果將是民權的國家主義戰勝帝權的國家主義，民權主義的潮流將成爲世界的主流。而民權的基礎，在尊敬個人的價值〔註 130〕，從這個趨勢觀察，和前述歐戰結束前後，世界各國的新教育運動若合符節。

蔣氏擔任《新教育》雜誌主編後，更積極地推動這一系列的主張，強調戰後是民主主義興起的時代，他認爲德國和俄國戰敗的根本原因，在於平民主義發達，使人民敢於起而反對專制君主。此一結果，證明民主主義教育已取代了軍國民主義教育思想，因此，他認爲戰後世界教育的趨勢以人權爲依歸，以追求平均與普遍爲目標。〔註 131〕

民主主義的教育，除了要使每一個人都有公平受教育的機會，姜琦（1886～1951）從教育學的角度解釋民主，認爲民主主義的教育更要尊重每一個人的人格，使每一個人能本其完全之人格，行有益人類之活動，以增進世界之文化，亦即「生徒本位教育」〔註 132〕，這是從尊重個性出發，主張教育要居

〔註 130〕 蔣夢麟，〈歐戰後世界之思想與教育〉《過渡時代之思想與教育》（上海：商務印書館，1933 年），頁 283～287。

〔註 131〕 蔣夢麟，〈今後世界教育之趨勢〉，《新教育》一卷二期，1919 年 3 月，頁 120～123。

〔註 132〕 姜琦，〈教育上德謨克拉西（Democracy）之研究〉，《新教育》一卷三期，1919 年 4 月，頁 401～402。

於學生立場，這樣一來，與蔡元培在 1912 年時提出的主張，似又趨於一致。其實，這是民國建立後，共和體制下的必然走向，只是暫時隱而不顯，一旦時機到來，則成莫之能禦之勢，戰後軍國民教育主張為民主主義教育主張所取代，即是如此。論者謂，杜威的《民主主義與教育》一書到了 1916 年才出版，而在出版之後即能引領風騷，主因就在時勢，在 1913 年由民主黨的威爾遜擔任總統後，提倡以民主主義消滅德之軍國民主義，民主主義的教育思想乃大行其道，杜威也變成了美國教育界第一流人物。〔註133〕

　　這種強調個性，以學生為中心的教育理念，在中學教育階段更是必要。因為從兒童成長的經驗來看，小學和中學階段，不論是生理的成長或是心智的成長都是截然不同的兩個階段，學生在小學的時候，「自我」的觀念尚不十分顯著，隨著年齡漸長，「自我」的觀念也逐漸發達，個別的性格差異也漸漸加大，為了適應轉變前後的兒童學習，無論是教學目標或課程內容都要有所調整，廖世承引用了密里蘇達州（Minnesota）中學教授柯斯（L. V. Koos）調查所呈現的初級中學最重要的職能為實現平民教育，而在平民教育得以實現的各項原因中，受調查者公認為首要的項目「鑑別學生個性」這一項〔註134〕。而杜威所主張的平民教育最重要的兩個指標，其中之一就是要養成學生智能的個性（Intellectual individuality），使學生有獨立思想，獨立觀察，獨立判斷的能力。〔註135〕

　　這裏的「個性」顯示了雙重的意義，一為先天的，生理上與年齡上的區別因而產生「個性」的差異，一為後天的，因為學習，而有了「個性」上的不同。基於學生「個性」上的差異，及為適應學生的能力和興趣，現行的初等七年、中等四年的學制，並不太適合，原因有二個，一個是四年制中學年限太短，課程不容易安排，一個是依照現制，小學畢業時十四、五歲，已過最好的調適時機。這是 1922 年將現行七‧四小學中學學制加以修訂的重要因素，也是列為學制標準的重要張本。

　　這是對十九世紀初葉以來德國教育的修正，在拿破崙征服背景之下，費希特（Johann Gottlieb Fichte, 1762～1814）認為教育是恢復國家主權最有效的

〔註133〕姜琦，〈德意志之平民主義的教育說〉，《新教育》二卷一期，1919 年 9 月，頁 29～30。

〔註134〕原因包括留校人數加多、時間經濟、鑑別個性、考查才力及擇業指導和職業指導。廖世承，〈中學教育〉（上海：商務印書館，1930 年），頁 102～108。

〔註135〕胡適，〈杜威的教育哲學〉，《新教育》一卷三期，頁 307～308。

方法，主張教育要受國家指揮，他以為個人都是自私自利、不合理性的動物，要使他「自願的」受制於國家機關與法律所施的訓練教育〔註136〕，「個性」因此不會受到太多的重視，然而這種國家主義教育的目的和更廣泛的社會教育的目的是相衝突的。杜威認為，一個民主的社會，不僅要能使社會裏的利益為全體分子所共享，且要能與其他的社會聯絡，相互產生影響，藉此改良自己的制度，以求適應需要。這個社會所需要的教育，要使社會裏面的每一個人，都有興趣關心社會的事務，要使每一個人的生活習慣都能改進社會〔註137〕。杜威強調社會的每一個人，即是重視個性的發展，唯有如此，才有可能養成健全的人格，也唯有如此，才有可能造就一個具備共和精神的公民。

要實現這種強調個性的教育觀，建立符合共和精神的教育的理念，必須從建立民主主義的教育，建立適應個性的教育制度，強調每一個個人的存在，發揮每一個人的特性入手。而要讓這種民主主義的教育思想，能夠普及於全國，進而推動全面的教育改革，除了透過雜誌宣傳理念外，必須要有更具有吸引力的作法才足以動搖視聽，深入人心。雜誌社主事者的作法是邀聘外國的專家學者來華講學，希望透過教育名家現身說法的方式，引起國人的重視。

（二）在邀聘外國教育專家方面

外國專家來華，至少可以達到兩個基本目的，一是藉由學者專家的親身論證，可以強化國內教育界人士引進新教育思想的說服力；二是藉由學者專家的權威，對亟需新準則的中國教育界，無疑是給了國人一盞明燈，指引著正確的方向。此時，美國哥倫比亞大學教授杜威恰巧在日本遊歷，一群留美歸國的教育界人士，遂積極的促成杜威來華，從而使得我國教育，尤其是中等教育改革的方向趨向民主教育的精神。

1919 年 3 月，執教於南京高師的陶行知，特致函北京大學的胡適（1891～1962），建議南北合作一起邀請杜威來華講學。為促成杜威來華，陶行知建議相關事宜由北京大學、江蘇省教育會和南高大學合作，各推舉一人代表負責，並請胡適與正在北京的蔡元培、蔣夢麟、沈恩孚討論。議既定，遂由南

〔註136〕杜威著，鄒恩潤譯，《民本主義與教育》（上海：商務印書館，1929 年），頁168～169。
〔註137〕杜威著，鄒恩潤譯，《民本主義與教育》，頁 174。

高校長郭秉文藉赴日之便，當面邀請，獲得同意，杜威並表達願意多留一年
的意思〔註138〕。旋由北大校長蔡元培致電哥倫比亞大學，正式邀請杜威來北
大講學一年。哥大覆電同意，杜威中國之行遂得以實現。〔註139〕

　　1919年4月30日，杜威抵達上海，胡適、陶行知、蔣夢麟等分別代表北
大、南高和江蘇教育會，親往碼頭迎接。隨即遍歷上海、南京、杭州等地，
展開一連串的學術講演之旅，由胡適、陶行知等先後隨行翻譯〔註140〕。杜威
到達中國時，正值五四運動前夕，他所宣傳的民主與科學的精神、改良主義
的思想以及他的教育理論，大大地影響了中國的知識界。杜威在中國兩年多，
除了在北京做了一系列講演外，更親赴全國各地做巡迴講演。兩年之間，他
的足跡遠至東北奉天、南達廣東等十一省〔註141〕，講演多達二百餘次，所到
之處，無不受到熱烈歡迎，他在各地的講演大約有七十八個題目，其論述圍
繞著三個主題：現代科學、民主和教育〔註142〕。而隨著五四學生運動的發展，
約有二百多種新期刊在江蘇和浙江迅速成長，報紙如《覺悟》、《學燈》和北
京的《晨報》所登載的杜威的講話，也常被這些新興的雜誌轉載重刊〔註143〕；
介紹實驗主義的文章書籍，也如雨後春筍，著名的雜誌如《新教育》等都有
杜威專號，杜威的思想隨之傳播，更擴大其影響力。

　　1920年，晨報社將杜威在北京舉行的五大系列講座結集為《杜威五大講
演》出版，到杜威離華時，該書已印行十三版，每版都在一萬冊以上，影響
遠遠超出聽講的人數。

　　「教育哲學」是《杜威五大講演》的主題之一，共講了十六次。杜威首
先闡述了教育的必要性，提出了「不以學科為中心，而以兒童為中心」的教
育理論，他認為教育的起點是兒童的生活和本能，教育的目的是為社會培養
良好的公民，而學校的學科，正是其中的橋樑。於此，杜威指出了教育與
社會生活的關係，並講述了他的名言：「教育並不是生活的準備，教育就是生

〔註138〕華中師範學院教育科學研究所主編，《陶行知全集》（湖南：湖南教育出版社，1986年），第五卷，頁2～4。
〔註139〕衛道治主編，《中外教育交流史》（湖南：湖南教育出版社，1998年），頁210。
〔註140〕Barry Keenan, *The Dewey Experiment in China: Educational Reform and Political Power in The Early Republice*, pp. 12~13.
〔註141〕《晨報》，1921年7月11日。
〔註142〕Ibid, pp. 37.
〔註143〕Barry Keenan, *The Dewey Experiment in China: Educational Reform and Political Power in The Early Republice*, p. 22.

活。」杜威也重視人格教育，也談到了學制組織、職業教育等問題。杜威的教育理論，幾乎為當時剛剛走出私塾教育的中國教育界全盤接受。〔註144〕

介紹杜威教育思想的出版物，在杜威演講前後，也非常的多，其中最重要的當然是杜威原著的譯本。所有杜威的教育專著幾乎都譯成中文，其中還有一本數譯的〔註145〕。杜威雖然是哲學教授，但他在中國影響深遠的卻是教育學領域。在相當長的時間裡，他的實用主義教育理論成為中國教育界盛行一時的主導學說。他認為學校自身需是一種社會的生活，需有社會生活所應有的種種條件；且學校裏的學業須要和學校外的生活連貫一氣。他的根本觀念是：「教育即是生活；教育即是繼續不斷的重新組織經驗，要使經驗的意義格外增加，要使個人主宰後來經驗的能力格外增加。」〔註146〕

杜威所倡導的「教育即生活」、「學校即社會」、「兒童是中心」、「從『做』中學（Learning by Doing）」等實用主義教育主張，具有強調教育與生活、學校與社會的聯繫；強調理論與實踐、知與行的統一；重視知識教學與職業訓練的結合；重視兒童思維能力和動手能力的培養等特點，在杜威一群中國留美學生的強力推介下，也就成為正在尋求變革的中國教育界人士所接受的一項重要理論基礎。〔註147〕

分析杜威中國之行所以會產生如此巨大的效應的原因，除了恰逢五四運動，杜威的民主主義教育與「民主」、「科學」的旗幟正好相互輝映，其弟子如胡適、陶行知的極力推崇，使杜威受到了更熱烈的歡迎〔註148〕。杜威對於中國教育的影響，在所有西方教育家之中，大概無人能出其右。

對於正在進行改革行動的中國教育界來說，杜威的學說理論，正可用來借力使力，完成教育改革的理想；加上五四時期民主思想的傳播，不只政治上要講求民主，在社會、經濟和教育各方面，都要講求民主，民主主義教育的思想因此大行其道。民主主義教育既是要使人人有發展均等的機會，消極的是讓有區隔貴族和平民的雙軌制教育制度繼續存在，積極的是要將大學和

〔註144〕沈益洪編，《杜威談中國》（杭州，浙江文藝出社，2001 年），代序，頁 2 ～4。

〔註145〕吳俊升，〈近五十年來西方教育思想之介紹〉，中國教育學會主編，《近五十年來之中國教育》（臺北：復興書局，1977 年），頁 41～42。

〔註146〕胡適，〈杜威的教育哲學〉，《新教育》一卷三期，1919 年 4 月，頁 308。

〔註147〕劉會，〈《壬戌學制》與杜威的實用主義教育理論〉，《西南師範大學學報（哲學社會科學版）》，1994 年一期，頁 44。

〔註148〕衛道治主編，《中外教育交流史》，頁 212。

預科一個系統及小學和中學一個系統的現象加以重整，使之成爲一個完整的體系，學生由初等、中等到高等教育循序以進〔註149〕，在這個意義下，中學教育制度勢必有所更張。

民主教育思想的推廣，有賴於教育團體和教育界人士繼續組織與鼓吹，否則不容易延續其效果。1921 年年底，改組成立的中華教育改進社即承續了此一責任。

1922 年以後，該社快速成長，不論是團體社員或是個別社員的成長速度都很快，機關社員數量在成立後一年即成長到 117 個，個別社員則成長到 394 人，且持續成長，一年後，增加到 972 人〔註150〕。在政局不統一之際，獨教育界戮力同心，快速發展其組織，對教育應興應革之事，提出因應之道，互助合作推動教育改革，扭轉學界的風氣，可說幾乎完全取代了政府的角色，成爲這一個時期教育界的一個特有現象。

小　結

中國本無中等教育制度，乃清末訂定學制時，學習日本學制而始創。在學校系統中屬於三段式學制之中段，由普通中學校、甲種實業學校和師範學校併立而成，其中只有普通中學校具有承轉初等教育與高等教育之銜接功能，實業學校與師範學校並無與同一體系學校直接承轉的設計。清季自 1904 年起開始實施新學制，不到十年即告滅亡，此期間，辦學以初等教育爲主，對於中等教育並未予以太多的關注，惟學部在 1909 年，於中學校實施文、實分科。一般認爲，清廷於中學實施文、實分科，乃是學習德國文科學校與實科學校的制度，就表相來看，似乎是如此，實則不然。因爲 1910 年代的德國學制，乃是雙軌制，一般國民教育與貴族教育是不相通的，文科學校與實科學校都有預備學校，與一般國民學校是不同軌的，彼此之間並不相通。清代的中學校實施文、實分科，不只沒有德國雙軌制中學的預備學校的制度，細考其課程內容，則是依文、實兩科的學生出路而調整課程授課時數，而各有所偏重而已，基本上和德國文科學校、實科學校的制度是不太一樣的，反倒

〔註149〕孟憲承，《教育概論》（上海：商務印書館，1933 年），頁 64～65。
〔註150〕中國第二歷史檔案館編，《中華民國史檔案資料匯編第三輯，北洋政府教育》（南京：江蘇古籍出版社，1991 年），頁 805。

有幾分像民國以後高中文、理分組的制度。〔註151〕

　　民國初建立時，修改清代學制，是民國以後第一次中等教育的改革，改革的重點有二部分，第一是關於中等教育本身，中等教育修業年限縮短一年，改為四年；中學校廢止文實分科；第二是關於銜接學校的初等教育和高等教育的改革，而影響及於中等教育者，一是初等教育中的初小與高小各縮短一年，一是高等教育中的高等學堂廢止，只留下大學預科。前者的縮短修業年限，連中學共縮短了三年，勢必影響中學畢業生的學業程度，後者則大大限制了各省發展高等教育的機會，且預科只設在大學與專門學校，對於中學畢業生的升學之路，也造成必要離鄉背井的升學困擾。

　　嚴格講起來，1912 年的中等教育制度的改革是不徹底的，不只舊的問題未解決，反而造成新的問題，這是民國初年中等教育制度一直無法令人滿意，而不斷的有改革壓力的原因；另一個原因則是為因應時代變遷及社會經濟的形勢變化與需要而起。事實上，任何一場改革運動的進行，一開始時總是因為對於現狀的不滿足，欲矯其弊，乃有先覺者作思想之鼓吹，起而奔走呼喊，終於蔚為風潮，成為一股力量而使改革終底於成。1912 年到 1926 年之間的中等教育的改革，一開始是因為政權的更迭，體制的變革而做的改變，尚不足以認為是自覺性地變革，其後，到 1920 年代前後，不僅中國內部的政治經濟與社會形勢急遽變化，世界各國也因歐戰的發生及其結束，而使得教育的新思潮湧現，教育的改造成為方興未艾之勢。兩者交互影響之下的中國教育改革，更顯得迫在眉睫。

　　如本章所述，民國初年中等教育的問題其實不只一端，隨著時代的推移，政經情勢的變遷，新的問題與需要也持續出現，在這種情形下，各種改革的議論與主張百家爭鳴，報章雜誌成為教育界言論主張的平台，實業教育思潮、職業教育思潮和民主教育思潮逐漸成為引領改革的主流思潮，表現在實際教育改革行動的，則有職業教育的推動和民主教育主張的鼓吹及杜威、孟祿訪華所帶來的效應，而各類型的教育團體則為推動教育改革的主要力量，其中以中華職業教育社、新教育雜誌社、中華教育改進社和各省教育會聯合會最為重要。

〔註151〕袁世凱主政時期，制頒教育綱要，所設計初等教育制度才是真正的學習德國的雙軌制教育，惟袁氏政權覆亡後，教育綱要隨之廢止，雙軌制教育並未在中國實施。

　　各教育團體的主事者，往往也是主流教育思想的倡導者，如中華職業教育社的黃炎培和新教育雜誌社的蔣夢麟就是代表性的人物；而各類教育團體之間的衍生關係，更使得教育思想的傳播與教育改革的行動相輔相成，例如黃炎培不僅是中華職業教育社主要的催生者，更是江蘇省教育會實際的操盤手，也是各省教育會聯合會召開時的靈魂人物，類似者，當然不只黃炎培一個人，在民國初年，教育團體能夠發揮極大的影響力，除因爲軍事倥傯，政府失能外，教育團體彼此之間聯合展現共同的意見，才是政府無法忽視的重要原因。

　　在主流教育思想的影響下，民國初年的教育改革，不僅是要修訂制度，更要對教育的宗旨、教育的對象、課程的內容和教學的方法都要重新檢討，重新再造。民國初年的教育改革，可以說是一次對於傳統教育重新定位的過程，中等教育的改革，也在這樣的趨勢下，成爲國人關注的焦點，不僅學制的改革以中等教育爲中心，國人對於教育改革討論的重點，也大多匯聚在中等教育的變革上。

第三章　全國教育會聯合會與中等教育改革

　　清末新式教育創辦以來，政府始終致力於發展初等教育，甚至到民國袁世凱政府時期仍然沒有改變。經過從清末學制頒行到歐戰爆發的十年歲月，初等教育已逐步發展，中等教育的問題也逐漸受到重視。日益增多的初等教育畢業生升學進入中學的問題已經不容忽視，可是中等教育引入中國後面臨的辦學條件，如經費、設備、師資等困難，尤其是面對政權鼎革後的新政局和歐戰期間，中國產業獲得清末以來首次的絕佳發展機會，但卻陷入難以獲得適當人才的困境，加上歐戰即將結束的國際新形勢，中等教育不論是辦學宗旨或是學生出路，都成為迫切需要解決的問題。

　　前章除了分析民國初年中等教育所面臨的困境外，更指出民國初年政局是一個相對缺乏穩定的狀態，中等教育制度改革的壓力卻又迫在眉睫，政府無暇顧及中等教育的問題，於是給了民間教育團體相當大的揮灑的空間。他們起而倡議改革，號召同志、創辦刊物、引進外國的教育思想和教育制度，成為民國初年教育改革運動的主要力量：中華職業教育社主張改良職業教育，因而促成了中學教育普通與職業的合流；新教育共進社、新教育雜誌社專門引進各國教育制度及其思想，結合了世界各國教育改革的趨勢，在中國推動了「新」教育的運動，使教育界民主教育思想大活躍，最後成為學校系統改革案的標準和中等教育新制的重要元素。

　　民國初年的民間教育團體除了前述中華職業教育社和中華教育改進社外，最具有影響力和具備地方基層組織力量的教育團體就是各級地方教育會

和全國教育會聯合會。三者的組織性質上有些許差異，在中等教育改革上所扮演的角色和功能不太一樣，前者組成不久，又缺乏各省區的基層組織系統，多著力於教育理念的發揚和新式教育的試驗，後者則結合既有的地方基礎，統合各界主張，所議決之事項，除提供教育部做爲制訂政策的參考外，也直接交付各省區教育會執行。從整合和執行的角度看，全國教育會聯合會對於教育事業的影響力是不容忽視的。

中等教育的中央主管機關是教育部，地方主管機關則是省教育廳。當民間的教育團體針對中等教育應興應革之事，提出改革的呼籲，積極匯聚群體的力量，希望能夠影響全國視聽，仍需俟政府教育主管當局，以積極的態度回應改革，且將改革之主張化爲政策，經常是改革是否有效實現的指標。基於此，在民國初年中等教育改革的過程中，即使政府的影響力每下愈況，仍然不能加以忽視。爲釐清幾個教育團體之間的互動關係及剖析全國教育會聯合會在民國初年中等教育改革事業中所扮演的角色，本章擬以民國初年的全國教育會聯合會爲中心，首先剖析全國教育會聯合會的組織與運作方式，藉以分析全國教育會聯合會經由地方基層組織的活動，及各教育團體互動共生的關係，以明白全國教育會聯合會在教育改革運動中能夠扮演推手發揮影響力的原因。

其次就全國教育會聯合會歷屆全會有關中等教育的決議案與教育部之決策互動關係，看民間教育團體的力量如何影響國家的教育政策；進而藉由全國教育會聯合會推動的學制改革，促成中等教育改革與得以和學制改革齊一步驟，終使中等教育獲得全盤翻新的契機，歸納分析全國教育會聯合會在民國初年運用組織力量，將各民間教育團體所推動的中等教育改革主張，納於一爐，透過全國教育會聯合會組織，結合各民間教育團體教育改革的主張的積極作爲，對中等教育改革方向所產生的影響。

第一節　全國教育會聯合會之組織及其運作

民國初年的全國教育會聯合會由各省省教育會及特別行政區域教育會組織而成，以體察國內教育狀況，並因應世界趨勢，討論全國教育事宜，共同進行爲宗旨。會員由各省省教育會及特別行政區域教育會各派代表三人以內充任。每年開會一次，會議期以二星期爲限，如議案過多不能完結時，得延長一星期以內。開會時，非有到會會員過半數出席，不得開議；各種提案需

以所代表之教育會提出，會議之進行分成兩大部分，一部分由各省區報告教育情形，一部分則是議案審查與討論，決議案件則送呈教育部等單位採行。如遇有重大問題非大會期間所能討論解決者，則設長期分股委員會繼續討論。[註1]

　　全國教育會聯合會每年開會期間，除由各會員報告各省區教育狀況外，最重要的是討論各省區所提議案，為順利進行年會，於開會年度前五個月在會場所在地教育會設事務所，會期四個月以前，函告各省區教育會提案，經省區教育會討論之後，送事務所提出全會俾於會議召開時提請大會議決施行[註2]。由是可知，全國教育會聯合會每年召開一次會議，組成的基本單位是各省區的教育會，出席代表由各省區選派，另由每年會議的承辦省區教育會設立事務所，做為辦事機構，其組織與運作模式，與清末的各省區教育會和「各省教育總會聯合會」的組織和運作模式頗為相似。[註3]

　　清末所召開的全國教育總會聯合會只舉行一屆即行停止，主要原因是受到辛亥革命的影響。

　　民國以後，首先倡議組織全國教育會聯合會的是直隸省教育會。該會以歐戰方酣，正是我國積極進行教育改革之時，乃致函各省教育會發起召開全國教育會聯合會，並呈文教育部，略謂：「教育事業極為重大，非萃集全國教育家，各執疑難，逐項剖析。凡夫社會教育、家庭教育、各種學校教育，必

〔註1〕 范壽康等編，《第一回中國年鑑》（上海：商務印書館，1926年），頁1928～1929。各省區各級教育會之組成，自清末起皆依據《教育會章程》行事，具備法定的輔佐推動地方教育事務的任務，具有半官方的性質的各級教育會，其相關決議因而得送呈各級教育主管當局採行。

〔註2〕 邱爽秋等編選，《歷屆教育會議議決案匯編》，第三屆全國教育聯合會大會議決案，頁1～3。

〔註3〕 清末的「各省教育總會聯合會」之組成，是江蘇省教育總會在1911年，以「公議關係全國之教育事宜，期以改良進步」為號召，建議各省教育總會推舉代表為會員，召開「各省教育會總會聯合會」，集議有關「全國教育方針、初等教育普及方法及高等教育及中等教育之規畫。」由於當時各省教育總會尚未完全成立，與會者只有廣西、安徽、江西、山東、湖北、直隸、福建、湖南、浙江、河南、江蘇等十一省代表。惟教育界集合全國各省教育會，齊聚一堂共同議事，實從此次會議開始，民國以後所召開的全國教育會聯合會亦以此為濫觴。分見〈各省教育總會聯合會先聲〉，《教育雜誌》三卷三期，1911年農曆3月，總頁2717～2818；〈全國教育總會聯合會開會於上海〉，《教育雜誌》三卷五期，1911年農曆5月，總頁2897；另參〈各省教育總會聯合會議案〉，《教育雜誌》三卷六期，1911年農曆6月，總頁2987～2998；黃炎培，《八十年來》（北京：中國文史出版社，1982年），頁55。

須如何計畫，始合進化之趨勢；如何布置，始免不完備之指摘；如何教誨，始得收良好之結果，此中頭緒分歧，差毫釐而謬千里。故歐美諸邦，對於教育多取聯絡主義，各國教育會常有開聯合之舉，討論教育利害得失，以條陳於教育行政官廳，既無上下隔閡之虞，又無遠近分歧之弊。」〔註4〕旋經教育部同意，於1915年4月23日在天津召開第一屆全國教育會聯合會成立大會，此一由各省教育會橫向聯繫的全國性教育團體的年度集會才又重新恢復。

此後十餘年間，直到1925年為止，全國教育會聯合會不間斷地分別在天津、北京、杭州、上海、太原、廣州、濟南、昆明、開封、長沙等地舉行了十一屆年會。在此期間，適逢民國初建，國基未固，國內戰亂頻仍，可用於建設事務之能力，均耗於自殘之內亂，及黨派之爭競。當局對於教育，以其與自身無切膚之關係，咸置之腦後，而中央及各省之歲入，多耗費在供養過度之軍隊及官僚政客上，其殘餘可及於教育者，為數極微，當局雖曾宣言如何熱心提倡教育，然按之實際，殊難實行，徒託空言而已〔註5〕。此一中央政治統治力量式微，軍閥和政客為爭奪各種利益紛爭不已，幾乎無暇插手教育界之時局，反而給教育家提供了難得的活動空間。當中央和地方教育行政因政治派系的鬥爭而變動頻仍，以地方教育界及士紳為核心的教育會卻組成了一支相對穩定的團隊，並且填補了其間的權力間隙，成為一個對於民初教育發展極具影響力的民間教育團體。〔註6〕

全國教育會聯合會每屆會議由各省輪流主辦，然在1920年以前的六屆年會，竟有三屆的年會無法正常召集：1916年原訂在北京召開的第二屆全國教育會聯合會，因反袁軍事而延遲半年召開；另有兩屆年會因主辦省分遭受兵燹，而改在上海辦理，一次是1918年的第四屆全國教育會聯合會因南北軍事，長沙淪為戰爭區域，湖南省教育會乃函請各省教育會，改在上海之江蘇省教育會舉行；另一次是1920年的第六屆全國教育會聯合會的廣州粵軍回粵的戰事，各省區代表到滬者，無法赴粵，江蘇省教育會電詢廣東省教育會，回復須延期，直隸省教育會則主張在上海開會，乃由在上海的代表在江蘇省教育會議決照辦，一面通知各省區代表速到，一面通知廣東省教育會代表攜帶案

〔註4〕　〈請開全國教育會聯合會〉，《教育雜誌》六卷九期，1914年12月，記事，總頁7543～7544。

〔註5〕　范壽康等編，《第一回中國年鑑》（上海：商務印書館，1926年），頁1839、1929～1930。

〔註6〕　劉正偉，《督撫與仕紳：江蘇教育近代化研究》，頁324。

卷來滬。總計在 1915 年到 1920 年之間的六屆全國教育會聯合會年會，竟有三屆年會無法如期召開，甚至要易地舉行，亦可略窺國內政局之不穩定。

總計十一屆年會所研討的議案共 248 件，包括初等教育、中等教育、高等教育、實業教育、社會教育、義務教育、職業教育、師範教育、女子教育、教育宗旨、學校制度、教育行政、教育經費、課程、體育、教科書、教學方法，乃至平民教育、國語、白話文、庚款興學、教育會、全國教育會聯合會的規章，幾乎囊括了整個教育系統中的所有重大事項﹝註7﹞。由於全國教育會聯合會為民間教育團體，所有相關決議案只能陳送教育部等主管機關參考，是否成為政策仍待教育主管裁決，因此歷屆會後皆有若干決議陳請教育部採擇施行。該會歷年向教育部建言的議決案有九十四件，大多獲得教育部的重視和採納，其中一部分且經教育部頒行法規施行全國。據不完全的統計，在向教育部建議案中，有二十件被採納，經修改後成為法規頒布實施，占建議案的 22%﹝註8﹞。根據這個觀察，全國教育會聯合會對於教育事業的獻策，若不為教育部所接受，則無實現的機會，決定權似乎操之於教育部；不過，事實卻未必如此，有時候是一旦全國教育會聯合會做成決議，即成為全國各省教育會共同推動的事務，當這些決議由各省教育會同時在各省執行時，每每成為引領教育變革的前哨，進而帶動教育改革的風氣，直接促使教育主管當局行制度的變革；由該會所推動職業教育、中學制度的改革是一個例子，推動整體學校系統的變革更是一個明顯的事例。

一個起自民間的教育團體及其年度召開的會議，卻能在民國初年的各級教育事務擁有相當的影響力，主要有下列幾項原因：

（一）首先就是各省區教育會擁有法定的地位，可以直接參與地方教育事務發揮其影響力。

各省區教育會是全國教育會聯合會組織的基本單位，與會的成員即由各省區所推派，代表各省區教育會出席者，也代表地方對於教育興革的迫切希望，所有的議案都是經由本省教育會體察教育現況進行研究後，以省教育會名義提全國教育會聯合會討論的，這些議案多能因應時代的需要，提案的意義即代表地方的需求，其決議在社會上具有一定影響力。而能夠確實地實行，

﹝註7﹞ 依據《歷屆教育會議議決案匯編》歸納統計分類，李桂林，《中國現代教育史》，頁 39 所統計，數目為 157 項，實誤。

﹝註8﹞ 李露，〈論「全國教育會聯合會」對民初教育立法的影響〉，《學術論壇》總一四〇，2000 年 3 月，頁 125～126。

則與來自各省區的教育會所擁有的法定地位，得以參與地方教育事務，和他們積極的活動能力息息相關。

　　省區教育會是清末即已出現的民間教育團體組織，也是第一個由政府制定組織章程，規範其組成與活動的團體，而其組織目的與功能，從開始組織的時候即已具有輔助發展地方教育的想法。主要是由於清末各省開辦新式教育，政府基於學堂教育創辦不久，以中國疆域之廣，僅靠地方官吏難以謀求教育之普及，勢難兼顧〔註9〕，唯有借地方士紳之力以補官府之不足，地方學務才有可能發達。加以各省地方士紳熱心教育，多有組織學會者，惟章程規範不一，政府有明定章程，整齊畫一權利義務之規範之必要，遂正式頒布《教育會章程》〔註10〕，明定各級教育會具有輔佐學務公所、勸學所普及教育之責任，加上清政府缺乏辦理新式學堂教育所需的經費，不得不要求士紳參與，且授予政策和財政事務的權力，以動員士紳進行新教育的改革〔註11〕，地方仕紳遂得以明正言順地參與地方的教育事務。雖然政府也多方規範，諸如，規定教育會只能參與本級學務，省級教育會亦無來自廳州之評議員和會董，且明定總會與各會之間無統屬關係，以杜絕組織坐大之機會；內部組織也相對簡單，除會長、副會長之外，只設書記與會計。惟對於會員，則不問其學歷、教育資歷之有無，為地方士紳敞開入會的大門。另一方面，在地方官的監督下，教育會的活動也被限定於教育的調查研究及行政輔佐的範圍內，而章程賦予提學使檢查教育會與決定解散教育會的權力，讓政府又保留有較大的管理力量。然而，不管如何，終究是給地方仕紳合法參與地方教育事務的權利，在新頒教育章程的定位之下，各省教育總會，因具備補助教育行政的職能，與官方的聯繫日益頻繁，已然改變了過去由民間自行其是，與官方的聯繫並不密切的現象，而成為一種半官方的教育團體。

　　民國建立以後，各省的教育會並未因政權鼎革而告終，而是延續清季組

〔註 9〕陸爾奎，〈論教育會之性質〉，《教育雜誌》一卷九期，1909 年農曆 8 月，社說，總頁 729。

〔註10〕學部，〈奏定各省教育會章程摺〉，朱幼驥等編，《中國近代教育史資料匯編（教育行政機構及教育團體）》，頁 247～252；學部，〈奏定各省教育會章程摺〉，朱編《中國近代教育史：教育行政機構及教育團體》，頁 247；高田幸男著、甘慧杰譯，〈清末地方社會教育行政機構的形成——蘇、浙、皖三省各廳、州、縣教育行政機構的狀況〉，《史林》三期，1996 年，頁 116～117。

〔註11〕Wen-hsin Yeh, *Provincial Passages: Culture, Space, and Origins of Chinese Communism*, (Berkeley: University of California Press, 1996), pp. 118~120.

織，或經過更名、改組後繼續活動〔註 12〕；或重新立案〔註 13〕，也有省教育
會重組並不順遂，經協調後始定者〔註 14〕。在政權變動之際，各省教育總會
隨之改組可說是正常現象。為了對各省教育會組織有所規範，教育部於 1912
年 9 月頒布了《教育會規程》，1919 年 11 月再頒《修訂教育會規程》〔註 15〕，
規定教育會以研究教育事項，發展地方教育為目的；依設立區域分為：省教
育會、特別區域教育會、縣教育會、區教育會，彼此間不相統轄，但遇必要
時，得互相聯絡，組織聯合會議；為講求學術，促進文化，得設各項研究會
及演講、講習等會；會員資格為現任或曾任教職、教育行政人員；而凡研究
教育學術、著有聲望及協助教育經費者，得由教育會公推為名譽會員〔註 16〕。
相較於清朝學部所頒的《各省教育會章程》，新的章程規定「教育會得以研究
所得建議於教育官廳」及「教育會得以處理教育官廳委任事務」等任務，確
實賦予了地方教育會比清末更大的發展空間。但新訂章程規定教育會以研究
教育為目的，阻斷了教育會與學務公所、勸學所聯絡一氣的機會，章程並要
求教育會不許干涉教育行政及教育界以外事務，名義上也讓民國以後的省教
育會「從一個附屬於省政府的半官方諮詢菁英的身分，改變為從政府行政組
織調離的會員社團。」〔註 17〕

〔註 12〕湖南，於 1 月 9 日集會，會名加上「中華民國」四字，再重新組織，雲南、
浙江、江西亦是如此。〈教育會類誌〉，《教育雜誌》三卷十期，1912 年 1 月，
總頁 3320；三卷十二期，1912 年 3 月，總頁 3475～3476；四卷一期，1912
年 4 月，總頁 3646；五卷二期，1913 年 5 月，總頁 5030。

〔註 13〕江蘇都督府即以教育會為目的之團體，應以研究教育為目的，參加人員應限定
為學務人員為由，重新頒布組織要件七項，要求所屬地方各級教育會依照新
章程呈准立案。〈教育會類誌〉，《教育雜誌》三卷十期，1912 年 1 月，總頁
3318～3319。

〔註 14〕湖北教育總會新舊學派不能一致，選舉會長之後，仍然紛爭不已，經黎元洪
（1864～1928）協調後乃定；河南教育總會更激烈，推倒舊教育總會，另於臨
時省議會重新選舉。〈教育會類誌〉，《教育雜誌》四卷一期，1912 年 4 月，總
頁 3646。〈教育會類誌〉，《教育雜誌》四卷二期，1912 年 5 月，總頁 3740。

〔註 15〕江蘇省教育會，即明言「本會以中華民國成立以前之江蘇教育總會會員繼續
組織，遵部訂規程，改定名稱為江蘇省教育會。」〈江蘇省教育會章程〉，朱
有瓛等編，《中國近代教育史資料匯編（教育行政機構及教育團體）》，頁
281。

〔註 16〕教育部，〈修訂教育會規程〉，朱有瓛等編，《中國近代教育史資料匯編（教育
行政機構及教育團體）》，頁 253～255。

〔註 17〕Wen-hsin Yeh, *Provincial Passages: Culture, Space, and Origins of Chinese Communism*, p. 123.

　　儘管如此，教育會章程曾經賦予教育會具有補助教育行政，普及教育發展的任務，讓教育會於推動地方教育事務之時可以師出有名，也使得教育會的規模得以迅速擴充。章程雖然明定各級教育會之間無統屬關係，但可以擁有互相聯絡的關係之規定，仍使得省教育會可以透過來自各地方的教育會成員，發揮其在縣級教育行政和教育會的影響力。〔註18〕

　　（二）另一個使得全國教育會聯合會成為推動教育事務的核心力量的原因，則來自於各級教育會與其他民間教育團體之間相互結合的結果。

　　省級教育會所從事的教育事業，約可歸納為兩大主軸：一為推廣教育，一為聯絡團體。在推廣教育方面，按照部頒《教育會章程》之規定，教育會會務包括設立教育研究會、設立師範傳習所和調查統計學務等事項，教育會於教育之推廣實居於教育行政機構之輔助地位，惟其作為不僅只是消極之輔佐，實則扮演積極推動的角色，例如，江蘇省教育會為培育簡易識字學塾師資，以配合提高國民識字能力之政策，在 1909 年時，派上海龍門師範學校教員楊保恒、浦東中學教員俞旨一、通州師範學校畢業生周維誠赴日本考察，為開辦單級教授練習所預做準備，俾訓練各廳州選送之師範畢業生或教員，以利各廳州縣、鄉鎮設立單級小學，以節省經費〔註 19〕。辦教育，除了節省經費外，也要爭取教育經費，地方教育會成立的緣由之一即因政府缺乏經費，有賴地方支援乃設立；成立之後，為了讓教育經費有穩定的來源，省級教育會提出了寬籌全省教育經費和建議規定城鎮鄉教育費，畫出多數自治經費，做為舉辦教育之用的主張〔註 20〕。民國以後，各省興辦教育始終為缺乏教育經費所苦，尤其一旦有軍事發生，軍餉較學費尤急，屢有將全省學費移作軍用，甚至封閉學校〔註 21〕。面對經費匱乏之困境，各省教育會對於各該省當局提出呼籲，如廣東教育會，即指陳該省在清代宣統年間，每年教育經費仍

〔註18〕劉正偉，《督撫與士紳：江蘇教育近代化研究》（石家莊：河北教育出版社，2002 年），頁 321～322。

〔註19〕〈江蘇教育總會咨呈江督端方等設單級教授練習所文（附簡章）〉，朱有瓛等編，《中國近代教育史資料匯編（教育行政機構及教育團體）》（上海：上海教育出版社，1993 年），頁 287～288。

〔註20〕〈江蘇教育總會開己酉常年大會〉，《教育雜誌》一卷十期，1908 年農曆 10 月，總頁 855；〈江蘇教育總會之請議案〉，《教育雜誌》二卷十期，1909 年農曆 10 月，總頁 2175。

〔註21〕〈江蘇省立學校之竭蹶〉，《教育雜誌》八卷七期，1916 年 7 月，總頁 10630～10631，〈湘省教育現狀〉，《教育雜誌》十一卷二期，1919 年 2 月，總頁 14832～14833。

有七十餘萬，而在 1918 年的教育費只有二十二萬，係廣東教育在民國初年始終無法進步的根本原因，因此呼籲議會增加教育預算〔註 22〕。各省缺乏教育經費以致教育落後，絕非個別省分的問題，而是一個全國普遍存在的現象。因此，歷屆全國教育會聯合會在開議之時，不斷有省教育會提案，要求政府正視此一問題。

從 1916 年開始，一直到 1925 年第十一屆全國教育會聯合會為止，幾乎年年都向教育會聯合會提出爭取教育經費的議案。綜合各屆有關教育經費的決議案，所訴求的重點，就是希望能讓各省的教育經費能有一個穩定和獨立的來源。1916 年召開的第二屆全國教育會聯合會決議的「地方教育經費規畫案」，即已透露此一訊息，該會提出維持學款辦法三種：一則建請教育部咨各省政府，重申維持各省學校經費，不得移作他用，已經挪用者，應令歸還；二則要求各省恢復前清所編列教育經費之數目，以固教育經費；三則由國庫補助地方教育經費〔註 23〕。第四屆之「請勵行教育政策案」，首要即在規定教育經費，建議規定每年教育經費應占每年預算的固定比例，且請各省援用江蘇省之成例，准各學校領山造林，做為教育基金，而財政部清理之官產，凡有地方公有性質者，應酌撥為教育基金〔註 24〕。兩案所訴求者，皆是在地方缺乏教育經費的狀況下，冀望能在國家經費中取得一定的來源，以維持地方教育於不墜。

然而，袁世凱政府結束之後，南北分裂，紛爭不斷，教育經費屢屢被軍費所劫奪，全國教育會聯合會除電請黎元洪（1864～1928）和馮玉祥（1882～1948）轉請北京廣州當局雙方息爭，略謂：「不獨受兵區域，學款無著，校舍被占，即倖免兵禍各省區，亦間接受其影響，百事停頓，無可進行。此猶一部分之害，至戕賊民生，斲喪國脈，與培養根本之教育宗旨，尤相背馳，長此爭持，必至志士灰心，全國解體。」〔註 25〕更於次年，第五屆全國教育會聯合會召開時，通過「請裁兵興學案」，建請「以練兵經費，興辦教育。」

〔註 22〕　〈廣東教育之悲觀〉，《教育雜誌》十卷七期，1918 年 7 月，總頁 13931～13932。

〔註 23〕　〈地方教育經費規畫案〉，邰爽秋等編選，《歷屆教育會議議決案匯編》（上海：教育編譯館，1936 年），第二屆全國教育會聯合會大會議決案，頁 4～5。

〔註 24〕　〈請勵行教育政策案〉，邰爽秋等編選，《歷屆教育會議議決案匯編》（上海：教育編譯館，1936 年），第四屆全國教育會聯合會大會議決案，頁 1。

〔註 25〕　〈電請解決內爭案〉，邰爽秋等編選，《歷屆教育會議議決案匯編》（上海：教育編譯館，1936 年），第四屆全國教育會聯合會大會議決案，頁 21～22。

〔註 26〕不過，雖然全國教育會聯合會不斷地提請政府當局正視教育經費匱乏的問題，迫於現實的情勢，類似呼籲似乎沒有太大的效果，頂多是大總統終於下達了一道「維持經費令」，要求「各該省行政長官兼籌並顧，無論如何爲難，務當隨時撥濟，俾無廢輟，至教育基金一節，並著該主管各部會商酌統籌辦理。」〔註 27〕雖然是空話一句，無濟於事，但在歷經了串連爭取的過程，各省區教育會已經習慣於運用集體的力量向政府爭取應興應革之教育事務，尤其是在歐戰結束以後，民主主義開始盛行，全國教育會聯合會透過民主的方式，經由眾議，形成共識，促使政府讓步，毋寧說是一個正常現象，學制的改革，從倡議到議決，中間付諸民意討論，正是在時潮之下的一個產物。

　　各級教育會另一個主要的活動是組織教育研究會和聯絡其他教育團體，其結果也使得教育會聯合會得以成爲推動教育改革的核心組織。省級教育會依據《教育會章程》，依法可以設立各種研究會，從事教育改良之研究，由於教育會可以藉此結納志同道合之人，因此各級教育會莫不積極從事，以江蘇省教育會爲例，從 1912 年到 1925 年江蘇省教育會設立的研究會就多達二十個，從各級教育研究會如：中學教育研究會、師範教育研究會、小學理科教育研究會，到各種門類教育的研究，如：職業教育研究會、體育教育研究會、國語教學研究會、美術教育研究會，乃至教學方法的研討，如：道爾頓制研討會等，不一而足。這些學會大多有一個共同特點，即活動持續時間較長，每一學會內部人員構成較爲廣泛，在開展研究活動上，由於有一些中堅分子支撐，因此其活動及研究所得成果，在一定程度上可以左右全省的教育改革〔註 28〕。其他各省教育會所辦之事，也都照章行事，內容大同小異，諸如促進義務教育、職業教育、組織童子軍講習會、設立注音字母傳習所、組織教材調查會、設立小學教育研究會、設立學術研究會、舉辦運動會、設立公共圖書館、籌編小學教科書和編纂教育雜誌等事〔註 29〕。雖說相關行事多屬例行事務，然在軍事倥傯，教育事務不爲政府關注的時代裡，卻有不可忽

〔註 26〕〈請裁兵興學案〉，邰爽秋等編選，《歷屆教育會議議決案匯編》（上海：教育編譯館，1936 年），第五屆全國教育會聯合會大會議決案，頁 1～2。

〔註 27〕〈大事記〉，《教育雜誌》十二卷二期，1920 年 2 月，總頁 16521。

〔註 28〕劉正偉，《督撫與士紳：江蘇教育近代化研究》，頁 326～327。

〔註 29〕范壽康等編，《第一回中國年鑑》（上海：商務印書館，1926 年），頁 1834～1838。

視的替代作用存在。

各省區教育會為強化對於各縣鄉教育會與勸學所的聯繫，一方面積極邀請省內的勸學所總董和縣鄉教育會會長加入省級教育會，另一方面，發起全省教育會勸學所聯合會〔註 30〕，目的在建立一個溝通聯絡的平臺，不僅可做為教育會與勸學所之間的橋樑，更可藉集會討論的機會，達到統一一省學務的目的，以發揮集體的力量。〔註31〕

這是省教育會對同一省內的各級教育會及各類研究會的聯繫，藉此建立起縱向的組織體系；而為擴展其影響力，更致力於橫向組織的聯繫，一種作法是與各省教育會相結合，著名的例子就是 1911 年召開各省教育總會聯合會，開啟民國初年全國教育會聯合會的先河。另一種作法則是由教育會的主幹成員另組教育團體，除可深耕個別教育領域之外，更可藉此橫向發展，跨越本省地域範圍，達到相互呼應的效果。例如江蘇省教育會的中堅人物黃炎培提倡成立職業教育，推動中華職業教育社，同年，全國教育會聯合會即決議提倡職業教育，通過「職業教育進行計畫案」，陳請教育部施行〔註32〕。分析其原因，除了推動職業教育已經逐漸為國人所接受外，因為中華職業教育社的核心人物，同時也是江蘇省教育會的重要成員，如黃炎培即是。這樣的結果，不管對中華職業教育社、江蘇省教育會或是全國教育會聯合會推動教育事業都是有利的。江蘇省教育會或是全國教育會聯合會藉著與其他民間教育團體的橫向聯結，擴展其影響力，中華職業教育社則是經由省教育會將職業教育的理念，透過全國教育會聯合會的召開，將職業教育的理想，傳播至全國各地，達到促進全國教育進步的目的。

不論是縱向的組織或是跨省區的橫向聯繫，對於全國教育會聯合會在匯集各教育團體的意見上，多能充分掌握當代主流教育思想，提出興革意見，藉由眾議的型式，做成決議，然後透過縱向的組織體系，分由各省區縣鄉逐級實踐，這是全國教育會聯合會在 1920 年代前後特別具有影響力的原因，也

〔註30〕 〈江蘇教育總會大會記事〉，《教育雜誌》二卷九期，1910 年農曆 9 月，總頁 2074；〈通告各勸學所教育會組織各屬勸學所教育會聯合會書〉，朱有瓛等編，《中國近代教育史資料匯編（教育行政機構及教育團體）》（上海：上海教育出版社，1993 年），頁 307。

〔註31〕 〈通告各勸學所教育會組織各屬勸學所教育會聯合會書〉，朱有瓛等編，《中國近代教育史資料匯編（教育行政機構及教育團體）》，頁 308。

〔註32〕 〈職業教育進行計畫案〉，邰爽秋等編選，《歷屆教育會議議決案匯編》（上海：教育編譯館，1936 年），第三屆全國教育會聯合會大會議決案，頁 8～12。

是民國初年推動中等教育改革和學制的改革能有成果的重要因素。

第二節　全國教育會聯合會與中等教育改革之進行

　　全國教育會聯合會是一個由各省區教育會代表所組成的年度集會，對於民國初年中等教育改革之倡議，並無既定的計畫。然而，由於全國教育會的與會成員來自各省區，對於地方教育事務的了解，不僅是切身的也是即時的，故所提議案多半基於現實問題，言之有物的建言，教育主管當局不能不有所回應。

　　統計從 1915 年到 1925 年之間由各省教育會提案，經全國教育會聯合會討論議決的最大宗，就是有關各級各類學校教育制度及教育宗旨的議決案。其中又以中學校的決議案占多數，其次爲義務教育和小學教育，約占歷年議決案的十分之一，而實業教育和職業教育合起來，亦有十二件之多，這應和教育會都來自各省區，多從事推動地方教育事務有關。地方教育會關心與學校教育相關事務，因此，各級各類的學校教育的單一改革案，如中小學教育、師範教育、職業教育等類別的提案每屆都有，而有關整體學校系統的改革案，如學制的改革案，也是從第一屆即有省教育會提出，逐年討論的結果，不僅使得民初實行的學校系統有重新調整的機會，更使得民國建立以後的中學教育改革獲得了階段性的成果。

　　就在每年一度的互動之中，民國初年的中等教育改革遂從中學教育的職業化的推動開始，到學制改革再度發動後，普通教育與職業教育的合流成爲趨勢，而中等教育改革也與學制改革同時進行，成爲學制改革的一部分。本節擬由歷屆全國教育會聯合會相關的提案與教育主管當局的互動過程，梳理民國初年中等教育改革發展進程：第一階段是中學教育職業化，第二階段是中等教育改革與學制改革同時並進。至於學制頒行實施後，繼續規劃新課程標準綱要的改革事業，則另以專章討論。

一、中學教育職業化

　　民國建立以後，明定中學教育是以「完足普通教育，造成健全國民」爲宗旨，在升學無門、就業無方的困境中，中學教育的成果爲人所詬病，已如前述。全國教育會聯合會從 1916 年召開的第二屆年會，提出中學校改良辦法開始，至十一屆爲止，幾乎每屆會議都會提出有關改革中學教育的議

案。〔註33〕

　　1916 年，第二屆全國教育會聯合會討論改良我國中學教育辦法，直陳中學教育改革要與職業教育並行的主張，認爲中學校教育辦理不善的原因有

〔註33〕民初歷屆全國教育會聯合會有關改革中學教育決議案列表：

年	屆 次	全 國 教 聯 建 議 案 名 稱
1916	二 屆	中學校改良辦法案（陳教育部並通告各省區教育會）
1918	四 屆	推廣體育計畫案（陳教育部）
1918	四 屆	今後我國教育之注重點（陳教育部）
1918	四 屆	改進理化教授案（陳教育部）
1918	四 屆	中等以上各校學生應於假期内實行調查案（函各省教育會）
1919	五 屆	中等以下教育宜注重工藝案（陳教育部）
1919	五 屆	中小學校教科書應即改編案（函各省區教育會）
1919	五 屆	編訂公民教材案（函各省區教育會）
1919	五 屆	調查中小學校畢業學生狀況案（函各省區教育會）
1920	六 屆	教材要目案（函各省區教育會）
1922	八 屆	各省區教育行政機關宜添聘中學各科教授臨時輔導專員案
1922	八 屆	中等學校學生在學時期限制結婚案
1922	八 屆	推行中等學校學生理科實驗案
1923	九 屆	新制中學及師範學校宜研究試行道爾頓制案
1923	九 屆	請慎重編審中小學教科書案
1923	九 屆	中等學校宜減少假期以利學生學業並宜將寒暑假期酌量併合以利教員研究案
1923	九 屆	續組委員會草擬師範及職業科課程標準案
1924	十 屆	初級中學外國語應列爲選修科案
1924	十 屆	請教育部從速頒布關於初等教育及中等教育各學校法令案
1924	十 屆	中等以上各學校升級留級應以學科爲單位案
1924	十 屆	請將中小學師範職業課程標準草案送部採用案
1924	十 屆	中小學校應加重訓育案
1924	十 屆	中等學校宜採用彈性升等考試方法以宏造就而勵自動教育案
1924	十 屆	男女合教之中小學應注意性別施教案
1924	十 屆	促進各省區中小學校自然科學教育案
1925	十一屆	中等以上學校應組織消費合作社案（廣東省教育會提）
1925	十一屆	請組織中等以上學校考試委員會案
1925	十一屆	凡國立省立中等以上學校應特設華僑學生名額案

資料來源：邰爽秋，《歷屆教育會議議決案匯編》（上海：教育編譯館，1936年），第二、四、五、六、八、九、十、十一屆全國教育會聯合會大會議決案。

二：一是中學校以預備爲務，僅注重傳授知識，而不知教授技能；另一是中學成爲高等教育之預備教育，其教學內容乃偏重升學，與中學教育「完足普通教育」的宗旨相背離，一旦學生無法升學，輒因無法適應社會需要，而成爲無事可做的人。大會根據各省區代表報告，瞭解中學畢業後升學者，大都僅占十分之一，或不及十分之一。其不升學而無事可就者，則居大多數，中學教育顯然已經爲了少數人升學之目的，而犧牲了多數人的生計。爲謀補救，必須改革中學校之辦學與訓練，主張改變中學教育宗旨，除原有之完足普通教育外，並輔以職業教育預備教育，其次爲改變訓練方針，以求有助於社會事業，不單以學生取得較高的職位爲目的。改良的方法很簡單，建議教育部同意「中學校得自第三學年起，就地方情形，酌設職業教科，並酌減他科時間。但對於學生力能升學者，仍適用原定科目時間。」〔註34〕

此一提案，挑戰了中學的教育宗旨，中學教育不應只以升學預備爲滿足，必須兼顧學生的就業能力。議案在經過分組審查，送大會討論的時候，與會代表一致無異議地通過〔註35〕，陳送教育部並通告各省教育會。

教育部於 1917 年頒訂中學校第二部辦法，即受此影響。是年 3 月教育部同意設置第二部〔註36〕，並頒布五條辦法：同意中學校先開列志願入第二部之學生數，並擬訂辦法及科目，經本省區長官許可後，可以從第三學年開始設立第二部，凡畢業不再升學，決定就業的中學校第二學年修業生可以進入第二部就讀；第二部因此可以視地方情形，減習普通學科，加習農業或工業、商業學科，每週授課時間及實習時間之總數，得視中學校令施行細則表列之時數，增加五小時，以滿足學生就業需要。〔註37〕

教育部的對策是同意中學校因地制宜，設立職業科目讓學生學習，以應就業之需要，中學教育注重職業教育，當以此爲發軔。然此一變革，不見得眞有成效，以江蘇爲例，擔任教育司長的盧紹劉，積極推動各校增設第二部，一以救濟「統一學制」之弊病；一以增加「職業教育」之性質，然成效並不好。在江蘇的九所中學中，增設第二部的學校只有四中和六中，且多是商科。

〔註34〕 邱爽秋等編選，《歷屆教育會議議決案匯編》，第二屆全國教育會聯合會大會議決案，頁 7～8。
〔註35〕 〈六誌全國教育會聯合會〉，《順天時報》，1916 年 10 月 28 日，頁 2。
〔註36〕 邱爽秋等編選，《歷屆教育會議議決案匯編》，第二屆全國教育會聯合會大會議決案，頁 12。
〔註37〕 《教育雜誌》九卷四期，1917 年 4 月，記事，頁 25，總頁 11875。

姑且不論辦理的困難，就連學生選擇進入第二部的人數也很少，甚至有入第二部的學生又請求再轉普通科者。造成這種現象的原因，除了社會上積習已久的升學觀念外，第二部課程變動的幅度極有限，學生缺乏自由選擇機會，自然引不起學生的興趣〔註38〕。直隸等地的中學對教育部的新政策也多所質疑，1917 年京師中學會議以中學年限過短，對於學生四年之間，一半接受普通教育，一半接受職業教育，畢業後即可適應社會需要，亦可營適當生活，表示懷疑〔註39〕。翌年，直隸省教育會提案廢止添設中學第二部，主張積極擴充甲、乙兩種實業學校。查無論京師中學會議之決議，或是直隸省教育會主張廢中學二部制，都不認同教育部只是局部更改中學校課程，增加若干職業科即可改善中學校教育的沈痾，而主張要從擴充實業教育或職業教育著眼。正如俞大同在論及二部制時，痛批教育部此舉「是頭痛救頭，足痛救足，枝枝節節的計畫。彼名為四年甲種實業學校的畢業生，尚且不能切實用於社會，何況在中學設備不完全，分組甚簡單，僅僅兩年短促時間的二部畢業生，獨能在職業界切用嗎？」〔註40〕直隸教育會亦從此處著眼，認為二部制不足以救中學之弊，反有礙於實業教育之擴充，乃主張變通既有中學校，改設甲、乙種實業學校〔註41〕。細究直隸教育會主張的根本想法，在於彼等認為「教育切要之目的，治生為本」〔註42〕。中學校教育不能滿足此一需要，不如將中學校改制為實業學校，以培養工商業的專業人才來得實際。這種看法，明顯受到當時正在極力推廣的職業教育思想所影響。

地方教育會的主張，當然會反應到年度的全國教育會聯合會。1917 年，第三屆全國教育會聯合會基於中小學校畢業生，無力升學而又缺乏生活力者，不知凡幾。即各種實業學校畢業生，所用非所學，或竟閒居無事者，亦不知凡幾。主要的原因就在學校與社會的需要不相應，亦即教育內容與職業

〔註38〕　陸殿揚，〈江蘇省立中學學制變更的歷史觀〉，《學制課程研究號》，《教育雜誌》第十四卷號外，1922 年 5 月，頁 2。

〔註39〕　〈1917 年京師中學會議對中學增設第二部的意見〉，朱有瓛，《中國近代學制史料》三輯，上冊，頁 387～388。

〔註40〕　俞大同，〈評全國教育會聯合會議決的改革學制案〉，朱有瓛，《中國近代學制史料》三輯，下冊，頁 773。

〔註41〕　〈1918 年直隸省教育會擬廢止添設中學第二部，擴充甲乙兩種實業學校，以推廣教育之實行議案〉，朱有瓛，《中國近代學制史料》三輯，下冊，頁 309～311。

〔註42〕　〈1918 年直隸省教育會擬廢止添設中學第二部，擴充甲乙兩種實業學校，以推廣教育之實行議案〉，朱有瓛，《中國近代學制史料》三輯，下冊，頁 310。

需求人才不相應也，致使已受教育者無從得相當之職業；已得職業者，又未受相當之教育，二者交困，國家與社會均受害於無形。認爲要解決此一弊病，非提倡職業教育不可。而根據外國實行的經驗，可以從設立職業學校、在中學小學設職業科，或是實施職業補習教育等方式入手。大會通過「職業教育進行計畫案」，建議教育部先調查全國各地職業需求，做爲設立職業學校或職業補習學校的依據；爲使教育符合職業之需要，除學校教育要注重實用外，應積極實施職業補習教育，俾使受小學教育者入此科受職業專門技能，方便其獲得相當職業；而爲培育職業教育師資，應於高等師範學校設職業專修科，甲種實業學校及實業專門學校附設實業教員養成所〔註 43〕。可見，教育部中學設立第二部的作法，確實無法解決中學教育同時存在的升學與就業問題。

　　1918 年，教育部再度回應了中學校改革的問題，在 10 月 14 日到 11 月 2 日，在北京召開中學校校長會議〔註 44〕，這是民國史上第一次由教育部召集的中學校長會議，與會人員包括各省區所派的中學校長及各高等師範學校附屬中學主任和教育總長所派人員，共五十九人〔註 45〕。會議爲期二十天，開會十八次，討論教育部交議案及各界提案共五十一件。〔註 46〕

　　教育總長傅增湘（1872～1950）在中學校校長會議開幕時指出，中學教育爲人所詬病者，在於中學生畢業之後，「任事者既有缺乏實用之嘆，升學者尤多程度不及之弊。」造成此一結果的原因，和我國小學年限太短及與中學同等之各種實業學校補習學校限於地方財力又不能同時發達，致使中學必須同時負起完成普通教育和培養職業能力的雙重責任，而現制中學科目之繁，與年期之短，非但無法達到升學應有之程度，入社會亦乏專業之訓練；加以歐戰以後之教育勢必有所變遷，爲拯救中學制度之沈痾及因應戰後教育的新形勢，本國中學教育在教育宗旨、教授科目、選擇教材與學生訓育等方面皆

〔註43〕〈訓令京師學務局各省教育廳核定教育聯合會職業教育進行計畫案仰酌量辦理文〉，1918 年 6 月 25 日，訓令第二六〇號，收入《（民國）教育部文牘政令匯編》（北京：全國圖書館文獻縮微複製中心，2004 年），三冊，頁 1427～1431；邰爽秋等編選，《歷屆教育會議議決案匯編》，第三屆全國教育聯合會大會議決案，頁 9～12。
〔註44〕《申報》，1918 年 11 月 6 日，頁 6。
〔註45〕〈中學校校長會議細則〉，《順天時報》，1918 年 10 月 10 日，頁 3。
〔註46〕〈全國中學校校長會議〉，《第一次中國教育年鑑》，戊編，教育雜錄第四，教育研究概況，頁 139。

應有所改革。〔註47〕

　　教育部在這次會議中，提出了增減中學課程、教學兼顧升學與職業等七個議案交付大會討論〔註48〕。提案多係針對 1916 年到 1918 年之間歷屆全國教育會聯合會提出關於改革中學教育的意見而做的回應。

　　與會的中學校長對於教育部所提「中學畢業生有志願升學者有從事職業者，教授上有無雙方並顧之法案」，做出了「請改中學制分為文、實兩科」的決議〔註49〕，完全無視於 1912 年教育部已廢除清宣統年間文、實分科的制度。本案獲多數代表的支持，惟北京大學校長蔡元培及教育部視學李步青不贊同。蔡氏為民國首任教育總長，文、實分科即在他任內廢除，此時蔡氏依舊認為學生所學不宜太偏，文、實分科，將使學習發生偏文偏實之弊〔註50〕。與會者則直言，文、實分科制度一旦確定，不僅教學上可以兼顧升學與職業，亦可一併解決教育部交議的第一及第三、第四等議案〔註51〕。檢討現制中學所設課程共十五科，細分之，則超過三十門，要求中學生於四年之間兼顧各科，即使博聞強識者亦難以貫通，而資質魯鈍者，終將顧此失彼，一無所得。何況，一旦升學，文、理分科，入文科者對數理多半棄之不用，入理科者對於文學、歷史等科亦無必要，所學既然無用，久之自然遺忘，則過去中學所學，半數徒勞無功；而就業者，更是講究專業，任書記員者，用國文、書法；任會計者，用算術、簿記，唯有學有專精，才容易在職場上嶄露頭角。這些弊病存在多年，欲徹底改革，實行文、實分科，不失為一個可行的辦法。再者，中學分文、實兩科，入文科者，不是絕對擯棄實科諸學科，而是減少實科的分量，入理科者亦然。使學生能有較多時間專注於本身的專業，不僅學習易見成效，且可兼顧升學和就業〔註52〕。中學校長們呼應全國教育會聯合

〔註47〕　〈中學校校長會議開會傅總長訓詞〉，《教育公報》五年十六期，1917 年，頁 1～2。收入全國圖書館文獻縮微複製中心，《中國近代教育史料匯編（民國卷）》（北京：新華書店，2006 年），二冊，頁 212～213。

〔註48〕　〈全國中學校校長會議〉，《第一次中國教育年鑑》，戊編，教育雜錄第四，教育研究概況，頁 139。

〔註49〕　〈全國中校長第一日會議紀〉，《申報》，1918 年 10 月 20 日，頁 7。

〔註50〕　陸殿揚，〈江蘇省立中學學制變更的歷史觀〉，《學制課程研究號》，《教育雜誌》第十四卷號外，1922 年 5 月，頁 3。

〔註51〕　邰爽秋等編選，《歷屆教育會議議決案匯編》，全國中學校校長會議議決案，頁 3。

〔註52〕　邰爽秋等編選，《歷屆教育會議議決案匯編》，全國中學校校長會議議決案，頁 3～6。

會和剛組成不久的中華職業教育社之主張，顯示中學教育職業化的趨勢已經形成。

由於此一變革涉及變更學制，大會建議教育部令各省區中學校，酌量情形為文、實分科之預備，將中學校改為文科中學校，或實科中學校，或一校兼設文、實兩科，一時之間難以更改者，則由省區教育當局，酌量先後，報部核定。對於如此大的變革，教育部並未同意改制，僅在 1919 年 4 月 25 日，咨「各省區辦理中學校，得因地方特別情形，就中學校令施行規則第一條所列各學科目，酌量增減，並得增減部定各科目之時數。」〔註53〕

事實上，增減中學科目是全國中學校長會議中，教育部所提「現行中學科目有無增減及變更講授次序之必要案」的部分，由於大會已決議建請教育部實施文、實分科，只要文、實分科一施行，增減科目的問題自然解決，故未針對此一問題做出決議。但是，教育部無法做出改制的重大決定，只能局部放寬現行畫一的課程規定，通令各省區中學校得酌量增減部定課程的時數。這一項新規定，解除了各校自行開設課程的枷鎖，換言之，就是學校開課的自主性提高了，這是民國初年選科分科制度得以在各校實施的關鍵性變革。

在全國中學校長會議中，教育部交付討論的議案還有改進理化教學、提升國文、數學、外語能力和訂定體育運動的標準等，恰好也是第四屆全國教育會聯合會在上海集會所討論的議案，雖然無法證明兩者有所關聯，但可以說改革中學教育確實已成為教育界所關注的重要課題，且關注的方向頗為一致，若以全國教育會聯合會開會時間早於中學校校長會議的事實來看，將之視為教育部對民間教育團體議論做善意的回應也並不為過。

國人對於中學校制度諸多針砭，屢屢倡議改革，教育部雖然多有回應，然而大多是局部性的變革，一旦觸及制度的改變，如文、實分科之議，輒顧左右而言他，對於學制改革一層，教育部更是「力主以慎重出之」〔註54〕。然而，各省區教育會已認清，要進一步完成教育改革，翻修學校系統已是必要手段。因此，在 1920 年到 1922 年間，提案修改學制變成全國教育會聯合會的年度大戲，國人日趨熱衷於學制的改革，而中等教育改革進程，也隨著

〔註53〕〈咨交通部各省區中學校應斟酌地方情形酌量增減科目及時間文〉（1919 年 4 月 25 日部令第七八七號）。收入全國圖書館文獻縮微複製中心，《中國近代教育史料彙編（民國卷）》（北京：新華書店，2006 年），二冊，頁 305。

〔註54〕〈全國教育聯合會第一次大會紀〉，《申報》，1920 年 10 月 24 日，頁 10。

學制改革的完成而獲得實現。

二、推動學制改革確立兩級制中等教育的新方向

　　民國初年，中等教育設置第二部或者開放中等教育學校可以因地制宜開設課程，都只是對現有規定做局部性的改變，並未能針對整個中等教育制度做徹底的檢討和翻修，若要畢其功於一役，要能徹底地解決民國初年中等教育所面對的困境，從學校制度的改革入手才有徹底解決的可能，由於中等教育為三階段學制的中間階段，一旦改革，不只是同屬中等教育階段的中學校、實業學校和師範學校要一起變動，甚至連初等教育和高等教育也需要連動地改變，可謂牽一髮而動全身，影響不可謂不大。

　　討論中等教育制度的改革，終不免要與學制改革合流，使之成為學制改革的一部分，才能看出變革的全貌；中等教育新制，也必需隨著新學制的實施才能確立。基於此，本文為完整討論民初中等教育制度的變革，乃將之與學制改革一起探討，從整個學制的倡議、論辯、試驗到正式實施的過程中，突出中等教育變革的內容，分析改變的因果，及制度設計的教育理念。

　　全國教育會聯合會是民國初年推動修訂學制最重要的力量，從 1915 年該會召開第一屆年會時即有教育會提案修改學制，一直到 1922 年學校系統改革案頒布為止的七年之間，全國教育會始終未曾中斷改革學制的主張，從倡議到制定草案到推動討論、試驗到正式實施，都是由全國教育會一手主導，本研究將全國教育會聯合會推動學制改革過程，以 1921 年廣州召開的第七次全國教育會聯合會年會為分界，約略分成兩個階段，一是學制草案的制定，一是學制草案討論試驗和定制的階段；學制草案的訂定，對中等教育的改革而言，是一個得以確立新制方向的契機。因此，本文擬以全國教育會聯合推動修訂學制為核心，探討學制草案的制定，對於中等教育制度產生的影響。

　　如前所述，1915 年第一屆全國教育會聯合會召開時，湖南省教育會提案修改學制，惟大會以茲事體大，應從長計議，並未做成決議。到了 1919 年，浙江省教育會於第五屆全國教育會聯合會，又提出改革師範教育案，此案涉及學制的修訂，經大會公決，在下屆全會召開時，各省區的提案方針，加入修改學制之研究一項〔註55〕，再度引發國人對於修改學制的討論。翌年（1920

〔註55〕〈第五次全國教育會聯合會開會誌要〉，《教育雜誌》十一卷十二期，1919 年
　　　　12 月，總頁 22。

年），原定於廣東召開的第六屆全國教育會聯合會，因廣州軍事〔註56〕，臨時改在上海召開，安徽、奉天、雲南、福建等省教育會提出學制案，在各省的提案中，已有延長中學爲六年的規劃〔註57〕，大會爲求愼重起見，決議請各省教育會組織學制系統研究會，研議修改學制辦法，再將研究之結果製成議案分送各省區教育會及下屆全國教育會聯合會事務所備查。〔註58〕

由於廣東教育會是第七屆教育會聯合會的主辦省分，因此對於學制系統的研議特別用心，進行得最有計畫。廣東省教育會由省教育會正副會長及全體評議員三十人，再加上徵聘全省小學以上校長十八人，大學及專門學校畢業曾研究教育者九人，教育行政人員十四人爲成員，組成學制系統研究會；依據各個成員的專長，各推舉會員十人組成初等教育、中等教育、師範教育及高等教育四個部，各部廣泛搜集資料並參酌各國學制，根據組織、宗旨、沿革趨勢、社會及科學等五個方向，考察分析德、英、美、法、日五國學制之優劣，擬訂修訂辦法〔註59〕，然後由各部選派代表召開聯席會議，報告各部討論的情況，依據聯席會議討論的成果擬訂學制系統草案和說明書，於1921年8月1日，提交學制系統研究會全體大會討論通過，才向全國教育會聯合會提出〔註60〕。研究會如此地愼重其事，一方面說明了當時教育團體對於修訂學制的重視；另一方面從研究會所搜集的資料和考察德、英、美、法、日等國學制的作法，亦足以說明：新學制案係參考多國的經驗，絕非僅只盲目地抄襲美制而已。

1921年10月，第七屆全國教育會聯合會於廣州舉行，最重要的議案就是學制改革案，出席的十七省區中，共有廣東、黑龍江、甘肅、浙江、湖南、江西、山西、奉天、雲南、福建、直隸等十一省提出學制改革案〔註61〕。其

〔註56〕粵軍回粵，陳炯明就任廣東省長職，否認岑春煊、莫榮新取消軍政府及取消廣東自主之宣言。

〔註57〕〈全國教育聯合會第六次議決案〉，《教育雜誌》十二卷十二期，1920 年 12 月，總頁 17724～17725。

〔註58〕〈全國教育聯合會第七屆議決案〉，《教育雜誌》十四卷一期，1922 年 1 月，總頁 19331。

〔註59〕金曾澄，〈廣東提出學制系統草案之經過及其成立〉，《新教育》四卷二期，頁 178。

〔註60〕金曾澄，〈廣東提出學制系統草案之經過及其成立〉，《新教育》四卷二期，1922 年 1 月，頁 175。

〔註61〕〈第七屆全國教育會聯合會紀略〉，《教育雜誌》十四卷一期，總頁 19332～19334。

中有關中學制度的改革主張，歸納如表 3-2-1。

　　十一案中，主張中學修業年限六年者有十案，五年者一案，足證延長中學修業年限已成共識；中學分兩級，也是共識，除了奉天和雲南外，其他省分都主張分初中和高中兩級，初中以普通教育為主，高中則採普通與職業分科，惟兩級制的分歧，在三三或四二或二四則各有主張；選科制、分科制也有八個省提出。至於奉天雖然主張延長修業年限，但其主張的中學制度，仍然採取一級制，只在中學仿照高等教育設立預科，其著眼點應該是為提高中等教育學生教育程度，所以沒有分科的配套，換言之，該省並未規劃採用普通教育與職業教育同校分科的設計。

表 3-2-1　第七屆全國教育會聯合會有關改革中等教育之主張

省　分	修業年限	一級制中學	兩級制中學	選科	分　　科	其　　他
廣　東	六年		初級三年高級三年	選科制		
黑龍江	六年		前四年普通後二年分科		升學預備及職業各科	
甘　肅	六年		初級三年高級三年		年分普通與農工商師各科	
浙　江	六年					
湖　南	六年		初高兩級各三年	選　科	分　科	
江　西	六年		初級四年高級二年			
山　西	六年					職業教育國民師範教育均列入旁系
奉　天	五年	預科二年本科三年				
雲　南	六年	預科二年本科採分科制四年			分科制	
福　建	六年		中學普通四年分科二年			
直　隸	六年		中學普通四年分科二年			

資料來源：陳寶泉，《中國近代學制變遷史》（北京：文化學社，1927 年），頁 188～193；〈第七屆全國教育會聯合會紀略〉，《教育雜誌》十四卷一期，總頁 19331～19333。

　　10 月 27 日下午一時大會詳細研究各省提案，議決推舉黃炎培爲審查長組織審查會，審查學制改革案，因廣東案較爲完備，故以廣東案爲根據，與其他各案比較進行審查，於 31 日提出大會二讀，11 月 2 日三讀，通過了研究兩年之學制系統草案。〔註 62〕

　　「學制草案」分標準、說明及系統圖三個部分，標準有六項：

　　　1. 根據共和國體，發揮平民教育精神。

　　　2. 適應社會進化之需要。

　　　3. 發展青年個性，使得自由選擇。

　　　4. 注意國民經濟力。

　　　5. 多留各地方伸縮餘地。

　　　6. 使教育易於普及。

學制草案提出六項標準做爲設計學校制度的準則，不僅是清末頒行學制以來的創舉，也是全國教育會聯合會秉持其一貫主張廢除教育宗旨的理念；就六項標準的內容來看，更是 1916 年中華職業教育社設立以來，國內教育界各項新教育主張的總集成。舉凡強調個性、發揮民主教育精神、要求因地制宜、配合社會需要等主張，莫不是歐戰結束前後，世界教育發展之新趨勢，而在國內所倡導者。此外，職業教育與普通教育合流，尤其是職業教育的修業年限，更是發揮了最大的伸縮彈性，從一年到六年皆可設立，這可以從系統圖看得很清楚。

　　全國教育會通過的草案系統圖，左邊一行的年齡，是表示入學及升級之標準，但實施時仍以其智力與成績或他種關係分別入學或升級；圖內有斜線者表示職業科，無者表示普通科。

　　就學制草案來分析，草案共分三段：初級教育、中等教育、高等教育，各段之畫分大致以兒童身心發展時期爲根據，即童年時期（六歲至十二歲）爲初級教育階段，少年時期（十二歲至十八歲）爲中等教育階段，成年時期（十八歲至二十四歲）爲高等教育階段。鑑於中國幅員廣大，地方情形各異，社會要求亦至繁雜，故設校分科採取縱橫活動主義；教育以兒童爲中心，學制系統兼顧個性及智能，故高等及中等教育之編課採用選科制，初級教育之升級採用彈性制。

〔註 62〕〈第七屆全國教育會聯合會紀略〉，《教育雜誌》十四卷一期，總頁 19334～19335。

圖 3-3-1　1921 年學制草案系統圖

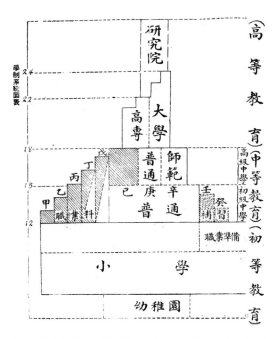

資料來源：《教育雜誌》十四卷一期，1922 年 1 月，總頁 19336。

　　新通過的學制草案，小學修業年限六年，爲一級制，較 1912 年以來所實施的現制修業年限縮短一年，而兩階段制的初等小學和高等小學也改爲一級制，統稱小學校，惟仍得分兩期辦理，前四年後二年，視各地情形，可專辦第一期之四年小學〔註 63〕。小學修業年限的縮短固與中學修業年限的延長爲相關配套，但義務教育在草案中明訂爲四年，准許成立專辦四年的小學，當與此草案有密切關聯。

　　至於高等教育階段，有高等專門學校、大學和研究院。設單科者亦得以大學稱之，修業年限定爲四年至六年；高等專門學校之畢業期限定爲三年至四年；其四年者，待遇與大學四年畢業者同。不論大學或是高等專門學校，都不設預科，原本預科的教育任務移至中學。

　　新學制草案對中學階段的改革最多，相關的規定如下：

　　　1. 學制系統圖中甲、乙、丙爲一年期、二年期、三年期之完全職業
　　　　科。

〔註 63〕邰爽秋等編選，《歷屆教育會議議決案匯編》，第七屆全國教育會聯合會議決案，頁 3～4。

2. 丁、戊為漸減普通漸增職業學科之四年期、五年期職業科。

3. 己為完足三年普通，繼續三年職業學科之職業科。

4. 庚為完全普通科。辛為師範科。

5. 己、庚、辛各科畢業後俱得升入大學或高專之相當分科。

6. 壬、癸為補習學校，專為作工兒童而設者。凡半日、半夜、週日等校屬之。

7. 此段中等教育以一校或多校辦之，均聽其便。

8. 此段中等教育，一中學區內，一時未能全辦者，得酌量地方情形及經濟狀況擇若干種辦之。

9. 中等教育採用選科制。

10. 各種職業需要普通學識之準備，有多少之不同，故選科制精神於普通與職業之過渡並無截然畫分之界限；此系統採用中學三三制，分為初、高兩期，不過於六年中之第三年定為小結束；且按兒童生理心理，十二至十五歲為少年發育時期，與十五至十八歲其身心發達有不同之點，為教授便利計，亦宜畫分；其分科性質有宜於四二制或二四制者，得酌量變通之。

11. 初、高兩級得分校辦之。〔註64〕

依照新通過的「學制草案」，中學的修業年限延長二年，由四年改為六年，確立了兩級制中學的制度：前一級為初級中學，後一級為高級中學；採用選科制，中學採三三制，初、高兩期，分科性質有四二制或二四制者，亦酌量變之，是以三三制為原則，四二制或二四制為例外，不論如何，草案已完全反應了 1920 年以前國內教育界對於分科、選科制的主張。

有關職業教育的規範，在「學制草案」中並未列專章說明，只在初級教育和中等教育階段分別列舉，但在制度的設計上，中等教育階段的職業教育卻多至六種以上，年限有一年至六年的不同，如前述圖 3-3-1 中，甲、乙、丙為一年期、二年期、三年期之完全職業科；丁、戊為漸減普通漸增職業學科之四年期、五年期職業科；己為完足三年普通，繼續三年職業學科之職業科。從草案有關中等教育的說明中可直接看出，新制對於職業教育特別重視，職業教育辦學之靈活，學生修業年限從一年到六年都可以，完全沒有限制，而

〔註64〕邰爽秋等編選，《歷屆教育會議議決案匯編》，第七屆全國教育會聯合會議決案，頁 4～5。

傳統中學教育和職業教育有完全互通的管道,一旦普通中學學生想要轉換跑道,也可以互通。

專門為養成初等教育與中等教育師資而設的師範體系,在現行學制中屬於獨立的一支,按照草案的規畫,師範教育仍分師範學校和高等師範兩級,所定師範教育有六種:(1)三年普通、三年師範的六年師範教育。(2)初級中學畢業後之三年師範教育。(3)是四年的高等師範教育。(4)是大學的師範科。(5)是相當年期的師範講習所。(6)是高級中學職業科裡附設的職業教員養成科。除高等師範和大學師範科屬於高等教育外,其他皆屬相當於中等教育階段的學校。新制規定師範學校修業六年,較民初舊制多一年,顯與中等教育定為六年有關;高等師範相當於大學,修業年限四年,與舊制不同的是不設預科,且大學可設立師範科。在新制中,在學制草案中,中等教育階段雖仍有獨立的六年制師範學校,但也出現了與普通中學校合流的趨勢,除可設立後三年的師範科專門招收初級中學畢業生外,有能力設立師範科的中學校也可以設立師範科〔註65〕,打破了清末以來,師範獨立設立的傳統作法。

另外,還有一項和中等教育有關的改革,就是大學廢除預科的制度。胡適對於民初「壬子學制」把各省的高等學堂都廢去,規定「大學預科須附設於大學,不得獨立」,視為民國開國一件大不幸的事〔註66〕。他非常贊成大學及各種高等專門學校皆不設預科,使各省的高級中學都可以做大學和高專預科的課程,省去添設無數大學、高專預科之舉。不過,他也擔心以現有高級中學的條件,單辦中學,人才還不夠用,若兼辦大學預科,恐怕沒有能力將預科辦得比北京大學的預科好。〔註67〕

根據前述規定,新的中等教育制度將中學及與中學同等級的甲種實業學校等合流了,範圍也擴充了。換言之,舊制的中學校只是中等教育之一部分,新學制的中學校則擴充到中等教育的全體,包括了普通、職業和師範教育。

〔註65〕邰爽秋等編選,《歷屆教育會議議決案匯編》,第七屆全國教育會聯合會議決案,頁 5～6。

〔註66〕胡適說,因為(1)各省設立大學的一點小基礎,從此都掃去了;(2)各省從此沒有一個最高學府了,本省的高等人才就不能在本省做學術上的事業了;(3)大學太少了,預科又必須附在大學,故各省中學畢業生,為求一個大學預科的教育,必須走幾千里路去投考那不可必得的機會,豈不是太不近情理嗎?試想四川、雲南、貴州的中學畢業生必須跑到北京、南京,方才有一個投考預科的機會。這兩年的預科教育,值得這麼大的犧牲嗎?

〔註67〕胡適,〈對於新學制的感想〉,《胡適教育論著選》,頁 137～138。

在新制中的所有中等教育學校，總共可包含下列十二種性質：

1.一年期的職業科。

2.二年期的職業科。

3.三年期的職業科。

4.漸減普通漸增職業之四年期的職業科。

5.漸減普通漸增職業之五年期的職業科。

6.完足三年普通繼續三年職業的職業科。

7.六年的普通科。

8.三年普通三年師範的師範科。

9.一年期的補習科。

10.二年期的補習科。

11.三年期的普通科。

12.三年期的師範科。〔註68〕

這一次改革，中等教育的變動幅度極大，不僅打破了現有壁壘分明的普通教育和實業教育，甚至超越了中學校校長會議所提且不爲教育部所接受的文、實分科的制度。

全國教育會聯合會推動學制改革，通過了「學制草案」，對民國初年中等教育改革最重要的影響，是確立了中等教育制度的新方向：首先是普通與職業合流結果，使得學校系統呈現了八面玲瓏的面貌，已如前述。其次則是確立了兩級制的中等教育制度，自清末建立新式教育以來，不論是初等教育或是高等教育，都是兩級制，唯有中等階段是一級制，而且，民國建立以後，還將中等教育的修業年限縮短爲四年，加上高等學堂的廢除，更直接影響到學生的教育水平，使得升學的學生在進入大學專校以後需要先受預科的補救教育。爲解決此一困境，延長修業年限爲六年，並將一級中學改爲兩級中學遂成爲思考方向，一則可以提升學業水準，再則高級中學施行分科選科，又可以納職業科於無形，使中等教育將普通、職業和師範學校合流的改革方向，隨著「學制草案」的制定而確立。

由全國教育會聯合會推動的學制改革，對中等教育改革成的另一個影響是，其後續發展則是匯聚了國人對中等教育改革的試驗和言論的焦點，增加

〔註68〕舒新城，〈中學校課程研究〉，《學制課程研究號》，《教育雜誌》第十四卷號外，1922 年 5 月，頁 1～2。

了改革的力道，也使中等教育在制度面的改革得以加速完成。

　　依照大會的決議，由全國教育會聯合會事務所將「學制草案」函告各省區教育會、各高等教育機關、全國各報館、各教育雜誌社，請予披露並且徵求各界的意見，此一作法，匯聚了國人論辯學制改革的焦點，此後一年內，無論是輿論或是學校的試驗，無不循著草案所定的方向進行討論或試驗，甚至教育部都因此受到影響，學制會議的召開與國人對於學制改革的關注力量是相關聯的；而民國中等教育的改革進程也是在這一個趨勢下，中等學校制度的變革速度之加快，明顯也是受惠於「學制草案」的制訂。

小　結

　　全國教育會聯合會在民國初年的中等教育制度改革進程中，能夠扮演核心推動者的角色，最重要的原因是她的組織運作及組織成員對於省區教育事業所形成的網絡能夠發揮影響力的結果。

　　全國省教育會聯合會是由各省區教育會組成，由於地方教育會的歷史淵源，本已和地方政府建立關係，政府訂立章程規範，但也讓教育會有合法推廣教育事務的空間，由於各省區教育會擁有輔助推動地方教育的法定地位，不僅形成了對於教育事業的影響力，也營造了與同級地方政府的關連，有助於教育改革的推行。

　　基於教育會章程賦予地方教育會具有組織研究會研究教育的權力，使教育會可以藉此吸納各種教育理念與主張，更可因此結合志同道合的同志。這在政府無暇兼顧教育之時，教育團體透過集會研討會的模式結合同志，再藉民間教育團體組織與組織之間衍生的關係，擴大了地方教育會對於教育事務的視野，更有助於教育理念的實現。全國教育會聯合會每年一度的年會，匯聚了來自各省區、各教育團體的意見進行討論，使得單一省區或單一教育團體的問題變成全國共同的課題，也讓各省區的教育主張，透過集會的方式成為全國性的教育主張。

　　因此，中等教育改革走向普通與職業合流，固然是由於中華職業教育社積極推動的結果，但在該社甫成立之時，若非全國教育會的集議，影響教育部同意中學校設置第二部的作法，職業教育的推廣恐怕不會這麼快就能開了第一扇窗。教育會並未因此而滿足，中學校長會議之後，教育部同意各地得因地制宜，視地方教育需要調整教學科目，不只讓選科分科制得以順利實施，

更讓職業教育的學科順理成章進入普通學校課程，開啓了普通與職業合流的契機。

全國教育會聯合會對於學校制度的改革所做的最大貢獻，莫過於促成1922年學校系統改革案的頒行。筆者以爲，1921年第七屆全國教育會聯合會所通過的「學制系統草案」，是第五、六、七屆全國教育會聯合會持續努力的結果，不僅是我國1922年學制改革成功的基石，更是民國初年中等教育改革得以實現的一個重要里程碑。由於中等教育是學校系統中的一個階段，兩者之間的關係密不可分。民國初年的中等教育改革的過程雖然有其自行發展的軌跡，然而中等教育改革要能完全實現，則非依賴學校系統改革的完成不可，是以本文討論民初中等教育改革，不可避免的要和學制的改革一起觀察，同時討論。

就中等教育的改革而言，若非全國教育會聯合會促成學制改革，兩級制的中學教育制度也不會如此快速地成爲事實；若非全國教育會聯合會，普通與職業合流不會如此快速地實現。基於此，全國教育會聯合會在中等教育制度的改革事業中，扮演著催化者的角色，「學制草案」的出現，代表著中等教育制度的改革已如弦上之箭。但從廣東省教育會設置學制系統研究會研擬學制的過程，可以看出國人對於修改學制的關心，改革學校系統成爲全國教育界最重要的一件事，也可以發現，在這一次學制改革的運動中，教育部完全無法主導學制修改的方向，其發展完全是民間教育團體的主動積極作爲，1921年第七屆全國教育會聯合會通過的「學制草案」，不過是其初步成果而已。

第四章　廣東全國教育會聯合會議後中等教育改革之議論與試行

　　前章以全國教育會聯合會為對象，深入剖析由省區教育會到全國教育會聯合會的組織體系，說明全國教育會聯合會雖然是年度式的集會組織，但憑藉著地方組織的體系與法定的輔助地方教育的任務，使得全國省教育會聯合會成為議論匯聚的中心，更成為集合眾議，形成共識，推動執行的關鍵角色。並以中華職業教育社推動職業教育的理念和中華教育改進社及其前身組織所引介的世界教育思想，無不為全國教育會聯合會所接納，進而促其實現的史實，釐析三者之間互動共生與衍生關係，以理解全國教育會聯合會能發揮影響力的原因。

　　民國初年的中等教育改革，和學制改革的分進合擊是本文探討的另一個核心。無庸諱言，民國初年中等教育改革能有初步的成果，必需歸功於 1922 年學校系統改革令的頒行。雖然中等教育改革的啟動先於學制改革，然一旦全國教育會聯合會發動學制改革後，民國初年的中等教育改革，隨即成為學制改革的一環，而且是學制改革的核心，兩者之間其實是二而一的。

　　問題是，在南北分裂的時代，在廣州召開的第七屆全國教育會聯合會並未如歷屆全國教育會聯合會將決議呈送北京教育部，在法理上，此一學制改革必需政府公告施行方能取得法律的地位，第七屆全國教育會聯合會如何解決此一難題，是本章首先要討論的。

　　1921 年在廣州召開的第七屆全國教育會聯合會所修訂的「學制草案」，是清末建立新式教育頒行學制以來最大的一次變革，也是中等教育最受關注，

改革最徹底的一次。由於當時廣州與北京處於對立的局面，主辦第七屆全國教育會聯合會的廣東省教育會，並未將全會的決議陳送北京政府教育部，反而是採取直接訴諸民間輿論的作法，將決議交由各報館和雜誌界披露，冀望藉由輿論討論形成國人共識，一方面做為下屆全國教育會聯合會再議時的參考，另一方面，藉試驗的成效，形成對北京政府的壓力，促使其面對改革的各項主張。

由於教育會自清末以來即已建立起基層的組織系統，全國教育會聯合會可以藉由各省區教育會所建立的地方教育會網絡，直接執行其所決議之事項。因此，第七屆全國教育會聯合會事務所遂將大會議決之「學制草案」函知各省區教育會、各高等教育機關、全國各報館、各教育雜誌社，藉徵求各界意見，一則可以再次吸納各界意見，做為修訂之參考，再則更可因之凝聚共識，形成一致的輿論，可以影響政策的制定。

此後一年間，全國教育界和輿論界對於此一「草案」極為關注，各省區教育會與省教育行政機關為此召開學制草案檢討會，著名的教育類雜誌發行專刊彙集各界意見，實驗新制的中學校，配合新進調整試驗的規劃作法。雖然整個學制草案包括了高等教育、中等教育和初等教育三個階段，但各省教育行政機關與省教育會所討論的，多集中於中小學教育部分，報刊雜誌的議論範圍雖然較廣，也因學制草案變革最大的部分在中等教育階段，輿論界對此一範圍的關注也最多，原已進行改革試驗的中學校，配合草案的兩級制精神，重新修訂實施計畫，民初以來的中等教育改革，正式從局部的變革，轉而與進行中的學制改革合流成一體，有了徹底翻新的機會。

七屆全國教育會聯合會通過「學制草案」後，請全國各界提供意見及試行經驗，做為下屆修正之參考，本章擬分議論與試行兩部分，歸納分析教育界在 1921 年 10 月以後到 1922 年 11 月之間，對於「學制草案」有關中等教育的各種意見，及部分中等教育學校配合「學制草案」，修正其選修分科之試行計畫，分析試行成果及其對於學校系統改革案的修訂及施行所產生的影響。

第一節　社會各界對於中等教育改革的議論

全國教育會聯合會公布學制系統草案，徵求意見的作法，對於民國初年所實行的中等教育制度，有了徹底變革的機會。各界對於全國教育會聯合會

所通過的「學制草案」的回應是很熱烈的，除了各省區教育會召開了「學制草案」討論會，報刊雜誌最積極的回應，莫過於開放版面，出版專刊，成為各界發表意見的最佳論壇，各種不同教育主張的論辯，不只呈現了 1920 年代中國教育界對於中等教育制度的規劃藍圖，也使得部分主張被多數人接受，經過眾議的方式形成一致的主張，正是 1919 年以後國內流行的民主教育思想的實際作為，經過眾議而有的共識，連教育部也無法置之不理。這個討論的過程因此顯得特別有意義，各種中等教育的主張相互論辯，呈現的是民主教育思想不只在適應個性、發揮民主教育的精神上獲得實現，也在政策的制定過程獲得一次實踐的機會。

　　本節以各界對全國教育會聯合會「學制草案」所回應的議論為中心，分別從各省區教育會召開的研討會議中，有關中等教育的議案，和在 1921 年和 1922 年間見諸報刊雜誌，有關中等教育改革的言論為基礎，歸納分析國人對於中等教育改革的各項主張，以剖析各界對中等教育的論辯為重點，由百家爭鳴的中等教育改革主張，說明中等教育的改革在尋找一條適合國情的路。

一、各省區教育會對學制草案的回應

　　各省區教育會是全國教育會聯合會的組織基礎，而各省區教育會在地方教育界所建立的網絡正是全會決議能否獲得實現的最根本因素，主要的原因在於教育會可以透過地方教育行政體系的力量，將全國教育會聯合會的決議付諸實現，最常見的作法，是舉辦研討會，邀集省區教育當局和各級學校負責長參與，或者直接由省區教育當局出面召集會議，進行研討，做成決議，付諸實行。

　　當「學制草案」送各省區教育會徵詢意見時，各省區教育會最重要的工作，就是彙整省區各界對於「學制草案」的意見，作為下屆修正學制的參考。為達到搜集各界的意見，召開「學制草案」的討論會幾乎成為各省區共同的作法。有的省區由教育會召集，有的省區由教育主管當局主持，也有跨區聯合主辦者。討論會的議題有兩項，一是學校制度，一是規劃課程。前者針對學校系統的興革立論，兼及學制轉換過程中的銜接問題；後者因應施行六三三新制，兩級制課程必須重新規劃。〔註 1〕

〔註 1〕　〈新學制運動〉，《教育雜誌》十四卷二期，1922 年 2 月，總頁 19483。

由於省、縣政府是中等教育和初等教育的主管機關，省、縣級的教育會，所關注的對象也多以中等教育和初等教育爲主，尤其是初等教育、和初等教育與中等教育銜接的問題。1921 年底，江蘇省教育會召開的「學制草案」討論會，爲了要廣泛搜集各界意見，仍設立了初等、中等、師範、大學、專門、教育行政等六個委員會〔註2〕，專門從事徵集意見，歸納統計，彙整江蘇省對於新學制系統草案的意見，提供下屆全國教育會聯合會修訂學制的參考。負責中等教育部分的陸殿揚，設計了一份問卷，寄給南京和江蘇省各中學，並在《時事新報》、《時報》、《申報》和《新聞報》上刊登，廣泛徵求各界意見。這份問卷提出了十七項問題：

1. 中學分高初二級，其前後各三年，分法是否相宜？
2. 高級中學普通科宜否再行分組，如現在之選科辦法？
3. 大學高專應否規定客觀的、具體的入學標準，以便中等教育修畢，可以直入大學高專？
4. 在過渡時代，中學畢業生是否仍須預備二年方得入大學？
5. 中等教育說明第五條：「己，庚，辛各科畢業後，俱得升入大學或高等之相當分科。」查辛爲高級中學師範科，畢業後是否無須服務？
6. 高級中學師範科應否如師範學校免費？
7. 在過渡時代初級中學招收新生，高小三年級學生可否應考？
8. 在過渡時代高小畢業生能否逕入中學二年級？
9. 從前高小男女同學並無弊害，將來初級中學可否男女同學？
10. 初級中學是否以省立爲原則，縣立爲例外？
11. 初級中學畢業，升入高級中學是否須經過入學試驗？
12. 師範學校畢業生充任初級中學教師，是否相宜？
13. 高級中學教師是否以高等師範畢業生充任？
14. 當未施行新學制以前，應否變更師範學校課程，養成適當師資？
15. 關於初級中學及高級中學之師資、教材、課程、編制、教學法、訓育法、經費諸問題，應否在準備期內先行討論？
16. 實行新學制，中等教育段教育經費應否增加？

〔註 2〕 〈新學制運動〉，《教育雜誌》十四卷二期，1922 年 2 月，總頁 19484。

17.在大學小學未實行新學制前，中學能否首先單獨試辦？〔註3〕
前述十七條問題的性質，約可分為四類，（　）內之數字為題數：

（一）有關學校制度
設立：初中設立原則(10)
分級：中學分級(1)高中再分組(2)
教學：初中男女共學(9)
經費：教育經費(16)

（二）各級學校銜接的問題
中學與大學高專銜接：直升大學(3)保留預科(4)
小學與中學銜接：高小三年級報考初中(7)
　　　　　　　　高小畢業生升入初中二年級(8)
初中與高中銜接問題：直升或考試(11)

（三）有關師範教育
服務義務：師範生畢業後服務義務(5)
教師資格：初級中學教師資格(12)高級中學教師資格(13)
　　　　　師範教育的過渡(14)
公費：高中師範科公費(6)

（四）有關改制預備
改制預備工作(15)中學試辦新制(17)

問卷是針對第七屆全國教育會聯合會所通過的「學制草案」設計的，所以問題有針對條文發問，如第五題，即以中等教育說明第五條入題，答問者必須有原條文相對照否則不易理解，又如第一題，直問分級為前三年後三年，雖說是決議之主文，但是會造成其他主張者難以表達意見之疑慮，則是應該避免的。

經統計回覆的十七份問卷中，共有超過四分之三的回函都贊成新制中學分為高中和初中兩級，高中分科分組，增加改制後的中等教育經費；比較有趣的是，有十五校的意見主張高中畢業生直升大學和高專，卻有十二校主張初級中學畢業生在升入高級中學之前需經過入學試驗。

〔註3〕陸殿揚，〈江蘇省對於新學制草案「中等教育」及「中等高等教育銜接」意見之統計〉，《教育雜誌》十四卷號外《學制課程研究號》，頁4～5。

　　過渡階段的大、中、小學銜接問題，關係新、舊制的交替過程中必然會發生的銜接問題，舊制小學爲七年，按新制規畫爲六年，高小三年級生考新制初級中學一年級，就修業年限論，問題較少，贊成的有十二份，反對的有五份，然而對於高小畢業生是否可以逕入初級中學二年級的看法，則爲八份贊成，七份反對。兩個問題所面對的都是舊制小學的學生，接納的程度卻不一致，顯見時人對於初級中學的定位紛歧仍多。〔註4〕

　　陸殿揚綜合委員會意見調查結果，於 1922 年 2 月 24 日召開的江蘇新學制草案討論會第二次大會中提出下列修正案：

　　　　1. 中等教育段説明第四條應與第九條合併，改做「庚爲完全普通科，辛爲師範科，均採用選科制。」

　　　　2. 中等教育段説明第五條應改做「己，庚，各科畢業後，俱得升入大學或高專之相當分科，惟師範如係免費，須經相當服務年限，方得入學。」

　　　　3. 中等教育段説明第八條應刪去「一中學區內」五字。

　　　　4. 高等教育段説明第三條應添加「另定客觀的，具體的，入學標準。」

值得注意的是，這次的會議是由省教育廳召集的，到會者有教育會各會員、省縣勸學所長、縣署第三科主任、縣視學及部分小學校長〔註5〕，這代表地方教育當局承認由全國教育會聯合會所議決的「學制草案」，並參與意見，與中央的教育部完全忽視其存在的態度全然不同。

　　修正案經大會逐條討論，並未對委員會所提之修正案照章全收，而是做出了相當大的調整，決議文與委員會修正案和「學制草案」原文相關條文之對照，如表 4-1-1，此一議決條文，成爲江蘇省對於新學制草案的共同意見，提下屆全國教育會聯合會事務所，送請大會討論。

　　江蘇省教育會對於「學制草案」的回應是最有步驟的，也是省教育廳和省教育會合作無間的案例，這應該和江蘇省教育會一向與省教育廳互動良好有關。

〔註 4〕 陸殿揚，〈江蘇省對於新學制草案「中等教育」及「中等高等教育銜接」意見之統計〉，《教育雜誌》十四卷號外《學制課程研究號》，頁 4～5。

〔註 5〕 〈新學制運動〉，《教育雜誌》十四卷二期，1922 年 2 月，總頁 19484～19485。

表 4-1-1　新學制草案中等教育段說明原條文與大會決議條文內容
比較表

		學制草案原條文	委員會修正案	大會決議
中等教育		第四條　庚爲完全普通科。辛爲師範科。	與第九條合併，改做「庚爲完全普通科，辛爲師範科，均採用選科制。」	刪去「完全普通科」上「完全」二字，原案四、九兩條仍舊分立。
		第五條　已、庚、辛各科畢業後，俱得升入大學或高專之相當分科。	修正爲「已、庚各科畢業後，俱得升入大學或高專之相當分科，惟師範如係免費，須經相當服務年限，方得升學。」	第五條　刪
		第八條　此段中等教育，一中學區內，一時未能全辦者，得酌量地方情形及經濟狀況擇若干種辦之。	刪去「一中學區內」五字	照案通過。
		第九條　中等教育採用選科制。		保留原條文
高等教育		第三條　大學不設預科，其入學資格以高級中學畢業者或有同等學力者爲限。	應添加「另定客觀的，具體的，入學標準。」	修正案歸入學程委員會討論。

資料來源：陸殿揚，〈江蘇省對於新學制草案「中等教育」及「中等高等教育銜接」意見之統計〉，《教育雜誌》十四卷號外《學制課程研究號》，頁 7～9。

　　浙江省教育會就不像江蘇這麼有規模了，該省教育會雖然也在 1922 年 2 月間召開了新學制討論會，會議針對初等教育段討論，意見分爲二派：一派贊成草案，主張四二制。其理由：一是可早升中學一年。再則教科改良後，六年教育之效果可抵七年。一派反對草案，主張四三制，所持的理由則是減少一年，會剝奪不再升學而選擇就業學生求學的權利，致社會程度因此減低；會議決議是初等教育採用四三制，也就是維持現有學制初小四年高小三年的制度〔註6〕。除此之外，並沒有太多的研究和會議，浙江省當局不怎麼積極的態度，使得經亨頤頗引以爲憾〔註7〕。這和浙省政府長期以犧牲公辦學校爲代價，將政府主要歲入習慣性地用在支持軍事和警察上，使得沒有機會接近省的軍事或法律和財政權力的知識分子，必須以省教育會爲基地，才能夠獲得

〔註6〕　〈再誌新學制運動〉，《教育雜誌》十四卷三期，1922 年 3 月，總頁 19623～19624。
〔註7〕　〈報告新學制及實施方法之商榷〉，《經亨頤教育論著選》（北京：人民教育出版社，1993 年），頁 272～273。

影響教育和輿論機會〔註8〕。但在這種政治氛圍下，經亨頤相當堅持該會獨立
自主的精神，拒絕受官府的左右〔註9〕，讓兩造無法營造比較融洽的關係，一
旦有事，彼此互不支持，就變成很尋常的事了。

　　廣東省的回應最直接，該省也召開研討會，惟所召開者是「實施」研究
會，不但研究會是以「實施」為名，在行政上也直接「實施」改編作業。廣
州市教育局從市內各國民學校入手，擇定由第二十四國民學校及二十國民學
校，在 1922 年春季先行改編，著手試辦新學制〔註10〕。由於省政府全力支持，
所組織的新學制實施研究會的成員就包括了省教育會正副會長、評議員、各
部部長主任，小學校以上學校校長，國內外大學或高等專門學校畢業對教育
有研究的專家和省市縣教育行政人員〔註11〕，對於「學制草案」的推動，當
然有正面的效益。

　　由前述三個事例，可以看出，省教會與省政府當局的關係，足以影響教
育政策推動之成效，間接也影響了全國教育會聯合會議決之「學制草案」的
推動。就會議討論的內容來看，省教育會召開的討論會，除廣東有擇校試行
外，多只針對「學制草案」的條文進行修正討論，既無對細節作更深入的探
討，亦缺乏試驗制度的實際例證，只是做成學制系統草案條文修正決議，送
請下屆全國教育會聯合會參考而已。

　　研討會固然有集思廣益的成效，然對於研究會、討論會的組成，過於單
一的現象，有識者表達了憂慮，主張從事研究的人員，不妨多些出身背景不
同的人，不能偏重在包括勸學所所長、教育主管之類的行政人員，應該多容
納各級學校教員，讓他們把教授方面親歷的苦痛，或學生方面學非所用的現
象，一一陳述出來，再利用集體的智慧找出解決的方法〔註12〕。這一看法確
實有見地，事實上，要讓「學制草案」為全國教育界所重視，連帶引起對於
中等教育制度的討論風氣，擴大其感染力，發展到連各級教育主管機關都無
法坐視的地步，絕非少數省教育會辦幾場討論會可以辦到的，而是必需要有

〔註 8〕 Wen-hsin Yeh, *Provincial Passages: Culture, Space, and Origins of Chinese Communism*, pp. 125~127.
〔註 9〕 〈浙江省教育會甲寅春季大會開會辭〉，載《教育周報》四十二期，1914 年。轉引自張彬，《從浙江看中國教育現代化》（廣州：廣東教育出版社，1996 年），頁 183。
〔註10〕 〈新學制運動〉，《教育雜誌》十四卷二期，1922 年 2 月，總頁 19485。
〔註11〕 〈三誌新學制運動〉，《教育雜誌》十四卷四期，1922 年 4 月，總頁 19759。
〔註12〕 〈新學制運動〉，《教育雜誌》十四卷二期，1922 年 2 月，總頁 19484。

更廣泛的論辯才行。

　　這個更廣泛更開放的討論，在 1921 年到 1922 年之間，藉由教育類雜誌和報紙提供的言論平台，形成公眾論辯學校制度的論壇，產生了聚焦的效應，有利於將輿論的影響力發揮到極大化，終於達到了各級教育主管當局無法漠視的地步。

二、討論改革中等教育的論壇

　　1920 年代，雖然國家分裂，軍人政客專擅，但是學術界、教育界以「教育」救國的抱負卻從不稍歇，報刊、雜誌往往成為他們發表主張、評議教育的園地〔註 13〕。報紙每日出刊，具有即時報導的特性，卻無法提供大量篇幅做為學理上的論辯空間；雜誌大抵為每月出刊，雖稍不具時效性，卻可以提供較具知性學理論述的機會。諸家報紙和雜誌有關於教育改革的議論，當然不只針對中等教育發言，然因本研究主題為民國初年的中等教育改革，本節討論，以發表於 1920 年代發行的教育類雜誌，如《中等教育》、《新教育》、《教育叢刊》、《教育與職業》、《教育雜誌》和《中華教育界》等雜誌，與中學校教育以及相當於中等教育範圍的師範教育和職業教育的各種主張為基礎，分析不同的改革意見，一方面反省現制；一方面指引方向，呈現新制的中等教育藍圖。

　　前述雜誌何以能夠在這一場改革過程中發揮影響力，與雜誌的發行者和撰稿者有極大的關連。《中等教育》、《新教育》和《北京高師教育叢刊》三份雜誌的編輯單位分別與南、北兩個高級師範學校有關：《教育與職業》是中華職業教育社所創辦的機關刊物，專門從事職業教育之推廣；《教育雜誌》與《中華教育界》則是清末民初出版的兩種大型的綜合性教育期刊，分別由上海最大的兩家書局商務印書館與中華書局出版。

〔註 13〕目前仍可查考的 1927 年以前發行的教育類刊物，散見各級圖書館中，較著名的有各級教育主管機關發行的刊物，如《教育部編纂處月刊》、《山西教育公報》，有由教育團體如北京教育會的《都市教育》、浙江省教育會的《教育潮》、中國中等教育協進社的《中等教育》、中華教育改進社的《新教育》、新教育評論刊社的《新教育評論》、中華職業教育社的《教育與職業》、江蘇義務教育期成會的《義務教育》，由學校出版的《北京大學月刊》、《北京高師教育叢刊》，以及民間書局出版社發行的如中華書局的《中華教育界》、商務印書館的《教育雜誌》等。雜誌之外，有報紙如《申報》的教育消息、《民國日報》的副刊《覺悟》、《時事新報》及其副刊《學燈》。

　　《中等教育》，1921 年 12 月創刊，初由國立東南大學南京高師附屬中學校編輯，後來改由「中國中等教育協進社」編輯發行，成爲該社的機關刊物〔註 14〕。廖世承自言創刊《中等教育》的目的有三個：一是將《中等教育》季刊作爲實驗中等教育的園地，將各個人的經驗，各個人的見聞，隨時報告，請大眾共同研究，提出解決中等教育問題的方法；二是讓《中等教育》季刊作爲各個中等教育學校發表消息的園地，既可藉此互通消息，又能藉此增長情誼；最後則是希望爲中等教育留下記錄〔註 15〕。在各類教育雜誌中，只有這份是專門探討中等教育的雜誌，因此，其內容也多偏重於「課程」與「教學」。

　　《新教育》，1919 年 2 月創刊，原爲「新教育共進社」的機關刊物，後爲中華教育改進社的機關刊物。《新教育》雜誌創辦之初，名義上是「新教育共進社」的機關刊物，實際是由江蘇省教育會、北京大學、南京高等師範學校、暨南大學、中華職業教育社等五個機關所組成，雜誌則是由擔任該雜誌經費之各團體負責，因此一開始時由江蘇省教育會主辦，主編爲蔣夢麟，至 1920 年 9 月出刊四卷一期後停刊。十五個月後，由南京東南大學教育科接辦，編輯部設於東南大學教育科，由上海商務印書館發行，改由陶行知（1891～1946）任主編，在 1922 年 1 月復刊，發行四卷二期——學制研究號。陶行知接任主編之後，著手整頓組織機構，改進內容，延聘中外教育家四十二人擔任編輯，特約各國教育界代表報告各國最新教育消息。並定爲「中華教育改進社」機關刊物，舉凡該社社務及歷屆年會會議經過，均在該刊詳爲刊載，雜誌社社址亦由江蘇省教育會改爲東南大學。〔註 16〕

　　陶行知接掌編務之後，雜誌的編輯方向和蔣夢麟主編時期相比，後者大量地引介世界各國的教育思潮及教育現況，前者則多關注國內教育界事務，多刊載教育改革的言論，尤其是扮演中華教育改進社機關報的角色，每年年會都用了一至二期的篇幅，巨細靡遺地刊載年會的各項記錄。由於《新教

〔註14〕中等教育協進社以聯絡全國中等學校及從事中等教育之同志，力謀中等教育之改進及發展爲宗旨，致力於中等教育之現況調查、教學、課程、測驗及編輯有關中等教育之書報等事。〈中國中等教育協進社簡章〉，《中等教育》一卷四期，中國中等教育協進社簡章，頁 1。

〔註15〕廖世承，〈中等教育發刊辭〉，《中等教育》一卷一期，1922 年 1 月，頁 1～2。

〔註16〕朱澤甫編，《陶行知年譜》（合肥：安徽教育出版社，1985 年），頁 31。

育》雜誌和新教育改進社的關係密切，雜誌分組編輯〔註 17〕，編輯委員會和新教育改進社的各委員會相近，各組各有其編輯員，務求擴大參與層面，從而產生影響力。《新教育》每期的發行量都在萬份以上，風行全國，曾使久享盛名的《教育雜誌》、《中華教育界》等刊物相形失色。伴隨著《新教育》的發行，中華教育改進社成為當時「中國最有影響、最有力量的民間教育團體，而且也是當時中國教育界最有銳氣、最富革新精神的教育精英大本營。」〔註 18〕

　　《北京高師教育叢刊》又名《教育叢刊》，1919 年 12 月創刊，北京高等師範學校教育叢刊編輯處主編，第二卷第一期起由中華書局發行，第四卷第一期起由北京師範大學主編。該刊之創辦，與時人熱烈討論教育問題息息相關，是由北京高等師範發行的週刊內新增的『教育新潮』一欄蛻化而來，由於投稿稿件過多，影響週刊的正常出刊，經校務會議議決，停掉週刊的『教育新潮』一欄，另創辦一份刊物單獨出版，遂有了《北京高師教育叢刊》的出刊〔註 19〕。從創刊到 1926 年六卷六期止，《北京高師教育叢刊》共發行三十三期，其中，1921 年 10 月所發刊的二卷五期，是《學制研究號》，發行時間正是全國教育會聯合會在廣東召開年會，議決學制草案之時，北高《教育叢刊》出版學制研究專號，其用心不言而喻。《北京高師教育叢刊》自出刊以來，利用高師歷屆畢業生遍布國內各校的有利條件，對國內各校現況之調查與報導，堪稱該刊重要特色；對國內各級各類學校及教育上的缺失提出批評與建議，更是不遺餘力，舉凡初等、中等、職業、師範皆有專文，尤以師範教育為大宗。

　　中華職業教育社於 1917 年 5 月成立，根據社章，創辦月刊，由蔣夢麟負責，9 月 16 日第一次辦事員會議通過辦法，定名《教育與職業》，於是年 10 月正式出刊〔註 20〕。該刊偏重於專門性質，旨在提倡國人對於職業教育之切

〔註17〕　共設普通教育問題組、教育哲學組、教育行政組、高等教育組、中等教育組、初等教育組、職業教育組、師範教育組、教育心理組、教材與教學法組、體育組、社會教育組、公民教育組、外人在華經營教育組、女子教育組、華僑教育組、教育書報目錄選編組、日本教育、英國教育、法國教育、美國教育及德國教育等二十二組。

〔註18〕　冒榮，《至平至善鴻聲東南──東南大學校長郭秉文》，頁 153。

〔註19〕　夏宇眾，〈本刊之緣起〉，《教育叢刊》一卷一期，1919 年 12 月，頁 1。

〔註20〕　秦翰才，〈一剎那間一百期了！〉，《教育與職業》一〇〇期，1928 年 6 月，頁 815。

實研究與討論〔註21〕，最初定爲每月一期，全年十二期，1923 年起改爲全年十期，仍是每月一期，但 1 月、7 月兩月停刊，後又改爲 6 月、12 月停刊。事實上，該刊在 1923 年以前出刊情形頗多延誤，計自 1917 年 10 月起至 1922年 12 月止，本應出刊六十期，卻僅出了四十期〔註22〕。1923 年以後，更換了合作的印刷廠，才步入正軌。其內容正如刊名一般，不外乎職業與教育兩件事，該刊常對職業教育中的某一問題做精要的研究，而以專號的形式出版〔註23〕，這種專號議論有系統，職業教育大部分的問題都有討論，如果合編在一起，可以成爲一部職業教育叢書彙編，有助於職業教育的推廣。

　　《教育雜誌》和《中華教育界》是兩種由民間書局主辦，而且深具影響力的教育類雜誌。前者由上海商務印書館總經理夏瑞芳在 1909 年 2 月（宣統元年正月）創刊於上海〔註24〕，以研究教育、改良學務爲宗旨，1922 年以前，先後擔任過該刊主編的有陸費逵（1886～1941）、朱元善（1856～1934）、李石岑（1892～1934）。後者於 1912 年（民國元年）1 月，由上海中華書局創辦，係該書局編印的以「中華」冠名的系列出版物中的一種〔註25〕，舒新城、陳啓天（1893～1984）曾任該刊主編。《中華教育界》旨在廣泛探討新的教育思想、教育內容、教育政策、教育設施和教學方法。由於這兩種雜誌是由民間書局所創辦，難免與書局的業務營運相關，所刊載的資訊雖然較爲龐雜，然而對於國人所關心的教育問題，始終是一個開放的園地。

　　前述各雜誌的創辦和發行單位包括了東大附中、北高附中、江蘇省教育會、中華教育改進社、中華職業教育社、商務印書館和中華書局。其中南京高師和北京高師是國內首屈一指的師資培育搖籃，江蘇省教育會可以說是中

〔註21〕鄒恩潤，〈十年來之中國職業教育出版物〉，《教育與職業》一〇〇期，頁 808。

〔註22〕秦翰才，〈一刹那間一百期了！〉，《教育與職業》一〇〇期，頁 820。

〔註23〕如第十三期補習教育號，第十五期職業指導號，第十六期職業學生自治號，第十七期職業心理號，第十八期小學工藝課程號，第十九期小學美術課程號，第二十一期工讀號，第二十二期職業學校計畫號，第二十五期農業教育號，第二十六期工藝教育號，第二十七期商業教育號，第二十九期職業訓練號，第三十期女子職業教育號，第三十一期職業科設計教學號，第三十二期家事教育號，第三十三期新學制職業教育號和第三十八期農村教育號。

〔註24〕陳科美主編，《上海近代教育史（1843～1949）》（上海：上海教育出版社，2003年），頁 252。

〔註25〕中華書局編印出版以「中華」冠名的出版物還有《中華小說界》、《中華實業界》、《中華婦女界》、《大中華》以及《中華大字典》和《中華活頁文選》等。

國最具影響力的省級教育會，中華職業教育社則是最具代表性的職業教育推動者，中華教育改進社一年一次的年會，與全國教育會聯合會幾乎旗鼓相當，可說都是教育界非常有影響力的教育團體；加上各雜誌的主編，包括《中等教育》的廖世承、《新教育》的蔣夢麟和陶行知、《教育雜誌》的陸費逵、朱元善、李石岑和《中華教育界》的舒新城、陳啓天，在教育界都是具有相當影響力之人；而在 1912 年至 1922 年間曾經刊登在這些雜誌上，撰稿討論中等教育和學制改革者，更是不乏教育界學有專精、望重士林之人物，配合著商務務書館和中華書局所提供的發行網，終使國人快速深入地了解中等教育改革的各種主張，成為一股改革的風潮。

以雜誌為主的興論界，呼應全國教育會聯合會新通過的學制系統草案的作法，除了刊布草案的內容，主動徵集意見外，出版專刊幾乎成了共同的作法。

最早出版專號的是北京高師的《教育叢刊》。1921 年 10 月，《北京高師教育叢刊》以「學制研究號」專刊的方式出版了二卷五期，當時正是第七屆全國教育會聯合會在廣州召開，所討論的最重要的議案，就是學制草案，發刊學制研究專號，正是以言論呼應學制改革最佳例證。專號刊載鄧萃英（1885～1972）、程時煃（1890～1951）、汪懋祖、常道直、陳兆蘅、鍾道纘、王文培等人的文章〔註 26〕。本期各篇的撰稿者，或畢業於北京高等師範研究科，

〔註 26〕包括了鄧萃英，〈學制改革案〉、程時煃，〈四二制的學校系統〉、汪懋祖，〈改革學制要求之一斑〉、常道直，〈英美德法四國小學教育制度之比較〉、陳兆蘅，〈美國的學校組織〉、汪懋祖，〈對於江蘇省立中學校採用選科制貢議〉、鍾道纘，〈中國實業教育制度改善之商榷〉、常道直，〈全國各高等專門以上學校應設法擴充學額之意見〉、王文培，〈改革學制的第一步〉等。並轉載了雲甫，〈高師應改師範大學之理由及辦法〉、莊澤宣，〈改革學制的建議〉、導之，〈對於主張廢除師範學制之質疑〉和余家菊的〈論師範學制書〉等篇與改革學制有關的文章做為附錄。相關作者的簡歷，鄧萃英，福建林森人，清末留學日本東京師範學校，1917 年，復入美國哥倫比亞師範學院，1919 年年 5 月，掌北京高等師範學校。參周邦道，《近代教育先進傳略初集》（臺北：中國文化大學出版部，1981 年），頁 356。程時煃，東京高等師範，北高附中主任，1923年留美，先後入芝加哥、哥倫比亞專攻教育，1925 年返國任師京師範，1926年任上海大夏大學教育科主任，參周邦道，《近代教育先進傳略初集》，頁 173～174。汪懋祖，江蘇蘇州人，1916 年考取公費，入哥倫比亞大學專攻教育學，獲碩士學位，1920 年回國，任教北京高等師範。參見 http://dag.suda.edu.cn/ShowPeople.asp?id=138。常道直，又名常導之，江蘇南京市人。1920 年畢業於金陵大學，1922 年畢業於北京高等師範大學教育研究科，為中國首屆教育

或留學美國、日本，皆是學習教育專業的學者，回國後都在北京高等師範任教，言論立場頗爲一致，對於兩級中學都是主張四二制。

另一個出版專刊的雜誌則是《新教育》，於 1922 年 1 月出版的復刊第一期（四卷二期），即呼應第七屆全國教育會聯合會號召，出版了「學制研究號」，該期有兩個主要部分，一爲民國十年教育之回顧，一爲新學制的批評與討論。主要的撰稿者包括蔡元培（1868～1940）、沈恩孚、陶行知（1891～1946）、孟祿、袁希濤（1866～1930）、金曾澄（1879～1957）、胡適（1891～1962）、陶孟和（1888～1960）、汪懋祖、廖世承、俞子夷（1885～1970）等人〔註27〕。前述撰稿人，蔡元培、袁希濤先後主管教育部，其餘包括陶行知、廖世承、胡適等人都是教育界有相當影響力的人物，就本期所刊載的文章來看，他們的主張並不一致，正是此一時期輿論界最普遍的現象。

先徵集意見後再出版專刊的例子，則有《教育與職業》和《教育雜誌》。1922 年 1 月 9 日，中華職業教育社發出「徵求教育界對於新學制草案職業教育一部分意見的問題」啓事，提出下列四個問題：

1. 中等教育段的活動變化，是這份草案最精采處，究竟一年期二年
   期三年期的完全職業科（圖甲、乙、丙），漸減普通漸增職業的四
   年期五年期職業科（丁、戊），完足三年普通繼續三年職業學科的
   職業科（己），與中學選科制度的採用，是否認爲完全滿意？

2. 專爲作工兒童而設的補習學校（壬、癸），加於初等教育段上面，
   是否認爲適當？

3. 職業準備，限於小學第四年後，（見圖）當否？初等教育段的職業

學科研究生之一。1925 年至 1928 年先後留學美國哥倫比亞大學師範院，英國倫敦大學哲學系，德國柏林大學哲學系。參見 http://202.119.108.32/jalis/html/jiaoyujia/jyj-cdz.htm。陳兆蘅與常道直同爲北高師首屆教育學士，參見 http://www.nju.edu.cn/cps/site/ndxb/871/bjlt.htm。鍾道纘也是北高學生，畢業後留美。王文培任北高教育史教授，孟祿訪華時，隨行擔任翻譯。

〔註27〕本期有關學制的撰稿者及主題爲：蔡元培，〈全國教育會聯合會所議決之學制系統草案評〉、沈恩孚，〈準備施行新學制之意見〉、陶行知，〈我們對於新學制草案應持之態度〉、陶行知，〈評學制草案標準〉、孟祿著，徐則陵譯，〈論中國新學制草案〉、袁希濤，〈新學制草案與各國學制之比較〉、金曾澄，〈廣東提出學制系統草案之經過及其成立〉、胡適，〈對於新學制的感想〉、陶孟和，〈論學制系統〉、汪懋祖，〈對於新學制草案高等教育段質疑之點〉、廖世承，〈新學制與中學教育〉、俞子夷，〈關於全國教育會聯合會議決學制系統草案初等教育段的問題〉、陶行知，〈中國建設新學制的歷史〉。

教育，是否應限於職業準備？

　4.職業教員養成科的附設，限於高級中學（師範教育説明）當否？

〔註28〕

向全國各界徵求意見，做爲全國教育會聯合會修訂學制的參考。這是唯一針對「學制草案」有關職業教育的內容，並彙集各界所提出的議論，出版專刊的教育類雜誌，收錄了江蘇第二農校校長王舜成、蘇一師小的陳浚介、李步青、潘文安、潘吟閣、江蘇省立第四中學校長章欽亮、季雲、江蘇省督學陸規亮、武進市立職業附小的劉憲，以及康奈爾大學畢業之江蘇省立第一農業學校校長過探先等人的文章〔註29〕。《教育與職業》和其他教育類雜誌最大的不同，在於該刊所關注的完全在職業教育的範疇內，回應的意見亦是，相關主張將在討論中等教育改革的議論時再進一步分析。

　《教育雜誌》也在 1922 年 1 月發刊的十四卷一號雜誌上，發出了「學制課程研究號」徵文啓事，略謂：

> 自從新學制草案宣布以後，國內輿論，贊成的固然很多，而於學制
> 一剖分主持異議的，也間有一二。況且議決的新學制不過是個大體，
> 如學科的分配，課程的變更，都是非趕快研究不可。本誌以研究教
> 育爲職志，用特於本卷第四號出一「學制課程研究號」特刊，希望
> 國內教育家惠賜大著，以促新學制的出現。研究的範圍如下：
> 1.對於新學制草案本身的討論。
> 2.贊成新學制草案之課程的研究。
> 3.自擬另一學制之課程的研究。〔註30〕

〔註28〕　〈徵求教育界對於新學制草案職業教育一部分意見的問題〉，《教育與職業》三十三期，1921 年 9 月，頁 6。

〔註29〕　收錄文章包括：王舜成，〈對於新學制草案職業教育一部分的意見〉，頁 7～11；陳俊介，〈學制系統草案關於職業教育的我見〉，頁 12～15；李步青，〈對新學制草案之一部分的意見〉，頁 16～24；潘文安，〈新學制與職業教育〉，頁 25～28；潘吟閣，〈對於新學制草案職業教育一部分之意見〉，頁 29～32；章欽亮，〈對於新學制草案職業教育一部分之意見〉，頁 33～34；季雲，〈對於新學制草案職業教育一部分之意見〉，頁 35～36；陸規亮，〈對於新學制草案職業教育一部分之意見〉，頁 37～39；劉憲，〈對於新學制草案職業教育一部分之意見〉，頁 40；過探先，〈對於新學制草案職業教育農科一部分的意見〉，頁 41～44。

〔註30〕　〈教育雜誌第十四卷第四號「學制課程研究號」徵文〉，《教育雜誌》十四卷一期，1922 年 1 月，封面裏頁。

因來稿眾多，商務印書館遂改出號外，於 1922 年 5 月出版，分學制課程兩類，關於學制方面者，以討論或批評「新學制草案」為主；關於課程方面者，以提供第八屆全國教育會聯合會編訂新課程的參考為主﹝註 31﹞。雖說是討論整個學制和課程，但全書三十二篇專文之中，有二十三篇與中學教育相關，若加上三篇討論師範教育的文章，則有二十六篇，超過全書三分之二以上的篇幅，這恰可印證，中等教育的改革與學制改革的合流已是不可分的事實。

1922 年 7 月，《中等教育》也出版了學制研究專刊，制定了中等教育各學科課程大綱﹝註 32﹞，課綱共有八十七種科目，涵蓋了普通中學校、師範科、

﹝註31﹞〈「學制課程研究號」出版預告〉，《教育雜誌》十四卷四期，1922 年 4 月，封面裏頁。收錄文章包括：

(1) 學制部分：孟祿，〈評中國新學制草案（王岫廬譯）〉、李石岑，〈新學制草案評議〉、黃炎培，〈我對於新學制的希望〉、莊启，〈對於新學制系統表之意見〉、俞子夷，〈新學制草案應修正的幾個要點〉、舒新城，〈對於新學制本身的討論〉、程時煃，〈對於新學制之概評〉、楊鄂聯，〈新學制草案初等教育段的討論〉、余家菊，〈進一步討論學制〉、俞子夷，〈江蘇新學制草案討論會關於小學一部分各方面意見的彙集研究〉、陸殿揚，〈江蘇省立中學學制變更的歷史觀〉、俞子夷，〈彈性編制是甚麼？〉、陸殿揚，〈江蘇省對於新學制草案「中等教育」及「中等高等教育銜接」意見之統計〉。

(2) 課程部分：莊俞，〈對於新學制小學教科目的意見〉、俞子夷，〈小學的新課程〉、常道直，〈小學課程之研究〉、吳研因，〈小學和初級中學的課程草案〉、鄭宗海，〈初級中學之特別職能及其課程〉、廖世承，〈關於新學制草案中等教育課程之研究〉、舒新城，〈中學校課程的研究〉、王岫廬，〈新學制中學課程私議〉、潘文安，〈新學制草案高初級中學課程之研究〉、程時煃，〈中學校教科課程之研究〉、解中薲，〈新制師範學校課程的研究〉、周予同，〈新制中學的國文課程〉、周越然，〈新制中學的外國語〉。

(3) 關於一般者：易家鉞，〈一個緊急的建議——中等學校及專門學校加授社會學及社會問題〉、邱爽秋，〈初級中學教授社會經濟學大綱〉、王克仁，〈編制中學課程之原則〉、常乃惪，〈師範教育改造問題〉、蔣奎玢，〈小學校要施行新學制急須研究的問題〉、胡愈之，〈世界語發達的現狀及師範學校加入課程的準備〉。

﹝註32﹞課目包括：公民學、國文、英文、數學、歷史、地理、理科、混合理科上、混合理科下、物理學大意、化學大意、化學工藝、普通物理學、普通化學、植物學（一）、動物學（一）、植物學（二）、動物學（二）、無機化學、分析化學、國語、美術科、實用藝術、哲學概論、人生哲學、文學史、第二外國語、社會學、（一）社會常識、（二）社會研究、論理學、教育學、學校管理、鄉村教育、教育史、各科教學法、心理學、兒童心理、教育統計、心理測驗、學校衛生、農業問題、玩具製造、模型製造、儀器製造、用器畫、機械圖畫、工作法、機械製造、應用力學、工廠常識、商業常識、商業英文、商業算術、珠算、商業學、銀行學、簿記、商業簿記、銀行簿記、經濟、經濟概論、經

工科和商科的課程。完全體現要深層地進行中等教育改革，非要從課程著手不可，將成果公諸於世，供各學校參考，正符合該刊發刊初衷。〔註33〕

　　報刊雜誌在改革過程中所具有的功能，提供一個各方發表意見的平臺，發揮集中議題討論的功能，針鋒相對的言論，更是凝聚國人關注的不變法則，愈是爭鋒相對，愈能吸引國人注意。一期的專刊形成集中的效果，分期刊出的篇章，可以讓各項主張的思慮更加周密。各家雜誌成為國人發表改革主張的主要場所，一時之間，各項主張百家爭鳴，好不熱鬧。一年之間，各期雜誌持續地刊出有關討論學制和中等教育的文章，不只滿足了全國教育會聯合會廣徵意見的願望，而所匯聚的人氣，更足以動國家的視聽，使得教育主管當局不得不有所因應。

　　以下再針對國人對中等教育改革的各項主張，進一步歸納分析其共通與分歧點，從而了解1922年修訂的學校系統之中等教育段的過程，是由下而上的推動的力量所促成的，所有主張均是經過民間教育界詳細討論後所形成的共識。

三、中等教育的改革主張之論辯

　　從1921年下半年開始，學制改革的問題逐漸成為關心教育改革的人所重視，教育問題盤根錯節，牽一髮而動全身，中學教育和師範教育、職業教育的問題，當然也同時被討論。本節針對1921年「學制系統草案」通過以後到1922年政府頒布學校系統改革案為止的這一段時間內，彙整國人對於中等教育改革的議論，分析改革的重點與方向。綜合各家對於中等教育改革所提出

濟原理、商業史、商業地理、商業事項、民商法、會計學、廣告學、財政學、貨幣、匯兌、保險學、打字、速記、商業統計、交易所論、實踐、實習、生理衛生、體育原理、運動生理學、體育、童子軍等共八十四個學科。〈中等教育發刊辭〉，說明發行的原因：(1)要用科學的精神、科學的方法研究教育原理，將個人經驗及研究成果公諸大眾共同研究；(2)要使《中等教育》成為一公共的發表機關，互通各校消息，共同解決問題，增長彼此情誼；(3)保留教育資料，為教育史研究作貢獻。廖世承，〈中等教育發刊辭〉，《中等教育》一卷二期，頁1～2。

〔註33〕　〈中等教育發刊辭〉，說明發行的原因：(1)要用科學的精神、科學的方法研究教育原理，將個人經驗及研究成果公諸大眾共同研究；(2)要使《中等教育》成為一公共的發表機關，互通各校消息，共同解決問題，增長彼此情誼；(3)保留教育資料，為教育史研究作貢獻。廖世承，〈中等教育發刊辭〉，《中等教育》一卷二期，頁1～2。

的意見，可歸納為：（一）普通與職業教育的合流；（二）四二制與三三制的拉鋸；（三）選科制與分科制的主張等三個議題。

（一）普通與職業教育的合流

民初倡議改革中學，是從升學與就業兩端的拔河開始，民國建立，教育部公布《中學校令》，中學修業年限改為四年，廢除清宣統年間實施的文、實分科〔註34〕。該制實施以來，迭因無法兼顧升學與就業，而遭受時人詬病，中學教育的宗旨，也因職業教育之提倡，從「完足普通教育，養成健全國民的普通教育」，漸漸加入了職業教育的思考。中華職業教育改進社提倡職業教育，教育部同意設立第二部，都是回應職業教育的時潮而有的因應，然終究只是局部的改革，無法完全滿足中國產業界的需求。

第一次世界大戰使英、德、法等國的元氣大傷，對中國輸出的商品減少，國貨得以乘機發展；另一方面，交戰各國民用生產壓縮，戰略物資缺乏，要求中國向她們出口麵粉、棉紗、鐵、銻、鎢等，皆有利於中國工業發展。至1920 年，現代工業資本比 1913 年增長 60%，其中製造業資本增長 67%。就產業別而論，兩年以前，紡織、麵粉、繅絲、火柴、捲煙、榨油、肥皂、造紙、印刷、製革等輕工業為主；兩年以後，出現了橡膠、玻璃、製鹼等新行業〔註35〕，新的產業與投資持續成長，國人對於職業教育的需求自然益形迫切。而學校體系中的實業學校，除比例過低外，又「不足以括職業教育，而盡給社會分業之所需也」。遂主張：一方面推廣職業學校職業補習學校，一方面於高等小學中學分設職業科。〔註36〕

除工業教育無法滿足產業界要求外，與中等教育同級之甲種農業學校，亦頗受時人詬病，病其宗旨為「實施完全之普通實業教育」，然而學生受完教育後，卻沒有機會善用所學。據教育部統計，每一甲種農校學生，國家每年投資 114 元，加上學生本人所花費的膳食、用品費，每生每年至少 200 元以上，四年畢業，所費當在 800 元。然而學生畢業，投入農場工作，每月所得

〔註34〕 〈教育部公布中學校令〉，《中華民國史檔案資料匯編》第三輯，北洋政府教育，頁 282～283。

〔註35〕 趙德馨，《中國近現代經濟史》（河南：河南人民出版社，2003 年），頁 207～209。田正平認為職業學校之創設與社會需才孔亟和無才可用矛盾的突出。見王炳照、閻國平主編，《中國教育思想通史（第六卷）》，（湖南：湖南教育出版社，1996 年），頁 96。

〔註36〕 〈中華職業教育社宣言書〉，《黃炎培教育論著選》，頁 82。

不過五、六元，完全不符合投資成本，難怪畢業生除少數留在農界服務外，多數轉行。〔註37〕

　　不論是因為缺乏工業產業人才，亟需養成，或是所培養的甲種農業畢業生所造成的投資浪費，實業教育體系需要變革是無庸置疑的。全國教育會聯合會在擬定學制草案時，有一個較大的突破，就是將原本是旁系的實業教育納入中等教育階段的主幹，且設計成修業年限極具彈性的職業教育。

　　在第七屆全國教育會聯合會所通過的學制草案中，職業教育有六種以上，包括一年到五年不同的修業年限和三年普通和三年職業的制度。更重要的是，普通教育和職業教育的學生可以互通，交織成為一個「八面玲瓏」的中等教育制度。對於這種設計極具「縱橫變化與活動之能事」，而大表贊成者，固然有之；然有異議者更是不乏其人，李步青認為以年為限並不適當，分年期職業科只須規定最短年限，俾得自由伸縮〔註38〕。江蘇省立第二農校校長王舜臣有不同的意見，他認為學制草案中，職業科中漸減普通漸增職業之四年期、五年期制，類似於現制中的甲種實業學校，現制既已不適合，這種為了遷就現制而設計的制度大可不必，而且五年期的制度，和新制三年普通和三年職業的年期相差不多，所以他主張，將四年期、五年期的設計改為：

> 高級中學段一年期二年期之職業科為宜，如是則初等教育後與初級中學後，皆各有其相當之職業科，而在職業分科時，亦不至為普通程度所牽制而多所遷就。〔註39〕

蘇一師小的陳浚介則認為教育系統雖然要能顧及各地方的伸縮自由，但也應該要有限度，他和王舜成一樣，認為四年期、五年期的漸減普通漸增職業的兩種制度，效率小而費時多，不如改為三年普通二年職業的職業科，此外，他還主張廢除一年期的職業科，理由是學生所學不合所用，不如不設。〔註40〕

　　北京高師的汪懋祖，主張將中等教育分成三個段落，在學科設置上，使普通教育與職業教育能夠互通，學生亦可逐段取得畢業文憑。汪氏的主張大

〔註37〕鄒秉文，〈對於吾國甲種農校宗旨辦法之懷疑〉，《教育與職業》三卷一期，1922年，頁12。
〔註38〕李步青，〈對新學制草案之一部分的意見〉，《教育與職業》三卷九期，1922年，頁16～24。
〔註39〕王舜成，〈對於新學制草案職業教育一部分的意見〉，《教育與職業》三卷九期，1922年，頁7。
〔註40〕陳俊介，〈學制系統草案關於職業教育的我見〉，《教育與職業》三卷九期，1922年，頁12～13。

要如下：

1. 中學校應加二年爲六年，分三段落，前二年完全爲普通教育，自第三年起，添設職業科目而採用選科制，最後二年爲志願上升者入之，（其不欲上升者，則修完四年課程後即給以畢業文憑）暫設三部：大學預備，師範，商業美術。

2. 如爲地方經濟限制，各省中學不能多數延長二年，則必有一校延長二年，而此校所在地，必擇全省交通最便，學生最多之區。中學既有六年一部，則大學內預科可以裁撤。或就現在師範學校，改設中學四年後之課程，修業年限爲二年，名曰高等學校，其師範科學生，亦須由四年中學畢業方得收入，仍給官費。如此辦法，更爲經濟。以後俟經費寬裕，教員易聘，此項高等學校，即延年限爲四年，學生畢業後，得入大學爲三年生。

3. 甲種實業學校應改稱中等實業學校，乙種實業學校應改稱職業學校或徒弟學校，中等實業學校專爲培養中等專門技師，如森林、商船、機織、電氣等項，中學職業科目宜從普通，如統計、會計、書記等科，凡銀行、稅關、學校、郵政、鐵路、商店以及各行政機關，皆所必須者。

汪懋祖主張將六年的修業年限，分三階段，前二年爲完全普通教育，自第三年起始設職業科目，採用選科制；不願升學欲就業者可四年畢業，頒給文憑。志願升學者續入後二年，分爲三部：大學預科、師範及商業美術。若限於經費，可選一省之內交通最便捷者改設，替代大學預科，以便利本省子弟就讀；或將師範學校延長二年，改稱高等學校，收中學畢業生，師範科亦需收中學畢業生〔註 41〕。汪氏所指出的中小學衝接問題、課程畫一、年級整齊、中學學科與教材不符社會需要等問題，確實是民初以來中學教育普遍爲人所詬病的地方，改善中學教育的辦法，是利用延長修業年限，給中學生在學修習職業科目的機會，方便做職業之準備。

　　北京高師畢業的鍾道纘的主張則比較單純，他採取的是北高附中「四二制」的基調，原有四年的中學校，仍維持普通教育，延長的二年，可分文、商、農、工等科，由學生自由選定，分科學科除各科專門學科外，兼習數理

〔註41〕 汪懋祖，〈改革學制要求之一斑〉，《教育叢刊》二卷五期，1921 年 10 月，頁 1～3。

英文國文等科〔註 42〕。他的主張，與前述陳浚介、王舜成相類似，只是陳、王的職業科是接續普通三年的高中階段的職業科，總修業年限較短。

　　廖世承則從兩級中學的角度出發，根據學理，主張將初級中學定位爲預備升學及職業準備的性質，不是純粹學習職業的時期，等到進入高級中學後再辦職業科或實施分科選科。廖氏認爲，若是學生根柢淺薄，普通的知識非常缺乏，即使學習一點職業技能，進入社會，也只能「故步自封」，更難以配合時代潮流變化而有突破性的發展。不過，基於事實，廖世承也認爲草案中等教育段的補習學校及甲、乙兩項職業科爲一種適應時勢的作法。他以江蘇爲例，江北和江南的小學畢業生年齡相差有三、四歲，年齡較長的畢業生，要再學習普通科作職業準備，有事實上的困難，一旦失學，願意再進入學校，學習一年者入甲項職業科，學習二年者入乙項職業科，如只願一周學幾小時，則可入補習學校〔註 43〕。此一規畫，實已超越中學完足普通教育之宗旨，而使普通與職業教育趨於合流。

　　顧樹森一向認爲普通學校多爲升學，應該多設各種補習學校、職業補習學校、職業學校等旁系學校教授關於職業上之知識技能，以爲謀生之準備〔註 44〕。程時煃不只有類似的看法，所提出的辦法，更直接結合兩系學校爲一系，彼此之間可以互通。他指出中國現行的「學制，既多仿效他國，且又過重畫一，自與國內社會情況，鮮能適應，如近十餘年，學校教育不能致用於社會，高小及中學畢業後，而無力升學者，不能自謀生活，此皆由於現行學制，正統之學校太多，旁系之學校太少。」〔註 45〕他主張多設甲、乙種職業學校，甲種職業學校分一、二、三、四年制，乙種分一、二年制，當普通中學學生無意升學時，可轉入同等學級之職業學校就讀，如初級中學二、三年級修業生，無意升學者，可轉入甲種三、四年制之職業學校，如此變通辦理，切於實用，既有利於學生，又使普通與職業合流，有利於職業學校之辦理〔註 46〕。莊澤宣則直接建議修訂學制時，「普通中學可同中等師範及中等職

〔註 42〕鍾道纘，〈中國實業教育改善之商榷〉，《教育叢刊》二卷五期，1921 年 10 月，頁 1。

〔註 43〕廖世承，〈中學校與職業教育〉，《教育與職業》三卷九期，1922 年，頁 61～63。

〔註 44〕顧樹森，〈對於改革現行學制之意見〉，《教育雜誌》十二卷九號，1920 年 9 月，總頁 17284～17285。

〔註 45〕程時煃，〈四二制的學校系統〉，《教育叢刊》二卷五期，1921 年 10 月，頁 1。

〔註 46〕程時煃，〈四二制的學校系統〉，《教育叢刊》二卷五期，頁 1～2。

業學校合設，也可全分設，也可一部分分設；再分起來，高級中學可同中等師範及甲種職業合設或分設，初級中學可同乙種職業合設或分設，各成單位，合也不妨，這甲、乙種職業，還可分為若干單位，就地方需要職業種類而定。」〔註47〕

以上各教育家對於學制草案中普通教育和職業教育可以相互合流的設計，大致是接受的，較有疑慮的地方則是在職業教育的修業年限，太多種年期的職業教育設計，變動未免太大，因此主張也多與三年普通三年職業的制度靠攏，如改為三年普通二年職業，依然受到年級制的思考所限制。

（二）四二制與三三制的拉鋸

中等教育段的修業年限延長為六年，是學制系統草案對民初中學教育所作的最大變革，連帶影響的，除了初等教育段縮短一年和廢除預科制度外，就是兩級中學制度的確立。然而，初級中學和高級中學的修業年限究竟如何畫分，不但是制訂學制系統草案時的論辯重點，更是會後各界討論的首要焦點。

對於現制中學校修業年限過短且課程重複、規定過於機械的問題，舒新城的說法最具代表性，他認為「壬子・癸丑學制」規定中學只有四年，就教育部所定中學教育——完足普通教育，造成健全國民——的宗旨而言，中學校實際含有升學預備與職業教育的要求，然而在這樣短的時限中所教育出來的學生，無法滿足實際的需要。從世界趨勢來看，美國各州中等以下之教育大多數係採六六制，就連德、法、英、日也有改為六六制的趨向。中學校年限過短，不僅在國內實施發生困難，與各國中等教育的年限相較，也有延長之必要性。況且中學年限雖說定為四年，但第一年的課程幾乎完全與高小三年級重複，換言之，中學課程實際上只有三年，加上學科課程規定太過機械，實難完全適應廣土眾民的中國之需要。有此諸弊，不僅職業教育無補於各地社會，就是升學預備又何能滿足各地人民之要求，中學校四年教育所產生的結果，除造就少數升學之學生外，不過是為社會增加更多的遊民而已。〔註48〕

舒新城指出，在學制草案修訂前，已有中學因實際需要而改變了教育部

〔註47〕莊澤宣，〈再論改革學制〉，《教育雜誌》十三卷九號，1921 年 9 月，總頁18719。
〔註48〕舒新城，〈中學學制問題〉，《教育雜誌》十四卷一號，1922 年 1 月，總頁 19203～19205。

規定，例如：湖南之明德、上海之浦東等，均爲五年，並行選科制；北京高等師範之附屬中校、南開學校之中學部、南京高等師範之附屬中校，以及江蘇第一中校等校，也都自訂課程表及規程逕行實施。雖然各校辦法非常紛歧，但可歸納出一點共同傾向，即中學校分科，中等教育趨向於兼顧升學預備與職業教育，修業年限也有延長之趨勢〔註49〕。基於此，舒氏呼籲：

1. 學生修業期限平均爲五年。
2. 因應教育環境，分科暫時定爲文、理、商、師範科。文、理兩科是爲升學預備而設的，商、師範兩科，是爲職業教育而設的。
3. 分科從第四年起。
4. 顧及學生之個性與社會之需要，分科之外，還有選修科。
5. 主張單軌制，將與中學同等之各類學校，都在「中學校」名義之下辦理。〔註50〕

舒新城原本就主張中學校的修業年限延長爲五年並且付諸實驗，惟第七屆全國教育會聯合會所通過新學制草案延長中學校的修業年限爲六年且分爲初級和高級二階段，比舒氏主張的還要更長。孟祿也主張將中學的修業年限加長爲六年，主要著眼於教學科目之重整，理由是中學校應教授之語文科學數學之基本知識，以及接受與職業有關的教育，短短四年，很難學得周全。他建議中國可將高等小學之最後一年附設於預科合併，重新調整爲六年中學制度，才有助於中學校課程之擴張。〔註51〕

新學制草案既延長中等教育修業年限爲六年，且分爲初、高級，遂使教育界在討論六年兩階段的制度時，對於兩階段的修業年限的主張則是眾說紛紜，所提出的改「制」良方，有「二二二」、「二四」、「三三」、「四二」等「制」，更有主張打破大中小學的分段，而倡導「四四制」者，其中以「三三制」的影響最大。

主張三三制最力者係廖世承〔註52〕，1921 年，他在蘇州等地講演中小學

〔註49〕 舒新城，〈中學學制問題〉，《教育雜誌》十四卷一期，總頁 19205～19216。
〔註50〕 舒新城，〈中學學制問題〉，《教育雜誌》十四卷一號，總頁 19216～19222。
〔註51〕 孟祿著，王岫廬譯，〈論新學制中等教育〉，收入教育雜誌社編，《新學制的討論》，下冊，頁 7～8。
〔註52〕 廖世承，字茂如，1892 年生，1915 年赴美留學，入布朗大學，獲哲學博士學位。1919 年回國，受聘任南京師範學校（後改爲東南大學）教育科教授，旋兼任附中主任。

溝通問題時，主張採用六三三制，同年 10 月，全國教育會聯合會所通過的
「學制草案」，與廖氏主張相同。〔註53〕

　　三三制在美國發生最早。1893 年，有中學學程委員會，提議中學應改四
年爲六年，小學縮短兩年。到了 1913 年時，中學學程委員會規定十二～十五
歲爲初級中學時期，十五～十八歲爲高級中學時期。將中學分爲初級和高級
兩級，各三年〔註54〕。當時美國各州的教育雖不一致，但多以小學教育八年，
中等教育四年爲通例。二十世紀初期，在小學、中學之間另有一種特別學校，
漸次在各地設立。這種學校的名稱各有不同，而以初級中學校（Junior High
School）爲名的居多，年限亦不一定，大概爲由小學校之第七第八學年與中學
校（High School）之第一學年組織而成。因此小學校減爲六年，中學校減爲
三年，而把這種中學校特別叫做高級中學校（Senior High School）。所謂六三
三制或六六制，指的就是這類學校組織。〔註55〕

　　孟祿與中國教育界討論教育問題時也提到，中國舊式教育七四制，比美
國八四制短一年。而世界趨勢，係縮短小學，加長中學，中學的趨勢，大都
傾向六年。中學六年分爲初、高兩級，前三年是普通科學，後三年則分爲幾
科，如理科、商科和文科等，學生可隨意選擇一科；這種辦法在美國叫做平
行學科制。中國的中學和甲種實業學校分立，即是所謂平行學校制。孟祿在
廣東召開的全國教育會聯合會演講時即建議，應當照社會上需要，延長中學
爲六年，到後三年分科，使學生擇性向之所近專習一科。〔註56〕

　　新學制草案既通過三三制，廖氏又在《中等教育》創刊一期發表了〈中
小學溝通問題〉一文，強調中等教育介乎初等教育和高等教育之間，當世界
各國努力提升國民教育之際，中等教育已由過去貴族的，超越基本知識教育

〔註53〕廖氏說：「三三制之爲新學說與新主張，與心理測驗、設計教學法，處於同等
　　　　地位，去年在蘇州，演說時談及試行三三制問題，爾時注意者甚少，不料不
　　　　久全國教育會聯合會在廣東開會，即產生新學制草案。」廖世承，〈三三制問
　　　　題〉，湯才伯編，《廖世承教育論著選》，頁 56。在美國哥倫比亞大學師範學院
　　　　留學的莊澤宣的主張類似三三制，中等學校普遍性質者，稱中學，單設前三
　　　　年者稱初級中學，單設後三年者稱高級中學。職業性質者稱中等職業學校，
　　　　單設前三年者稱乙種職業，單設校三年者稱甲種職業。見莊澤宣，〈改革學制
　　　　的建議〉，《教育叢刊》二卷五集，附錄，頁 10～14。
〔註54〕廖世承，〈三三制問題〉，湯才伯編，《廖世承教育論著選》，頁 56。
〔註55〕楊賢江，〈美國最近教育之趨勢〉，《教育雜誌》十四卷一號，1922 年 1 月，總
　　　　頁 19275。
〔註56〕〈孟祿的中國教育討論〉，《新教育》四卷四期，1922 年 4 月，頁 549。

的層次，變成國民基本教育的一部分，中等教育的性質既已轉變，中小學的銜接問題就變得很重要，美國、德國、法國、英國、日本等國莫不如此，因此主張順應時潮實施六三三制，更以中國在 1912 年時，中學生之總數不過 10 萬 3,000 餘人，只占全國人數的 1/3882，遠不如美國 1/88 和法國 1/291 的比例，更積極鼓吹增設中學校，提升國人的教育水準。〔註 57〕

　　廖世承認為中學實行「三三制」，「是適合個性的，順應時代潮流的」，既可使「各段教育相銜接」，又可「顧全升學與職業兩種」〔註 58〕。而且中小學實行「六三三制」，有下列好處：

> 1. 中小學之銜接，可以較前密切，關於教材方面，亦使易於溝通。
> 2. 小學年限縮短，中學於六年中之第三年定為一小結束，可以減少中途退學之弊病。
> 3. 初級中學校數可以增加，高小學生畢業後，不致無校可升，普及教育程度，可藉此增高。
> 4. 中學編制，各校不同，即同是一校，課程亦復分門別類，學生可各隨需要而擇校擇科。
> 5. 志願升學及習職業者，均有充分之預備，學生畢業後，不致無所事事。
> 6. 學生需要，既能滿足，就學人數，必能較前加多。〔註 59〕

他又主張中學除以三三制為原則外，中學應採用選科制，而初級中學應採用分科制。〔註 60〕

　　汪懋祖則不贊成中學採用三三制，認為當以二四制為原則，其組織即就現在高小學校加增一年分為二部，前二年屬小學範圍，後二年改組為初級中學。也質疑三三制，縮短一年小學以遷就六三三制，將使學生受減短一年教育之損失，且中學多為省立，未能每縣皆有中學，不僅兒童就學受到交通或經濟因素的影響，學校與家庭的聯絡，也無法像高小時密切。〔註 61〕

　　曾任教育總長的蔡元培則主張「四二制」。蔡元培主張中學以四二制為通

〔註 57〕廖世承，〈中小學溝通問題〉，《中等教育》一卷一期，1922 年 1 月，頁 1～15。
〔註 58〕〈本卷前言〉，湯才伯編，《廖世承教育論著選》，頁 3～4。
〔註 59〕廖世承，〈新學制與中學教育〉，《新教育》四卷二期，1922 年 1 月，頁 201～202。
〔註 60〕廖世承，〈關於新學制一個緊急的問題〉，《廖世承教育論著選》，頁 39。
〔註 61〕汪懋祖，〈我國中小學採用六三三制質疑〉，《教育叢刊》三卷三期，1922 年 5 月，頁 1～4。

則。所持的理由是「高級中學者，所以抵現在大學之預科；又或爲師範，或爲職業，而所以抵現行中學之初級，減爲三年（説明中雖亦採及「四二制」，然作爲例外），即使採用選科制，而教學時間之不足，與程度之太低，可以推知矣。」〔註 62〕蔡元培的影響力不容小覷，自從他發表這項主張以後，江西就應聲而起，決議全省採用四二制，並且通電各省，請一致主張。廖世承在濟南、武昌，甚至在東南大學暑期學校中等教育班上，都有中等學校教職員向他提出四二制的問題。迫使廖世承再發出〈關於新學制一個緊急的問題〉，剴切説明三三制的高級中學不相等於大學預科，初級中學也非現行之中學校，四二制之主張，改得不夠徹底，處處留有舊制的影子〔註 63〕，呼籲各界採行三三制。

北京高等師範校長鄧萃英，也主張「四二制」，「中學普通四年，專重普通陶冶；於普通科上加二年分科制度，分設升學預備科、師範科、農科、工科、商科、家事科等。各中學校應設之科依地方情形及經濟狀況而定；學生選擇標準，依其個人能力及家庭經濟而定；其中學不能設立分科者，得送其校普通科畢業生入學鄰區，或外省之中學分科。」〔註 64〕

北京高師的程時煃，也主張「四二制」，中學校分兩級：初級中學即現行制之中學校，修業年限四年；高級中學如現制之大學預科，因畢業後得直接入大學本科也是二年。各省區得單獨設立兩級中學。初級中學畢業後，入高級中學或入高等專門，或二年級之師範學校。此條與現行制立意略同，惟關於中學分科問題，因地方之需要，亟宜計畫實行；但必須自第三學年起，方爲切實有效。高級中學，係授與高等普通教育，爲升入大學本科之準備；但依學生之志願，須分文理兩科，此外應地方之需要，亦得設二年制之師範及農工商家事等科。〔註 65〕

王雲五（1888～1979）不贊成採用四二制，乃基於舊制缺憾至多，改革務求徹底的原因而立論。他認爲，舊制中學四年，大學預科二年，與四二制

〔註 62〕 蔡元培，〈全國教育會聯合會所議決之學制系統草案評〉，《新教育》四卷二期，1922 年 1 月，頁 125～126；廖世承，〈關於新學制一個緊急的問題〉，《新教育》五卷四期，1922 年 11 月，頁 734。

〔註 63〕 廖世承，〈關於新學制一個緊急的問題〉，《新教育》五卷四期，1922 年 11 月，頁 734～735。

〔註 64〕 鄧萃英，〈學制改革案〉，《教育叢刊》二卷五集，頁 2。

〔註 65〕 程時煃，〈四二制的學校系統〉，《教育叢刊》二卷五集，頁 4～5。

相同；獨立設立三年制之高級中學較可行，若高級中學爲二年，勢必依附於大學之中，將與舊制之預科無異。如此，所謂中等教育改革不過使舊制的高等小學少一年而已。王氏因而強調，中學一旦採行三三制，則現制中學校改辦初級中學後尚有餘力，兼辦高級中學者必較多，若改爲四二制，以四易四，只將入學程度減低一年，將使新學制之改革精神爲之式微。〔註66〕

經亨頤既不贊成「三三制」也不贊成「四二制」，他力主實行二四制，他所持的理由有四：

1. 爲力謀中小學溝通，小學四二、中學二四，容易結合。
2. 各縣區及各鄉村兒童，不便遠道升學，因而天才抹煞，甚爲可惜。有二年初級中學，使各地得酌量經濟力，和高級小學並設於一校。
3. 爲推廣義務教育，師資缺乏，可將二年初級中學修了者，依新制得辦相當年期之教育講習科，養成大宗小學教員。六年師範畢業者，充高級小學教員爲原則，故初級小學教員，本無處得。
4. 將來教授方法，趨向混合，多起終很不經濟。初級小學與二年初中合辦，可少一次圓周。〔註67〕

學制系統草案變革最大的是中等教育階段，而教育界對於中等教育階段制度的爭論，則以修業年限究竟如何訂定最爲激烈，教育界人士各執己見，爭論不休，完全符合全國教育會籲請國人提供意見之初衷。惟各界對於各種「制」的意見固多，最大宗者仍在「三三制」與「四二制」的論辯，而主張三三制與四二制者，分別以南京高師和北京高師爲陣地，此中所透露的，不在於論辯者的知識背景，而在於他們的地域區別，因爲北京高師諸君不乏留學美國背景者。論者咸謂，提倡三三制者，孟祿是美國學者，廖世承、莊澤宣都有留美經驗，於是認定三三制受美制的影響太大，卻忽略了北高的鄧萃英、汪懋祖、程時煃、鍾道讚也都有留學美國之經驗。

（三）選科制與分科制的主張

學制系統草案尚未通過之前，中等教育的改革早已進行，中學校校長會議之後，教育部同意各校得因地制宜，調整部訂科目及授課時數，以稍解中

〔註66〕孟祿著、王岫廬譯，〈論新學制中等教育〉，收入教育雜誌社編，《新學制的討論》，下冊，頁11～12。
〔註67〕〈報告新學制及實施方法之商榷〉，張彬，《經亨頤教育論著選》，頁 275～276。

學「課程繁重，易疲腦力，學不專精，難期實用，平均學習，不易發展特長」的弊病〔註68〕，也開啓了各校試驗分科選科制度的契機。「學制系統草案」通過時，中等教育階段得實施選科制也成爲定制，在論辯分科與選科應如何推行的同時，這一制度連帶地直接影響現制中的職業學校和師範學校的定位。

　　無論是選科制或分科制，在提倡改制的同時，國內已有不少學校嘗試實施，只是各行其是。「學制系統草案」在論辯兩級中學制度究竟採行「四二制」或「三三制」時，又引起了兩個問題：(1)是初級中學應否有選科制？(2)是初級中學應否分科〔註69〕？廖世承擔任東大附中主任時，實行三三制，採用選科制和分科制，爲了幫助學生適應個性，採用了下列幾項作法：

1. 課程豐富，使學生有選擇餘地，並可以藉此發現學生自己的能力。

2. 分職業科和普通科，學生如欲謀生，可入職業科，學習相當職業技能；如欲升學，可入普通科，做預備升學的功夫。

3. 多加指導機會，如個人指導，選課指導，教育指導等。

4. 採用能力分組辦法，以學科爲升班單位。舊制中學，以年爲單位，不管學生能力如何，總需按部就班，讀完四年，方能畢業。初級中學，以學生成績爲單位，進步快的，可超升一學程或數學程。〔註70〕

「學制系統草案」採用選科制與分科制，廢除民國以來中等教育段的甲種實業學校制度，將中學分爲初級中學與高級中學兩級，初中二年以上採用選科制，高中採用中學、師範、職業混合分科制。普通科又分文、理兩組，機會之供給十分靈活，甚利於青年個性之發展，並足以適應社會之需求〔註71〕。廖世承以爲既名初級中學，當然應該有選科，「因爲初級中學最大的效用，在適應個性；倘使沒有選課，怎樣能夠適應個性呢？」或謂初級中學學生年紀太小不適合選科，或謂選科將影響基本學科的學習與程度，廖氏因此主張學

〔註68〕 李步青，〈中學校制度之商榷〉，《教育雜誌》十二卷九號，1920 年 9 月，總頁 17258。

〔註69〕 廖世承，〈關於新學制一個緊急的問題〉，《新教育》五卷四期，1922 年 11 月，頁 733。

〔註70〕 廖世承，〈關於新學制一個緊急的問題〉，《新教育》五卷四期，頁 739～740。

〔註71〕 林本，〈五十年來我國的學制演進〉，中國教育學會，《近五十年來之中國教育》（臺北：復興書局，1977 年），頁 240～241。

生選科之前應先給予指導，學生在初中有了選科經驗，將有益於高中的分科選擇。〔註72〕

　　這裡所說的「分科制」和「選科制」，最簡單的分別就是：前者是工業科、農業科、商業科和師範科的「分科」，後者是國文、英文、數學等學科的「選科」〔註73〕。由於學生個性互有差異，教育如需適應個性，則必不能強全體學生同習一樣的課程。廖世承分析中學校學生的差異頗大，每班之中，學生年齡相差「約有四五歲」，智慧相差「超過三十分」，學力相差「五六倍」，並且志願各不相同，倘使強其學習同樣的課程，為害甚大，所以初級中學有必要實施分科選科。

　　但是反對初中實施選科制的人，也有他們的理由：(1)初中的學生年齡尚幼，還沒有選擇科目的能力。(2)初中學生應該先修習基本學科，等到年齡稍長，學力稍高，然後各就性向之所近，選習特修的功課。(3)中學經費既不充裕，人材也缺乏，舉辦選科，增設科目，事實上辦不到。(4)初中辦理選科，勢必影響必修科的鐘點，甚至降低了必修科目的程度。(5)初中學生年齡尚幼，猶有童心，選擇功課，每每避難就易，專選淺易的科目，結果不但不能發展個性，反而養成荒惰惡習。至於反對初級中學分科的原因，則是年輕的學生實在不知道自己性情究竟宜習何科，若是誤選了與個性不合的科系，一旦發現與個性不合，不論是中途退出或是勉強完成學業，都只是徒然虛耗學生的時間和精力而已。因此主張初級中學當以施行普通教育為原則，非遇特別情形，無須採用分科制度。〔註74〕

　　事實上，主張初級中學採用分科制和選科制，並非毫無限制的，像廖世承雖然強烈主張初級中學實施分科選科制，但他仍認為「初級中學除職業班外，無論其分科與否，要必有共同之基本科目。選科可從第二年之下學期起，或竟從第三年起。高級中學選科範圍，可視初級較廣。」〔註75〕而現實的經費困窘和人才缺乏的問題，更是分科和選科制的限制。選科制的目的，在多

────────────────

〔註72〕廖世承，〈關於新學制一個緊急的問題〉，《新教育》五卷四期，1922 年 11 月，頁 740～742。

〔註73〕舒新城說：「選科制是允許學生於必修科目之外，可以就其性之所近選修若干種科目。」見舒新城，《我和教育》（臺北：龍文出版社，1990 年），上冊，頁157。

〔註74〕朱經農，〈初級中學應否採用選科制〉，《教育雜誌》十五卷一期，1923 年 1 月，總頁 20916。

〔註75〕朱經農，〈初級中學應否採用選科制〉，總頁 20916。

設科目，使學生有自由選修的機會，俾各學生之個性有充分之發展。不過在選科制實行之後，就要加添教室，加聘教員，設備、薪金、雜支等，在在需款，經濟不充裕的學校，殊難實行；縱使實行，所設之科目，一定不多，名雖選科，實際上受了許多限制，仍不能達到發展個性的目的。一個學校裡辦選科，往往因選某門科目的人太少，不能開辦；即使照現在有幾個學校的規定滿十人即行開班，而十人一班，亦未免太不經濟！況乎辦選科的學校，教員的數目，一定加增；而選科之人才，又往往不易物色；即使經濟不發生問題，而物色人才又怎能處處應手〔註76〕？胡適更直言：「現在單辦中學，人才還不夠用；將來辦這些兼大學預科的中學，又從哪裡得人才呢？」〔註77〕初級中學如此，遑論辦理高級中學！他因此強調，高級中學之設立必須十分審慎。經費、設備、人才、教員資格、課程……等項，必須有嚴格的規定，且教員之待遇，需與現在大學預科教員的待遇略相等。〔註78〕

　　選科制是一種適應學生個性而設計的學習制度，在實行上必須顧及既有的條件，而在作法上稍作調整，亦為識者所認同，從孟祿的言論可稍見其務實的一面，他說：「於規模較小之中學校，其初級課程勿庸歧異。於規模較大者，則二三門類間不妨略有分別，然亦不外關於科學與近世語之分量而已。」〔註79〕朱經農（1887～1951）則主張中學裡面試行「依能力分組的辦法」，譬如一個學生入學的時候，他的英文程度可以趕上第二年級，就准他插入第二年級的英文班次。同時他的算學程度只可入第一年級，就讓他到第一年級的班次去學習算學。其他功課也都按照他的程度編入相當年級。這樣辦法，學校的課程雖然按年編定；學生上課卻能各依自己程度，不至於勉強隨班學習，耗費光陰而無心得。他認為採用「能力分組的辦法」，比採用選科制度還要重要。一個學校如果不依能力分組，縱然添上許多選修科目未必全能適應學生個性。一個學校如依能力分組，即無選修科目，也還不至於嚴重摧殘學生個性〔註80〕。朱經農的想法，很像舒新城所主張的學科制，就是將年級制

〔註76〕廖世承，〈新學制與中學教育〉，《新教育》四卷二期，1922年1月，頁200。
〔註77〕〈對於新學制的感想〉，《胡適教育論著選》（北京：人民教育出版社，1994年），頁137～138。
〔註78〕胡適，〈對於新學制的感想〉，《胡適教育論著選》，頁140。
〔註79〕孟祿著，王岫廬譯，〈論新學制中等教育〉，收入教育雜誌社編，《新學制的討論》，下冊，頁9。
〔註80〕朱經農，〈初級中學應否採用選科制〉，《教育雜誌》十五卷一期，總頁20918～20919。

度打破，而將各年級同一科目排在同一時間上課，聽任學生依其程度隨班上課，依其能力隨時升級。如二年級上學期的某生，其國文程度只能及二年上學期，而算學則可達三年上期，則國文在二下，算學在三上受課。倘其算學能力特優，或於假期自行補習而能跳級，則下一學期可令其升至四上受課。〔註81〕

修習課程的選科，係在每一個科系中都會面臨的，而學生在選擇人生發展的路線時，最早面對的就是普通與職業的選擇，再來就是選擇科系的問題，最終就是選擇職業別了。「分科制」在學制系統草案之中，兩級中學設立不同修業年限的職業科，包括師範科也被視爲職業科的一種，而被併入普通教育之中，有完足六年的師範科，也有三年普通科三年師範科的設計。然而，此一變革卻影響了師範體系的獨立性，也引發教育界對此一新制度的爭論。

新制規定中等教育階段的師範教育六年畢業，得設前三年普通後三年師範，或六年師範完全科，或中學校設師範科，只是整個師範教育系統的一部分〔註82〕。和舊制招收高小畢業生，獨立辦理的五年制師範學校相比較，師範教育的招生來源變多了，但師範專業的獨立性卻不見了。這種變革的最基本思考，係採師範科爲職業科之一的觀點而設計，不贊成者的理由，當然也包括反對這種看法。

余家菊、常乃悳、俞大同、經亨頤等都主張師範學校獨立，余家菊認爲師範教育成效不好的原因，是辦理不得法的緣故，不是因爲制度不好，他說：「師範學校不但要養成教育者智能，並且要養成教育者底興趣、信仰與品格；……不但是要使學生從事科學的研究，而且是要使學生立於教育者底見地以從事科學的研究，所以這種職務，不是一般大學所能勝任的；亦不是與教育系聯絡聯絡就可以的。」〔註83〕言下之意是師範是教育的教育，應當有一種特殊環境，使學生受其影響而成爲特殊人才。常乃悳的觀點和余家菊相呼應，也反對合併與主張獨立。他認爲：如果只是「學習智識」，師範教育可以不要；如果還要「練習技術」，則師範學校便有單獨存在的必要。而且，如果還要「鍛鍊人格」的話，則非師範教育不可了，因爲沒有其他的學校可以

〔註81〕舒新城，《我和教育》（臺北：龍文出版社，1990年），上冊，頁157。
〔註82〕陶行知，〈新學制和師範教育〉，《新教育》四卷三期，1922年3月，頁373。
〔註83〕余家菊，〈論師範學制書〉，《教育叢刊》二卷五期，1921年10月，附錄，頁14～16。

負起這樣的責任。〔註84〕

　　舒新城不贊成這種觀點，他主張除了以單科大學成立的師範科大學可以獨立外，其他應與中學校混合。換言之，他主張師範教育應當包含於中等教育高等教育中，不要單獨提出。理由有兩個：一方面，他認為師範教育是職業教育的一種，至多與操生殺權之法律、醫學一樣，並不應特別看重；另一方面，他認為如果師範教育的力量很大，更應當與中學混合，使師範科以外之學生受其影響，而對於教育原理、教學方法發生興趣，更實際去研究。〔註85〕

　　俞大同主張將師範學校另立一師範系統，認為學制草案前三年普通後三年師範的設計，使「職業化」的中學，既要辦五年完全普通科，又要辦甲、乙、丙、丁、戊、己六級職業科，再要辦後三年的師範科，「未免責務太重，難免有性質不同，勢不及顧的弊害發生，不如畫出獨立為妥。」〔註86〕他設計獨立的師範體系，分為四階段，除大學師範科外，分為三期：第一期師範，修業三年，招收小學畢業生，畢業後任小學校助教員；第二期師範，修業六年，收第一期畢業生服務一年以上，及小學助教員，前三年不分科，第四學期起得分科，修業期滿，得任小學正教員及專科教員；第三期師範，分預科、專修科及研究科三科，屬於高級中學以上之教育〔註87〕。俞大同的說法，與經亨頤在1919年第五屆全國教育會聯合會提出的「改革師範教育的意見」〔註88〕的主張相近。

　　選科制在1920年代的中等教育界已相當盛行，第七屆全國教育會聯合會係順應此潮流，將選科分科制定為制度。在討論時，仍引起各界一番論辯，除了高級中學分科普遍被接受外，初中分科與否，教育界見解仍然不一致，頗有一番爭論。因分科制連帶影響師範教育的獨立性，與中學校合流與否，

〔註84〕常乃惪，〈師範教育改造問題〉，《教育雜誌》十四卷號外《學制課程研究號》，1922年5月，頁9。

〔註85〕舒新城，〈對於新學制草案本身的討論〉，《教育雜誌》十四卷號外《學制課程研究號》，1922年5月，頁20。

〔註86〕俞大同，〈評全國教育會聯合會議決的改革學制案〉，收入朱有瓛編，《中國近代學制史料》（上海：華東師範大學出版社，1992年），三輯，下冊，頁776～777。

〔註87〕俞大同，〈評全國教育會聯合會議決的改革學制案〉，收入朱有瓛編，《中國近代學制史料》（上海：華東師範大學出版社，1992年），三輯，下冊，頁777。

〔註88〕經亨頤，〈改革師範教育的意見〉，張彬編，《經亨頤教育論著選》（北京：人民教育出版社，1993年），頁201～209。

教育界各抒己見，呈現百家爭鳴的現象。是否成為定制，依全國教育會聯合會的規畫，仍有待第八屆的決議才算數。本節所分析的，除列舉「學制草案」中等教育段的特色，比較與舊制之差異外，並藉此說明此次改革確實是教育界彼此呼應，進而形成一股輿論力量，迫使政府不得不面對，卒能獲致成果的一個過程。

第二節　中等教育的改革試驗——因應三三制而作修正

　　中等教育改革意見之論辯如前述，改革教育空言無益，必須起而行方得成效，當時政府失能，無力承擔教育責任，遂給國內教育界揮灑空間，乃有各式之試驗在進行。在第七屆全國教育會聯合會通過學制系統草案之前，部分中學校因教育部開放解除制式課程的枷鎖，已經因地制宜進行分科選科制的試驗，若進一步觀察中等教育學校對嘗試改革的進程，則可以 1921 年全國教育會聯合會通過學制草案為分界點，其區別是：學制系統草案議決之前，依一級中學之舊制試行選科分科；之後，則以新制為基準，進行初級中學三年和高級中學三年的兩階段中學之試驗，試驗的重點，仍在選科制、分科制，並從課程著手。以下分兩階段分別剖析中學改革作法及其對新制正式實施產生的影響。

一、1921 年以前的改革重點——選科與分科

　　江蘇省是推動教育改革最早、最積極的省分。1919 年 4 月教育部通令中學得酌量增減學科科目及授課時數，開啟各校「分科制」、「選科制」試行之風潮。1920 年 3 月，教育部再度修正學生學業成績考查規程，學生成績改以學科為本位，分為甲、乙、丙、丁四等，丙等以上為及格，丁為不及格。各學科均及格者，得畢業或升級；若有不及格者，由學校酌量學科之難易或多寡，分別留級或暫予升級，並限期令其就不及格之學科實行補習、再補行試驗。由教育部這兩個命令可以了解，教育部已不再堅持中學校令施行細則第一條所列之固定學科目，科目既得增減，成績當然以科目為單位，不能再以總平均為升級的根據，學校安排課程與學生學習乃更趨近於選科制度原則。

　　江蘇省各中學積極回應了教育部新頒行之命令，1920 年 6 月，江蘇各中學校於通州召開校長會議，議決江蘇各中學依教育部令第二十四號以學科為

本位，並謀學生升學與就業雙方便利，分必修科，選科二種，採用「學分制」，為支配學科之標準；必修科科目有國文、外國語、數學、歷史、地理、理科；選科科目由各校就有關於職業之學科，斟酌地方情形規定之；兩者之學分及授課時間占全學分及每週授課時間分別為三分之二及三分之一〔註 89〕。惟選科制度應如何進行，如何制訂學程、擬定課綱、編撰教材等相關辦法仍付之闕如，仍待各校自行試行，包括分科制、選科制、分科選科制、延長修業年限、學科能力分組等。

中學最早試行分科制和選科制的學校是東大附中，前身為南京高等師範附屬中學，成立於 1917 年 9 月。設農、工、商三科，學生入學之初，即分科學習。1919 年起，廖世承接任，以學生志願未定，專攻一科，每易見異思遷，為輔導有志升學之學生，乃改分科制為分科選科制〔註 90〕。剛開始時，因為沒有章程可以參考，一切辦法都由教職員共同商議訂定，足足商議了三、四個月，復經高師各部科審查，章程才制訂完成。該校選科辦法，係在分科或分組之中，再分必修科目與選修科目，使學生在每科或每組中有一部分自由選修的機會〔註 91〕。學生於第一、二學年，所讀科目一律固定，自第三學年開始，除一部分科目固定外，可有選修部分科目的自由。為方便學生選科，特於第二學年設擇業指導班，每週一小時，由各專門教員輪流講演各專科之性質要義及社會分業之類別，以便於第三學年選習學科時有所依據。〔註92〕

1920 年暑假後，江蘇各中學校長決議試行選科制，東大附中再添設國文、英文兩種選科，做為天資聰穎者之課外補充；1921 年春季重新修訂學則及課程，以升學預備，切實應用為目標，開始實施分科選修制度，規定畢業學分為 228 學分，學生視能力自由選讀學分，聰穎者，多選學分，三年半即可畢業；魯鈍者，從容緩讀，可延長至四年半。分科制和選科制在三、四年級施行，把預備升學學生，分為文、理、農、工、商業、升學預備組，把準備就業之學生分成職業教育及師範組。各組必修科目相同，選修科目則視各組性

〔註89〕 陸殿揚，〈江蘇省立中學學制變更的歷史觀〉，《教育雜誌》十四卷號外《學制課程研究號》，頁 5。
〔註90〕 廖世承等編，《施行新學制後之東大附中》（上海：中華書局，1925 年），頁 1。
〔註91〕 廖世承，〈介紹新書《選修實施概況》〉，《中等教育》一卷二期，1922 年 4 月，頁 1。
〔註92〕 廖世承，〈附中未來五年內之計畫〉，《中等教育》一卷一期，1921 年 12 月，頁 1。

質而定。〔註93〕

　　一、二年級必修科目有：公民學、體育、國文、英文、數學、本國史、本國地理、生理衛生、動植物、圖畫、音樂、手工、擇業指導；三、四年級必修科目有：國文、英文、數學、化學、物理、體育，及共同選修：國文、英文、外國史、外國地理、倫理學、法制大要、地質礦物、圖畫、音樂、手工等科目；此外，各組各有不同的選修科目，每學期學分數十至十二學分〔註94〕。詳如下表，表4-2-1：

表4-2-1　東大附中分科選科科目表

升　學　預　備　組				
文　科	理　科	農　科	商　科	工　科
國文 英文 經濟社會學大要 論理學大要 哲學大要 生物學	定性分析化學 物性論 大代數 解析幾何 生物學 手工	農業大要（甲） 農業大要（乙） 農場實習 生物學 分析化學	商業英文 商事要項 民商法 經濟社會學大要 簿記 商業地理	大代數 應用力學 工作法 用器畫 原動機 材料學 機械學
就　業　預　備　組				
師　範　組		工農商各組		
教育學　　　心理學大要 教育心理學　論理學 東西洋教育史　社會經濟學大要 哲學大要　　小學教授法		調查各地情形及社會需要而定		

資料來源：舒新城，〈中學學制問題〉，《教育雜誌》十四卷一號，1922年1月，總頁19209～19211。

　　檢討東大附中試行之選科制的規定，對學生而言，雖已有選擇的機會，然仍嫌固定科目太多。在固定科目之中，如物理化學，均列在三、四學年，非兩年不能讀完，欲達到使聰穎者能在三年半內，魯鈍者延長至四年半內畢業的理想，仍屬空談，不易實現〔註95〕。而一些新開的課程，如公民學，用

〔註93〕廖世承等編，《施行新學制後之東大附中》（上海：中華書局，1925年），頁56～57。
〔註94〕舒新城，〈中學學制問題〉，《教育雜誌》十四卷一號，總頁19209～19211。
〔註95〕廖世承等編，《施行新學制後之東大附中》（上海：中華書局，1925年），頁57。

以取代修身課，這時仍實施舊課程，東大附中除了規劃試驗選科分科制外，同時檢討既有課程，以公民學取代修身課，最足以代表歐戰結束之後民主教育思想已然成為主流，一個共和國家的國民修養，要獨善其身，更要善盡社會責任；三、四年級的分組選修，其課程隱然有為大學預科做準備的意思。

江蘇各省立中學之中，最勇於嘗試選科制，與舊制相比較，變動最大的學校係江蘇省立一中。當各省立中學草擬試辦選科辦法，改訂學則時，包括二中、三中、四中、六中、七中、八中、九中各校都依照通州中學校長會議之決議為擬訂章程的標準，惟省立一中校長陸殿揚，認為選科最可貴的地方，在因地制宜，多留活動的可能，若辦選科而仍不出統一的範圍，就失去選科的意義了，堅持主張改革必須徹底。〔註96〕

江蘇省立第一中學前身為文正書院，1903 年（光緒二十九）改為江寧府中學堂，民國以後先後更名為江寧府學堂、江寧中學堂，1913 年 7 月始改歸省立，定名江蘇省立第一中學校〔註97〕。從 1920 年陸殿揚就任校長後開始實行選科制，所擬的章程，與東大附中的作法相類似〔註98〕。學生修業年限四年，第三、四年級起分為文、理、商三科，依學生志願選科修習，在 228 個畢業學分中，選科學分分別為三十二、三十六和四十學分，約占所有學分的15～17% 之間。距離三分之一的比例仍有一段差距。〔註99〕

江蘇一中有鑑於一、二年級學生年齡太小，基本知識未足，因而在制度的設計上將第一、第二學年的科目一律固定，包括公民（修身、法制、經濟）、國文、英文、數學、外國史、外國地理、生理衛生、動植物、美術科（圖畫、手工、樂歌）和選科指導等科目〔註100〕；第三、四年級學生年齡較大，已漸有辨別能力，分為文、理、商三科讓學生選擇修課，所以科目中既有必修，又有選修。

第一、二學年固定科目及第三、四學年必修科目，均為重要普通教育，為升學之預備。文、理、商選修科目，為分科後對於特有趣味之科學更加精進，並略具職業性質，選修科目既可以在三年級選修，也可以在四年級選修

〔註96〕陸殿揚，〈江蘇省立中學學制變更的歷史觀〉，《教育雜誌》十四卷號外《學制課程研究號》，頁 5～6。

〔註97〕朱有瓛，《中國近代學制史料》三輯，上冊，頁 398。

〔註98〕〈選修實施概況〉，《中等教育》一卷二期，1922 年 4 月，頁 1。

〔註99〕舒新城，〈中學學制問題〉，《教育雜誌》十四卷一號，1922 年 1 月，總頁 19211～19214。

〔註100〕舒新城，〈中學學制問題〉，《教育雜誌》十四卷一號，總頁 19211。

〔註101〕。其各科必修科目、選修科目以及學分數見下表，表 4-2-2：〔註102〕

表 4-2-2 　江蘇一中文理商科第三、四學年必修及選修科目表

文科	必修科	修身、法制、經濟、國文、英文、數學、化學、物理、外國史、外國地理
	選修科	應用文、美文、文學要義、文字學、文學史、新聞學、書法、國語、英文程式、英文文學、英文修辭學、翻譯、論理學、哲學大要、法學通論、社會經濟、法文、統計、圖表
理科	必修科	修身、法制、經濟、國文、英文、幾何、三角、化學、物理、地質礦物
	選修科	大代數、解析幾何、定性分析、有機化學摘要及應用化學、力學、材料學、電磁學、平面測量、生物學、哲學大要、科學史、博物標本製造、物理儀器製造、工程畫、手工
商科	必修科	修身、法制、經濟、國文、英文、數學、化學、物理、商業史、商業地理
	選修科	商業英文、商業算術、珠算、民商法、商事要項、經濟學、買賣論、銀行學、保險學、簿記、統計、打字、廣告學

資料來源：舒新城，〈中學學制問題〉，《教育雜誌》十四卷一號，總頁 19211～19214。

　　不論是東大附中或是江蘇省立一中，她們在試驗選科制的時候，大都依據中學校修業四年的制度進行規畫，一、二年級多必修，三、四年級才採取分科、選科制。率先打破四年限制，將修業年限延改為五年的學校，是由舒新城主持的中國公學附設吳淞中學校，該校原名中國公學中學部，1922 年 5 月改名〔註103〕。舒氏是在 1921 年 7 月應聘擔任該校中學主任。他對於中學教育素有抱負，既掌中學部，遂決定將其理想付諸實現。為謀學生畢業後能在升學與職業兩方面均獲便利，將學生修業年限由部章規定之四年改為五年，前三年為一段落，注重基本學科；自第三年起設選科以適應學生個性；後兩年分為文、理、商、師四系，於必修科外兼設選科，使學生就其性向與經濟能力分別選系。

　　他又廢除學年制改採學科制，讓學生依照他的各科學習能力，按程度進修，亦即學生的程度以各科為標準，某一科合某程度，即在相當程度的組別聽講，不致因一、二科不合格，而無法升級〔註104〕。又實施學分制，使學生

〔註101〕舒新城，〈中學學制問題〉，《教育雜誌》十四卷一號，總頁 19215。
〔註102〕舒新城，〈中學學制問題〉，《教育雜誌》十四卷一號，頁 19211～19214。
〔註103〕〈1922 年秋季的吳淞中學〉，《中等教育》二卷一期，1923 年，頁 1。
〔註104〕「學年制」，就是學生功課的程度，以時間的「年」為標準，凡是一學年的程度，必須具備兩種條件：(1)要經過一年的時間，(2)要學完一年內應學的功課。在學年制之下，學生在一學年之中有一、二科目不及格，就不能升級，

可按其能力努力進修，在規定年限以內提早畢業，換言之，五年課程，如學生能力優良，平時努力而又在暑假補習者可於四年或四年半畢業，能力不及者亦可延長畢業期限。

中國公學中學部學生在前三年是教授普通知識為主，實施學分制，各學科學分的計算方式：每一學科，在一學期內每週授課一小時，為一學分（即一單位）。實驗實習以每週二小時為一學分。每一學期，以十八週計算。各科定為若干學分，又依教材之程度，分為甲、乙、丙、丁、戊、己、庚、辛、壬、癸十學程，一學程經過時期為一學期，一年分兩學期。學生某種科目，應在某組受課，則由教員考查學業成績後加以審定。學級編制，即以學生各科程度的高下為標準；以每一科同學程之學生編為一組。學生學級升降標準以對於某一科某學程之學分能否合格為主，不牽涉其他各科。例如某生國文程度合於第一學程，即編入國語甲組；英文合於第四學程，即編入英語丁組；數學合於第六學程，即編入數學己組。餘類推〔註105〕。所應修習的學科及學分，詳如表4-2-3：〔註106〕

表4-2-3　中國公學前三年學生應修科目及學分統計表

學科	學程											共計
	甲　組		乙　組		丙　組		丁　組		戊　組		己　組		
	學目	學分	學目	學分	學目	學分	學目	學分	學目	學分	學目	學分	
理論	實踐倫理	1	實踐倫理	1	實踐倫理	1	倫理原理	1	倫理原理	1	倫理原理	1	6
國文	讀本	3	讀本	3	讀本	3	讀本	2	讀本	1	讀本	1	27
	作文	1	作文	1	作文	1	作文	1	作文	1	作文	1	
	寫字	1	寫字	1	文法	1	文法	1	文法	1	修辭學	1	
							演說	1	演說	1			
英文	讀本	4	讀本	4	讀本	4	讀本	4	讀本	4	讀本	4	42
	文法	3	文法	3	文法	2	文法	2	文法	2	文法	2	
					作文	1	作文	1	作文	1	作文	1	

要留級一年。留級以後，凡以前已經學習合格的各種科學，也不能不復習一番，不但使學生減少興趣，而且於時間、腦力、經費等方面，都很不經濟。而同年級的學生中有的學生學得快，有的學生學得慢，程度好的學生礙於規定，無法躍等升級。舒新城，《我和教育》，上冊，頁187。

〔註105〕舒新城，《我和教育》，上冊，頁183。
〔註106〕舒新城，《我和教育》，上冊，頁183。

數學	算術	5	算術	2	代數	5	代數	3	平面幾何	5	立體幾何	3	30
			代數	3			平面幾何	2			三角	2	
理科	生理術生	3	動物	2	動物	2	應用物理	2	應用物理	2	應用物理	2	22
			植物	2	植物	2	應用化學	2	應用化學	2	應用化學	2	
史地	中史	2	中史	2	中史	2	世界歷史	2	世界歷史	2	世界歷史	2	24
	中地	2	中地	2	中地	2	世界地理	2	世界地理	2	世界地理	2	
圖畫	鉛筆畫	1	鉛筆畫	1	寫生	1	寫生	1	圖案畫	2	幾何畫	2	8
音樂	唱歌	1	唱歌	1	樂曲唱歌	1	樂曲唱歌	1					4
體操		1		1		1		1		1		1	6
共計		28		29		29		29		28		27	169

資料來源：舒新城，《我和教育》（臺北：龍文出版社，1990 年），頁 183。

中國公學中學部從第四年開始分科，分科分文、理、商、師範四系，文理兩科是為升學預備而設的，商師兩科是為職業教育而設的，學生可隨其性之所近，擇習一系〔註 107〕，每系的課程分別分成程度不同的四組，每一組既有共同的選修科目，又按不同的分系，設有不同的選修科目，可任選二十七學分修習。中學部四、五年級各系所應修習科目與學分詳如表 4-2-4：

表 4-2-4　中國公學後二年學生應修科目及學分統計表

學程組別／科目	選修科		分　　　　　科							
			第一系（文）		第二系（理）		第三系（商）		第四系（師範）	
	學　目	學分	學　目	學分	學　目	學分	學　目	學分	學　目	學分
學程	英　語	5	最近西洋史	2	立體幾何	3	商業常識	3	兒童學	3
	國　文	3	文學概論	3	高等代數	3	商業算術	3	教育學	3
	心理學	2	文字源流	2	礦　物	3	打　字	2	手　工	2
	法　制	2	第二外國語	7	三　角	2	高等經濟學	3	圖　畫	2
					生　物	2	商業地理	3	音樂遊戲	各2
	共　計	12	共　計	14	共　計	14	共　計	14	共　計	13

〔註 107〕舒新城，《我和教育》，上冊，頁 189。

學程											
辛組	英語	5	最近西洋史	2	高等代數	2	廣告法	2	教育學	2
	論理	3	中國文學史	2	三角	2	簿記	2	教育史	3
	國文	2	文字源流	2	物理	3	銀行學概論	3	手工	2
	經濟	2	第二外國語	7	化學	3	財政學概論	3	圖畫	2
					第二外國語	3	高等經濟論	3	音樂遊戲	各2
	共計	12	共計	13	共計	13	共計	13	共計	13
壬組	英語	5	世界文學史	3	解析幾何	3	會計學概論	3	實習	3
	國文	3	第二外國語	2	物理	4	國際公法	2	教授法	2
	簿記	2	文學名著	8	化學	3	國際貿易	2	教育學	3
	社會學	2			第二外國語	3	商法	3	醫藥常識	1
							銀行簿記	3	手工圖畫音樂遊戲	各1
	共計	12	共計	13	共計	13	共計	13	共計	13
癸組	英語	5	世界文學史	2	解析幾何	2	商業實踐	4	教授法	3
	國文	3	文學名著	3	物理	3	貨幣	3	青年心理	2
	進化論大意	1	第二外國語	9	化學	4	匯兌	3	教育行政	2
	近代思想論	2			天文	2	保險	2	哲學概論	2
					第二外國語	3	運輸	2	實習	5
	共計	11	共計	14	共計	14	共計	14	共計	14
共計		47		45		45		45		45

資料來源：舒新城，《我和教育》（臺北：龍文出版社，1990年），頁184。

　　舒新城主持的中國公學中學部，施行分科選科制，「在當時是創舉，既打破了部章，也不照抄某一國的辦法。」〔註108〕舒新城認為中國公學不是一個很大的學校，不能實施自由選科，亦即學校不加任何限制，學生可自由選擇修習科目的辦法；只能採用有限制的選科方式，在教員的指導之下，可由學生自由選擇，學校亦可規定學生必選的科目。至於學生於第四年入某科之後在選課表中得以選習何科，何科可以不選，由教員指導定之。學生到第四年應入何科，需參合三方意見：即學生家庭之希望，學生本身之志願，與教師在學校考察學生個性所得之結果，這樣比較能夠兼顧學生之個性與社會之需要。〔註109〕

〔註108〕舒新城，《我和教育》，上冊，頁185；另參《教育雜誌》十四卷一號，總頁19219。
〔註109〕舒新城，〈中學學制問題〉，《教育雜誌》十四卷一號，總頁19222。

中國公學中學部試驗的制度，有分科、選科、必修、選修，修業年限還延長爲五年，確實是相當複雜。爲配合改變，教員授課需重新調整，舊生班級需重新編排，受到影響而被迫改變的師生，難免生怨，爲謀對抗，乃於 1922 年 10 月 12 日發動學潮，指摘舒新城「破壞學制，顛倒學科，託名自治，放棄責任」。「破壞學制」指修學期限由四年改爲五年，「顛倒學科」則是指實行學科制及分科制選科制〔註 110〕。學生鬧學潮，竟以此爲理由，亦可見變動之大。

前述各中學校，試行的新制都是以適應個性爲訴求，打破固定的學科和授課時數的制度，賦予學生在修業過程中有選擇機會的選科制。各校所規畫的作法，各有不同，東大附中所實行的制度，是既有分科又有選科，可稱爲分科選科制，該校每一分科中規畫有若干課程，可令學生自由選擇，中國公學中學部雖然繁複，也是分科選科制，只是加上按能力分組修課，舒氏稱之爲學科制。進而比較，各校所開設的課程也不盡相同，東大附中、江蘇省立一中和中國公學中學部等校的必修科目，大體仍以部章課程爲主，只在選科科目和學分數目上有所差異，而且選修的學分數都超過教育部的規定。

教育部在各校推動選科制時，曾於 1920 年 9 月 28 日頒布選科標準，試圖稍加規範，要點包括：修身科、法制經濟科增列爲必修科目，各 0.5 學分，圖畫手工 2.5 學分，樂歌 0.5 學分；選科自第三年開始，各類時數宜各減至四學分以內，以免增加學生負擔等〔註 111〕。對於教育部的要求，江蘇省各中學校在隔年五月的校長會議第二次常會中，方才有所回應，議決修正各校選科制如下：

　　1. 加修身、法制、經濟、圖畫、手工、音樂爲必修科，其學分數由
　　　各校自定之。
　　2. 每週上課一小時有預備時間滿一學期者爲一學分，八學期總學分
　　　不得過 256 學分，但至少須滿 224 學分方能畢業。
　　3. 選科自何年級起由各校自定之。〔註 112〕

然細看前述各校，除了增列之必修課程有稍爲遵行外，選修科目及學分數沒

〔註 110〕舒新城，《我和教育》，上冊，頁 171～177。
〔註 111〕陸殿揚，〈江蘇省立中學學制變更的歷史觀〉，《學制課程研究號》，《教育雜誌》
　　　　十四卷號外，1922 年 5 月，頁 6～7。
〔註 112〕陸殿揚，〈江蘇省立中學學制變更的歷史觀〉，《學制課程研究號》，《教育雜誌》
　　　　十四卷號外，1922 年 5 月，頁 7。

有一個學校是配合部令的。由此可見，各校試行新制的自主性頗強。

二、1921 年以後的改革試驗重心——兩級制中學的試驗

　　1921 年 10 月，第七屆全國教育會聯合會通過了學制系統草案後，原已進行分科選科試驗的中學校，配合草案兩級中學的設計，對所進行的分科選科制進行修正，主要的方向就是三三制課程的擬定與實施。這是在 1922 年學制正式頒行前，透過民間團體所建立的共識，搶在政府正式頒行新制之前的主動作為，再次證明民初中等教育改革完全是民間力量所促成的。

　　東大附中在第七屆全國教育會聯合會議決通過新學制草案後，於翌年（1922）年初學期一開始，立即召開全體教職員會議，推定七位編制新學制課程委員，按照以下的程序進行改組工程：

> 採用演繹的方法，先研究改組的目標是什麼，然後根據了那幾個目標，定奪編制中學課程的原則，依照了原則，再規定學分表和課程表。〔註 113〕

東大附中首先確定中學改組的目標有三，一為為鑑別個性，二為加增教育效率，三為減少中途輟學人數。繼而訂定了編制課程的八項原則：

1. 初級中學、高級中學都採用分科選科制。
2. 破除學年制，採用能力分組辦法，凡學生升班，都用學科作單位。
3. 各分科的必修科目，當分別規定，除共同必修科目外，應當另立一各分科必修科目表。
4. 選修科目，不限定組別。
5. 初、高兩年畢業年限應有伸縮。
6. 初級中學必修科目的教材，偏重應用方面，教材採用混合編制的方法。
7. 初級中學必修科內，增加社會常識一門，高級中學必修科內，增加世界文化史一門。
8. 童子軍列為初級中學的必修科。〔註 114〕

　　在依前述原則編制學分表和課程表之後，東大附中先後召開委員會、各

〔註 113〕廖世承，〈本校編制新學制課程的經過情況〉，《中等教育》一卷三期，1922年 7 月，頁 2～3。

〔註 114〕廖世承，〈本校編制新學制課程的經過情況〉，《中等教育》一卷三期，頁 2～3。

分科會議進行討論，再提第二次全體職教員會議議決；同時請各教員編制各科大綱，送請南京高等師範各系教授審查各科大綱。課程草案送達高師後，高師頗慎重其事地召開評議會討論，並推舉審查委員，組織審查委員審查課程草案，做了若干修正建議。再由東大附中召開各分科會員聯席會議，將各教授對於各科大綱所發表的意見，一併提出討論，完成課程的修訂，歷經兩個多月的討論，總算大功告成。〔註115〕

由於東大附中在全國教育會聯合會議決學制草案之前，已經進行分科選科制，依據草案所做的修改，共有三項：首在於採用中學三三制，分為初中、高中兩期，並於初級中學學程修畢時，即視為一個階段的結束，亦即可單獨授以畢業證書；其次則是廢除學年制〔註116〕，採用能力分組辦法，凡學生升班，俱以學科為單位；再其次則是分科選修制的範圍更加擴大。初、高兩級俱行分科選科制，設職業科與普通科，職業科內又分農、工、商、師範各組，普通科內又分預備、升學各組，各組之中有必修科目與選修科目，學生於應行選科之學年，可隨志願，選入一科，既定之後，對於該科內之選修科目，可任意修習；經審查通過亦可修習其他分科的選修科目。〔註117〕

東大附中既廢除學年制，改採學分制，升班以學科為單位，對於修畢初中168學分或高中150學分的學生，其修業年限得予以彈性，程度好的學生，可在五年之內畢業，學習稍為遲緩者，可每年少修學分，延至七年畢業。所修習科目不論初級或高級中學，都分必修與分科選修，只是高中的必修科目又分全體必修與分科必修。

初級中學168學分，必修130，選修38。必修科目包括：公民學、國文、國語、英文、數學、理科、社會科學、美術、實用藝術、體育、童子軍和選科指導。選修科目則分為普通科、商科、藝術科選修科目，各科選修課程不盡相同，任由學生修習，滿三十學分為符合畢業資格。

高級中學150學分，全體必修90，分科必修和分科選修都分升學與職業兩部，前者又分文、教、理、工、農、商，後者則分銀行、普通商業和師範，學分各有差異，於選修部分再分共同選修和普通選修，科目各組亦皆不同。綜上所述，學生選修的學分數雖然未及總學分數的一半，但以科目種類之多，

〔註115〕廖世承，〈本校編制新學制課程的經過情況〉，《中等教育》一卷三期，1922年7月，頁4～5。

〔註116〕〈1922年秋季的東大南高附中〉，《中等教育》二卷一期，1923年，頁2。

〔註117〕〈本校試行新學制簡章〉，《中等教育》一卷三期，頁1。

不僅學生學習的範疇因而擴大，也大大地增加學生選課的機會。

然而，一旦施行中學六年，又分初、高兩級的新制，不只對原有學生必須妥切安排，連新生應如何招考，都成為新的難題。

為解決前一問題，東大附中基於「六三三」制中，小學六年，中學六年，小學較過去少一年，中學較過去多二年，乃規畫將舊制二年級改為初三，舊制三年級的學生改為高一。學生的反應，各年級各有不同，二、三年級多同意更改，四年級學生則因希望早此畢業，不願意改為高二。東大附中依此意見，付諸實施。〔註118〕

招生問題則頗費斟酌，概既行新制，不招初一，和舊制並無分別，不招初二，則將使小學畢業生無從投考，而新制第六年的高三，如何招生等皆是問題。東大附中解決此一問題的辦法是：「初一和初二並招。至於高三，東大方面，尚未廢去預科，高中又屬草創，並且中間缺了高二一班，所以決定緩招。」〔註119〕

同樣是試行新制的江蘇一中，為配合學制系統草案的設計，當然也進行了修正，不過，她的作法和南高附中的作法並不完全一樣。

江蘇一中在 1922 年 3 月 14 日成立了學程研究會，經校務會務議決，自1922 年秋季開始改辦新制中學。一中學生共有八班，第一、二、三年級六班，四年級二班，因基本學程差異和畢業時期甚近，所以仍照舊制，但又考慮學生畢業後有升學和不升學的差異，遂有分組教學的試驗。一中的分組作業是相當嚴謹的，除經過校務會議及學生同意外，在實際作法上，首先對四年級生做了兩項調查，一是調查學生志願；一是調查其對課程的需要。經調查，四年級學生中要「升學」者五十一人，「不升學」者三十人。再調查學生對於課程的需要，徵詢學生對於實施新制後有關課程、教材的意見，統計後送交教授會議參考。經教授開會決議實施標準，分為兩部分：升學組以較深學術為主，以適應升學需要；不升學組以應用常識為主，以適應服務之需要。至於因應學生希望增設及停開之課程，也分升學與不升學兩組，分別訂定新課程，課程表如表 4-2-5、表 4-2-6：〔註120〕

〔註118〕〈1922 年秋季的東大南高附中〉，《中等教育》二卷一期，1923 年，頁 1。
〔註119〕〈1922 年秋季的東大南高附中〉，《中等教育》二卷一期，頁 1。
〔註120〕金宗華，〈江蘇省立第一中學校普通科四年級志願分組的經過〉，《中等教育》一卷四期，1922 年 12 月，頁 1～8。

表 4-2-5　江蘇一中升學組課程表

星期 ＼ 時間學程	8～9	9～10	10～11	11～12	13～14	14～15	15～16
一	三角	化學	國文	外地	英文		代數補習
二	幾何	物理	英文	外史	國文	英文	
三	三角	物理	國文	外地	英文		代數補習
四	幾何	物理	英文	外史	化學	英文	
五	三角	物理	國文	外地	英文		代數補習
六	幾何	化學	英文	外史			

資料來源：金宗華，〈江蘇省立第一中學校普通科四年級志願分組的經過〉，《中等教育》一卷四期，1922 年 12 月，頁 7。

表 4-2-6　江蘇一中不升學組課程表

星期 ＼ 時間學程	8～9	9～10	10～11	11～12	13～14	14～15	15～16
一	教育常識	應用算術	英文	人生哲學	社會經濟	英文	
二	科學常識	史地要略	國文	代數	英文		
三	教育常識	應用算術	英文	政法常識	國文	體育	
四	科學常識	史地要略	國文	英文	人生哲學		
五	教育常識	代數	英文	社會經濟	英文	體育	
六	科學常識	英文	國文	人生哲學			

資料來源：金宗華，〈江蘇省立第一中學校普通科四年級志願分組的經過〉，《中等教育》一卷四期，1922 年 12 月，頁 7～8。

　　在舊制與新制的過渡時期，由於新制改成六年，大學又有可能取消預科，使得舊制中學四年級畢業生極為恐慌，為謀補救，江蘇一中特別招收高三學生。一中的作法和東大附中不同，附中不招高三學生，江蘇一中則有省政府經費的支援。5 月 23 日，省長訓令一中增設高中三年級一班，定額五十名，入學資格以中等學校畢業生為限，程度準大學預料，一年畢業後得直接入大學本科；後因報考人極多，經省政府同意再增錄取一班，共九十六人。

　　高三編制用分科選科制，分第一、第二兩系。第一系是文教預備科，第二系是理工預備科，各種學程都和大學本科銜接，除必修科公民學、國文、英文外，其餘都是選修學程，學生可就個人意願與能力選修。第一系選修學

程開班的有古代文學、最近文學、文字學、英文文學、英文修辭學、法文、德文、教育學、論理學、人生哲學、世界文化史十一種；第二系選修學程有大代數、解析幾何、定性分析、高等無機化學、高等物理、地質學、用器畫、德文、法文九種。以上各學程，有開一班的，有開 2 班的。學生除於本系中選習三分之二的學分，其餘三分之一得於他系中選習，所以除適應個別學生之個性、志願外，也頗具彈性，不致流於枯燥而抹殺學習興趣。〔註121〕

設立於北京的北高附中，也是屬於試行選科制的一所中學校。不過，該校的作法，和教育部的規定較為一致，在 1922 年以前，雖說是試行選科制，不過學分極少，未超過教育部所希望的四學分。學生自第三學年起，規定幾種學科為選修，第四學年分為兩部，第一部普通科，第二部工業科與商業科；一、二年級學習共同必修科，三年級任選一小時的選修課，四年級起分為第一部和第二部，第一部選修科中任選二小時，第二部工業科、商業科中任選一科。後來因為經費的關係，第二部商業科並未舉辦，僅設立工業科，用高師職工科工場為實習所。〔註122〕

依新制，北京高師附中設初級中學和高級中學，修業年限各三年，採用學科制，學科分必修、選修二種，各科均用學分制。初級中學三年，分必修科目與選修科目。必修科目，包括公民科、國文、英文、數學、歷史、地理、理科、圖畫手工、體育、樂歌，三年總計 161 學分。選修科目表列有國文、英文、數學、工業科、商業科、圖畫、手工、樂歌、論理學、心理學等課目，課目雖多，然其學分殊少，依規定，學生第一學年由教員令學生補習，不給學分，第二學年得選修一至三學分，第三學年，每學期得選修二至四學分，學生修畢 167 學分為畢業，其中選修學分只有六個學分〔註123〕。高級中學分文、理、工、商四科〔註124〕，各科修習必、選修科及學分數各有差異，文、理、工之必修為 108 學分，選修為四十二學分，商科必修 114 學分，選修為三十六學分。

相較於東大附中的規畫，雖然北高附中的高級中學階段和東大附中的選

〔註121〕〈1922 年秋季的江蘇一中〉，《中等教育》二卷一期，1923 年，頁 2～3。
〔註122〕〈北京高師附屬中學學制討論會紀〉，《教育叢刊》三卷二期，1922 年 4 月，附錄，頁 1。
〔註123〕〈北京高等師範學校附屬中學校新學則〉，《中等教育》二卷一期，1923 年，頁 1～4、15。
〔註124〕〈北京高等師範學校附屬中學校新學則〉，《中等教育》二卷一期，頁 1。

修學分數相去不遠，但初級中學階段的選修學分，只有東大附中的六分之一
弱。這種現象顯示，各校試驗雖然遵照全國教育會聯合會所通過的「學制草
案」，但在細部規畫實踐上仍然各行其是，兩校雖然都實施分科選修制，不只
學分數不同，在課程上因分科關係，任由各校自行規畫施行，可見課程的規
畫仍待進一步磨合，絕非制訂一個學校系統，中等教育改革即可畢其功於一
「制」。

小　結

　　各界對全國教育會徵求「學制草案」意見的回應，可歸納為兩種方式，
一為議論，一為試驗。全國教育會徵求意見的對象包括各省區教育會、全國
各報館、各教育雜誌社和各高等教育機關，除了教育機關因有學校得以進行
試驗外，其餘三者的回應大多只能就提出各種的改革規劃及主張做貢獻。各
界的議論，或由教育會集會討論，或在開放式的報章雜誌的論壇，眾議紛紛，
他們集會討論、或撰文陳述、或是出版專號，總之都在為中等教育的改革尋
找適合國情的方法，從過程中，可以證明，這一場教育改革，或有從外國尋
求借鏡的方便，但非「盲從」一語即可論斷這次改革仍然如同清末直接抄襲
日制一般。

　　不論是透過會議或由報章雜誌的論壇所獲得的意見，都可以匯聚各界對
於教育改革的不同見解，使得「學制草案」通過之後，各級學校的試驗有了
更開放的思考，讓這一個本來已在中學校試驗選科制所進行的變革，受到討
論意見的影響，有了更大的改革空間，不只是學制本身有關普通與職業教育
的合流、四二制與三三制的拉鋸或是選科制與分科制等議題論辯不休，連新
課程的討論也變成一個極為重要的部分。另外，集會研討除了可以搜集各方
意見之外，更是匯聚人力資源之所在，有的省區教育會在召開「學制草案」
研討會時，不只是教育會的成員出席，連地方的教育當局也都出席了研討會，
從中可以看出，省區教育會的法定地位及其在地方所建立的基礎，直接影響
了省區教育主管官員的態度，從而使得草案的付諸實行取得了一個較有利的
機會。

　　中學教育制度的改革本已在進行，教育部解除課程束縛之後，各校得因
地制宜，視各地需要而增減課程；「學制草案」一經公布，各校配合兩級中學
新制，配合修訂試驗辦法，重新訂定課程，各校的作法雖然頗不一致，但未

出現四二制和三三制爭執，而是都接受了三三制兩級中學的新制。歸納起來，
試驗的學校有幾個共通的現象：一是採取選科分科制，選修是選課程，分科
是分專業，選修、分科，賦予學生選擇的機會，不但能適應學生的個性，而
且，普通和職業的系科在一校之中已經合流，而在高中的分科中，已經出現
文理分組和職業科組，無論對於升學或就業的畢業生而言，都是有利於下一
階段生涯的學習歷程。二是雖然學分課程各校並無一致的規定，但新課程的
出現則是一個普遍的現象，這和中學延長修業年限，選修分科制度的實施都
有關，尤其是東大附中，有步驟地進行課程的修訂，新出現的課程如公民學、
人生哲學等，不僅史無前例，也給後來正式頒行學制後的新課程很好的指引
作用，而該校同時擬訂所有課程的課程標準和綱要，更是開啓各級學校制訂
課程標準和綱要的先例，後來全國教育會聯合會推動訂定課程標準和綱要，
無疑是受到這個影響。

第五章　1922 年學制的頒行與中等教育新制的展開

　　「學制草案」通案徵詢意見的方式公之於世，各界討論意見雜然紛陳，所提供意見，大致與數年來教育界中等教育制度改革的訴求一致，雖說意見呈現百家爭鳴，相左情形所在多有，但也因此營造出一股探討學校制度和中等教育改革的氣氛。1921 年到 1922 年之間，教育界積極投入學制改革和中等教育改革的討論與試驗之中，在在證明國人對於教育改革的殷切期盼，不僅是通過學制系統草案的全國教育會聯合會，其他的教育團體、輿論界也無不卯足了勁全力提倡，加以部分中等學校積極配合新制進行試驗。前章歸納分析 1921 年到 1922 年間各界討論學制與中等教育改革的各項主張以及試驗的成果，結果顯示，不論是教育界或是中等學校已將部令置之腦後，普遍接受了「學制草案」的規劃。

　　自清季首次頒布學制以後，歷次學制的修訂，都由學部或教育部頒布，全國各級學校一體遵行，1921 年由第七屆全國教育會聯合會通過的「學制草案」，礙於廣東政府與教育部不通聲氣，全國教育會議決的「學制草案」也沒有送到教育部，讓教育部有要辦也無從辦起的困擾，但各省區已紛紛實行改革，教育部身為教育最高行政機關，當然無法漠視第七屆全國教育會聯合會通過「學制草案」的事實，教育部的回應，正是民國初年教育部和民間教育團體互動關係的最佳模式。

　　教育部的回應是用取巧的方法，在全國教育會聯合會召開第八屆會議之

前，先召集學制會議〔註1〕，希望掌握先機，主導修訂學制。教育部爲何出此對策？是否代表教育部在學制改革的過程中始終處於邊緣？尤其是教育部與第七屆全國教育會聯合會的微妙關係，都是本章首要探討的。

　　本章從教育部和第八屆全國教育會聯合會先後召開的修訂學制會議切入，突顯官方和民間教育團體互不相讓，爭奪修訂學制主導權的現象；進而比較學制會議與第八屆全國教育會聯合會的「學制草案」之差異，梳理民國初年各級學校系統的改變的脈絡，與新學制中等教育段的特色。最後以民間教育團體通過的學制做爲底案而頒行，及頒布學校系統改革案之後，全國教育會推動規劃新課程，制訂課程綱要及標準的積極作爲，證明 1920 年代民間教育團體不僅具有影響教育政策的力量，而且擁有制定教育政策的能力。換言之，1922 年的新學制得以頒行，完全是民間教育團體積極推動的結果。

　　另一方面，新制是否能夠成功，端賴各級學校實施是否可行，課程就是新制的試金石，新的中等教育制度有非常大的變革，隨著新制而來的是課程的大幅改變，新課程綱要的制定過程，除了可以再度確認，這一時期中等教育改革的推手是民間的全國教育會聯合會外，還可以檢驗中等教育改革的理想是否能夠有效實踐，以及這一場改革是否眞的度過了過渡時代。

第一節　學校系統改革案頒布與中等教育段的特色

　　依照在廣東召開的第七屆全國教育會聯合會通過學制系統草案的決議，徵詢各界對於「學制草案」的意見之後，還要將此一草案提第八屆全國教育會聯合會討論議決才能成爲定案。就在討論試驗的幾個月內，報刊雜誌的眾多議論，可以顯示國人對於「學制草案」是相當關注的，處於此一氛圍之下的教育部，自然無法漠視此一發展，一旦第八屆全國教育會聯合會議決學制案，教育部不論承認與否，都將面對更大的窘境，這是教育部在 1922 年第八屆全國教育會聯合會召開前，先召開學制會議最主要的理由。問題在於，教育部是要順水推舟以全國教育會聯合會的草案爲底稿，抑或是另起爐灶？如果另提主張，造成意見相左，已經實驗經年的「學制草案」，又該如何善後？這不只是學校制度的差異，更是教育界不同主張的角力。本節擬從教育部召

〔註1〕 〈報告新學制及實施方法之商榷〉，《經亨頤教育論著選》（北京：人民教育出版社，1993 年），頁 273。

開的學制會議和全國教育會聯合會召開的第八屆聯合會議，兩次會議召開的
經過和相關決議，來觀察政府與民間教育團體互相角力的情形。

　　1922 年頒行的新學制，成為數年來教育改革的成果，也是實現中等教育
改革理念的第一步；本節的另一重點，就是分析在成為定制之後的新學制中
等教育制度的特色。

一、從學制會議到第八屆全國教育會聯合會

（一）學制會議

　　1922 年 6、7 月間，教育部在高恩洪（1875～1928）兼總長任內，鑑於國
內輿論、教育家、學者均主張修改學制，決定順應教育改革趨勢，籌開學制
會議。於 7 月中旬成立籌備委員會，推首席參事湯中為主席，決定分組討
論，第一組討論學校系統，主任為鄧萃英；第二組討論地方教育行政機關，
主任為陳寶泉。雖然教育部一度無總、次長主持其事，然而籌備人員仍積極
進行。〔註2〕

　　學制會議由教育總長召集，討論學校系統、地方教育行政機關及其他教
育總長交議等事項，於 9 月 20 日正式開議。出席人員共九十八人，組織成員
包括：

　　1.由各省及特別區教育行政機關各遴選一人。
　　2.由各省及特別區教育會各推一人。
　　3.國立專門以上學校校長。
　　4.內務部民治司長。
　　5.教育部參事司長。
　　6.教育總長延聘或指派者。〔註3〕

　　從組成人員的結構來看，學制會議顯然是一個由教育行政人員擔綱的會
議，代表民間教育團體的各省區教育會代表，不到全體出席人員的三分之一，
教育部企圖在全國教育會聯合會之外，另行規畫一個自己可以掌握的新學制
版本；由此可知，雖然學制改革之議發端於民間，且已為各界所接受，教育
部仍企圖藉由會議形式，希望取得學制改革的主導權。

〔註2〕　〈學制會議籌備之經過〉，《大公報》（長沙），1922 年 9 月 21 日；另見《晨報》，
　　　　1922 年 9 月 17 日二版。
〔註3〕　〈教育部學制會議章程〉，《晨報》，1922 年 9 月 21 日二版、七版。

　　學制會議由 1922 年 9 月 20 日開議至 30 日閉會，歷時 11 日，共計開大會十一次，議決通過了學校系統改革案、縣教育行政機關組織大綱案等九個議案〔註 4〕。其中，最重要的決議案當然是學制系統改革案。

　　學制會議有關改革學制系統的議案，除教育部交議的學制系統改革案外，尚有山西省教育會提擬學制系統草案（會員李尚仁提議）、改革學校系統案（會員傅廷春、王義周提議）、對於全國教育會聯合會議決新學制擬廢止第二期小學為八四四制中學案（會員經亨頤提議）、江西省教育會對於全國教育會聯合會議決新學制系統草案之意見（會員吳樹枬提議）、請改全國國立高等師範為師範大學案（會員李建勛提議）和規定大學年限廢止高專案等。〔註 5〕

　　綜合各學制系統改革提案，大多分為初等教育、中等教育和高等教育三段，和教育部提案不同的主張分別列舉如下：

1. 初等教育段

　　小學校修業年限六年，分初、高二級，初級四年，高級二年，但依地方情形，得單設初級。又查舊制，國民學校實為四年，連同高小三年，共為七年，今改為六年，似已減少一年，故為謀其救濟，特明白規定，許於此等學校中，附設一年或二年之補習科，使不能升入中學之學生，得此補習機會。

　　各案和部案不同之處有：

　　(1)主張採用四三制。

　　(2)義務教育：限定為四年。

　　(3)義務教育年限不應限制。

　　(4)主張採用五二制。

　　(5)初級之上也要設補習學校。

2. 中等教育段

　　中學校修業年限六年，初級中學四年，高級中學二年，是本案對於中等教育採四二制，中學校得依地方情形，單設初級中學，初級中學之前二學年，得並設於小學校；高級中學應與初級中學並設，不得已時得單獨設立。初級中學施行普通教育，高級中學除設普通科外，得分設農、工、商、師範、家事等科。至於在高級中學之外，又有師範教育者，師範學校修業年限六年，其四年級以上應酌行分科制。而職業學校，實一種因時因地而不同之學校，

〔註 4〕　〈教育界消息〉，《教育雜誌》十四卷十號，1922 年 10 月，頁 1～6。
〔註 5〕　〈兼程並進之學制會議〉，《晨報》，1922 年 9 月 22 日三版。

故有主張不列入學制者，惟為提倡此等學校計，本案仍規定在高中分設各科，舊制之甲種實業學校，得改為高級中學農、工、商科。

各案和部案不同之點有：

(1)主張採用二四制。

(2)主張採用三三制。

(3)前二年附設於小學不當。

(4)初級中學後一年應採選科制。

(5)高級中學設師範科不當。

3.高等教育段

教育部以專門學校有專門之目的，不能完全升為大學，故主張專門學校與大學並存。惟專門學校與高等師範所招收的學生，為初級中學畢業生；升入大學者，為高級中學畢業生。若專門學校與高等師範能改收高級中學畢業生，亦得由教育部認可，升為專科大學；其程度不及，或不願升級者，亦可。至專門學校與大學之畢業年限，均為四年或五年。〔註6〕

各案和部案不同之點有：

(1)廢止高專。

(2)高專也應該收高級中學畢業生。

(3)高專應減少一年。

(4)師範大學不專辦教育科。〔註7〕

與會代表所提的學制改革提案，與教育所提「學制草案」的差異，所呈現的正是一年來教育界對於學制改革論壇中紛然雜陳的意見，及對於己見的堅持。教育部召開學制會議的目的，正是試圖總結數年來國內教育界不斷倡議修改學制的各項主張，對民國學制進行修訂而來〔註8〕。然而非常矛盾的地

〔註6〕　〈學制會議昨日開議〉，《晨報》，1922年9月21日三版、六版。

〔註7〕　〈學制會議昨日開議〉，《晨報》，1922年9月21日三版；M. T.〈我對於學校系統問題的意見〉，《晨報》，1922年9月24日第七版。

〔註8〕　蔡元培言學制會議召開的原因和目的為：「去歲以來，尤為顯著，故全國教育聯合會議開會之際，對於學制，即有詳密之討論，本會之召集，其遠因亦即在此。至本會之目的，則在徵集全國教育家之意見及經驗，以謀舊制之改善。」總統府代表也承認：「學制會議，即發端於社會，而政府循從眾議，以助其成。」見《晨報》，1922年9月21日二版；另參〈記第八屆全國教育會聯合會討論新學制的經過〉，《胡適的日記》（臺北：遠流出版公司，1990年），三冊，1922年10月12日，頁18；陳寶泉，《中國近代學制變遷史》，頁193～194。

方是，教育部對於 1921 年 10 月間第七屆全國教育會聯合會議決之「學制草案」竟然是視而不見，甚至刻意排除。不僅在學制會議細則第五條規定除與會代表提案可與部案併案討論外，其他議案一律排除〔註9〕，顯然是針對全國教育會的「學制草案」而來。對於一個受到普遍重視，且歷時將近一年的討論與試驗的「學制草案」都加以排除，連併案討論的機會都沒有，教育部說召開學制會議是為回應年來教育界對修改學制的主張，其誰能信？對於類似的歧見，教育部若是真能開誠布公，回應教育界改革學制的要求，斷不至於連全國教育會聯合會的意見都加以忽視；教育部不正視第七屆全國教育會聯合會議決之「學制草案」已經存在之事實，刻意地忽略第七屆全國教育會聯合會議決的「學制草案」，應與教育部試圖主導修改學制有關。

從教育部所擬「學制草案」內容來看，與第七屆全國教育會聯合會通過的草案有許多不同意見，在中等教育部分，教育部主張四二制，且初中部前兩年可以和小學合設；全國教育會聯合會的草案則是主張三三制的兩級中學制度，這是兩者最顯而易見的差異處。另外，在學制標準方面，教育部在討論修訂學制的時候，並未同時提出教育宗旨，而仿效全國教育會聯合會的「學制草案」的做法，採取了訂定標準的方式，提出四條標準：(1)根據教育原理，參酌世界趨勢，以圖教育之進化。(2)適應地方實際情形，使教育易於普及。(3)多留伸縮餘地，以便各地方酌量舉辦。(4)顧及舊制，使改革易於著手。因為刻意要和全國教育會聯合會的「學制草案」產生區隔，並未將年來已成為教育界思想主流的職業教育思想和民主教育思想加以考量，教育部刻意忽視已存在的「學制草案」的企圖昭然若揭。

不過，教育部並未能全部掌控學制會議，學制會議代表們的意見也像一年來教育界對於學制改革一樣多元。為使大會順利進行，在提案初讀完畢後，大會組織審查會，將所有相關提案併教育部交議案，分為標準、系統圖、說明、注意四部分進行審查後，再交大會議決。〔註10〕

審查會並未屈從教育部而照章全收，不只將教育部的四條標準刪去其一，且將被忽略的強調平民教育、個性發展、生活教育等教育界流行的思想主張納入，改為標準七條，除納入部案之四條外，新增了包括：發揮平民教育精神、注意個性之發展、注重生活教育及顧及國民經濟力等主流教育思想

〔註 9〕《晨報》，1922 年 9 月 21 日二版。
〔註10〕〈兼程並進之學制會議〉，《晨報》，1922 年 9 月 22 日三版。

〔註 11〕。換句話說，審查會採納了全國教育會聯合會制訂「學制草案」的基本教育理念，也證明學制會議雖然是教育部所召集，但教育部已不能操控全局，大會透過審查會將教育界的新主張與教育部的提案，藉由併案的機會先行整併；而與會的代表並不想只做橡皮圖章的角色，就像 1919 年召開的中學校長會議時，與會的校長們並未完全屈從、附和教育部一樣；由此可見，民間教育界、教育團體具有相當大的影響力。

學制會議為修訂學制而開，但會議中討論最熱烈的仍是修訂中等教育制度的議題，其中又對中等教育的修業年限和分級的對策最感興趣。教育部交議的學制系統改革案，對於中等教育制度的修業年限和分級主張採用四二制，且規定前二年可附設於初等教育學校內。教育部所持的理由是初級中學教育為中等教育的基礎，減為三年實嫌不足，而且中等教育與陶冶國民性有關係，年限過短實不相宜，故以四年為最少限度〔註 12〕。更重要的是，中學舊制本為四年，採四二制，實行上亦較便利，而且初級中學附設於高等小學，或高級中學二年，則是基於方便學生升學而做的考量。

與會代表並未完全支持教育部的提案，對中等教育的修業年限，不管是四二制、三三制、二四制、八四四制、四四四四制都有人主張，直如民國初年教育界對於中等教育論辯的翻版〔註 13〕。第七屆全國教育會聯合會通過的「學制草案」中學段的最大特色，是兩級中學採三三制，與教育部的提案不同，主張三三制的黃炎培對於教育部提案大體贊成，但認為部案既採四二制，又許將初級之前二年附設於小學校，實屬不妥。理由是初級中學前二年附設於小學，學生修業期滿，仍需繼續修習後二年才能結束，如改採三三制，初級中學附設於小學，即可免除此弊端；對於中等學校只在高級設職業科，主

〔註 11〕 〈教育部召集之學制會議及其議決案〉，璩鑫圭、唐良炎編，《中國近代教育史資料匯編（學制演變）》，頁 977～979。又參見《教育雜誌》十四卷十號，1922 年 10 月，總頁 20619。

〔註 12〕 〈學制會議昨日開議〉，《晨報》，1922 年 9 月 21 日二版。

〔註 13〕 楊汝覺主張二四制，理由是初級二年經費容易籌措，也可增加學生受教育的機會，可減低小學縮短一年的衝擊。張鶴浦、陳任中（1874～1945）、吳樹枏等三代表則主張採取折衷制，以四二制為原則，三三制為例外；武紹程則主張採用三三制，而以四二制及二四制為彈性。也有主張什麼制都不採的，如經亨頤不贊成三三制也不贊成四二制；杜曜箕（1882～1950）則認為不管八四四制、二四制、四二制、三三制均有缺點。值得注意的是，會議中只有袁希濤和張伯苓提及中學選科分科的問題，採四二制，定為四年，則最後一年必須選科。《晨報》，1922 年 9 月 22 日三版。

張初級也可分科，且高級中學才二年，分科教授似乎年限不足，如改採三三制，可免此弊。事實上，教育部主張四二制的原因，可能是基於四二制對於舊制的變動最少，只要將舊制的四年制中學校和大學預科整合爲一即可。但主張三三制的代表，根本無法接受這樣的作法，認爲若爲顧及舊制而主張採四二制，則不如不改革。〔註 14〕

綜觀整個學制會議的過程，爭議的重心仍在三三制、四二制。就像是中等教育各項改革主張的辯論再度重現，立論針鋒相對，立場各有堅持，呈現的是，中等教育和學制改革主張的多元面相，正是會議召開之前，國內教育團體、書報雜誌不斷鼓吹的結果。學制會議召開時各代表的發言內容，正是社會各界輿論的縮影，經過討論議決的學制系統，雖然是照教育部的提案通過，但能否爲國人所接受仍待考驗，教育部雖然有意主導學制的改革，卻仍然無法忽視十天之後即將在山東濟南召開的第八次全國教育會聯合會。事實上，學制會議議決學校系統改革案後，教育部並未立即公布，據聞係教育總長有意將本案送交即將於濟南召開的第八屆全國教育會聯合會參考。〔註 15〕

（二）第八屆全國教育會聯合會

第八屆全國教育會聯合會 1922 年 10 月 11 日在山東濟南召開，距離學制會議閉幕只有十一天，這一屆大會的重要議案，也是學制問題。在第一天的會場上，教育部特派員陳容、胡家鳳，將學制會議的議決案和教育總長提交學制會議的原案，發給與會的代表，說明教育部提出新學制改革案的原因，在於現行學制自 1912 年頒行之後，已過十年，有修正的必要。言下之意，學制改革案完全是教育部主動召集學制會議而議定的。事實上，教育部召集學制會議，是迫於第七屆全國教育會聯合會通過學制系統草案，掀起國人熱烈討論與試驗的風潮，不得已而有的因應作爲，但教育部刻意忽視，只提 1912年的教育會議，絕口不提及第七屆教育會聯合會的決議案，這樣的作法引起許多全國教育會聯合會與會代表的惡感。〔註 16〕

〔註 14〕 《晨報》，1922 年 9 月 22 日三版。

〔註 15〕 〈蔣夢麟致胡適〉，《胡適的日記》（臺北：遠流出版公司，1990 年），第三冊，1922 年 10 月 14 日，頁 2～3。

〔註 16〕 浙江省的代表許倬雲即在會場上大罵：「教育部是什麼東西？配召學制會議！學制會議是一班什麼東西，配定新學制！你們請看這本學制會議的新學制，那裡有革新的意味，全是保存舊制。什麼學制會議！明明是和我們教育會聯合會開玩笑。」正代表著教育團體對教育部爭奪主導權而召開學制會議的不

　　教育部希望第八屆全國教育會聯合會支持學制會議議決的學制案，稍爲清楚當日情形的人，都知道很難做到，胡適因此在開成立會時提出調解的主張，說：

> 教育部召集學制會議時，完全打官話，全不提及廣東的學制草案，好像他們竟不知道有第七屆聯合會議決新學制的一回事！教育部既打官話，不睬聯合會；聯合會本也可以打官話，裝做不知道有學制會議的一回事。教育部十一年度的學制會議既可以直接到元年度的教育會議，我們第八屆的聯合會也可以直接到第七屆聯合會。但這樣彼此打官話，究竟終不成事體。我們爲的是要給中華民國制定一個最適宜的學制，不是彼此鬧意氣，所以我希望聯合會的同人千萬不要再打官話了；還是老老實實的根據廣州的議案，用學制會議的議決案來參考比較擇善而從，定出一個第三草案來，把學制問題作一個總結束，呈請教育部頒布施行。〔註17〕

第八屆全國教育會聯合會共有二十省區，三十八位代表出席會議，提出三十三件議案，其中十二案與學制和課程相關〔註18〕。教育部的官員了解全國教育會聯合會部分代表對該部的作法有所不滿，爲了緩和對立情緒，一面訪晤與會代表，爭取支持，一方面，希望學制會議原案改動的越少越好，請胡適做調人。

　　胡適也考慮到審查會若無書面底本，必致口頭爭論漫無限制，拖延時日，應允此一要求。胡氏根據廣州原案，參酌學制會議議決案及江蘇省教育會提出之修正案，擬訂一個綜合的修正案，逐條皆注明所根據的底本，如用廣州原案第五條，則註明「廣五」，下注參用學制會議的「制三」；又如用學制會議的第五條則註「制五」，下註參用江蘇修正案的「蘇五」。〔註19〕

　　胡適稱此一草案爲「審查底案」，並自述其要旨如下：

　　　　滿，事經胡適斡旋之後才稍緩和。參見胡適，〈記第八屆全國教育會聯合會討論新學制的經過〉，《努力週報》，1922 年 10 月 22 日一版。

〔註17〕胡適，〈記第八屆全國教育會聯合會討論新學制的經過〉，《努力週報》，1922 年 10 月 22 日一版、二版。

〔註18〕〈第八屆全國教育聯合會第一日會議記事〉，《大公報》，1922 年 10 月 14 日二張，頁 2；〈第八屆全國教育聯合會紀事（二）〉，《申報》，1922 年 10 月 22 日三張十版。

〔註19〕胡適，〈記第八屆全國教育會聯合會討論新學制的經過〉，《努力週報》，1922 年 10 月 22 日二版。

1. 精神上大部分用廣州案，而詞句上多採用學制會議案。

2. 初等教育一段，用廣州案，稍加修正。學制會議承認了山西提議的七年小學，今刪去。

3. 中等教育一段，採學制會議案，以四二制爲原則，以三三制爲副則，但加一條「三年期之初級中學課程，應與四年期之初級中學前三年之課程一律。」

4. 職業學校一項，採用學制會議的概括主義，而不用廣州案的列舉主義，圖上也用學制會議案的斜線。

5. 師範學校定爲六年，依學制會議的圖表，六年自爲一欄，而不採廣州案，圖表上把前三年畫入初級中學的辦法。

6. 高等師範只依舊制存在，不列入系統圖；刪去了學制會議降低一年的高等師範。

7. 師範大學爲單科大學之一種，收受高級中學畢業生，修業四年。（學制會議對於師範大學的規定，最爲不通）〔註20〕

8. 學制會議降低了專門學校一年，收受初級中學畢業生，這是和廣州案的精神大背的，故仍依廣州案，提高二年。

9. 大學一項，酌採兩案。

10. 凡學制會議中顧全舊制之處，如甲乙種實業學校之類，皆改爲「附注」，不列入正文。

11. 學制會議有「注意」四條：今採「選科」「補習」兩條分入相當的各段。餘兩條：一論「天才教育」，一論「特種教育」，仍保存了，列爲附則。〔註21〕

胡適所擬草案，參考了廣州原案、學制會議議決案及江蘇省教育會提出之修正案，似乎刻意避開第七屆教育會聯合會的決議文。事實上，第七屆教育會聯合會討論學制時，是以廣州教育會的提案爲討論底本，忽略「七屆」決議，豈不是一切重新來過，眞是不知置「七屆」於何地，胡適主張調和，難處可能就在教育部有意忽略「七屆」，遂以廣州原案替代，也算是煞費苦心了。

〔註20〕《胡適的日記》，原文有兩條第六點，此照引。

〔註21〕〈記第八屆全國教育會聯合會討論新學制的經過〉，《胡適的日記》三冊，1922年10月12日，頁20～22；另參《努力週報》，1922年10月22日二版。《胡適的日記》又粘附載有「學校系統案」剪報一則，係會議決議文，刊於《努力週報》，1922年10月29日三版。

　　殊不知，學制會議和第七屆全國教育會聯合會對中等教育段最大的不同是：前者主張四二制，後者主張三三制。胡適的「審查底案」仍以四二制為主，三三制為副，此一條文，如何可能通過第八屆全國教育會聯合會審查會的審查？黃炎培在學制會議時已經提出質疑，到了全國教育會聯合會的議場，焉有可能放過。

　　審議結果，中學校仍回到三三制為原則，四二制與二四制為副則，文句仍用廣州案；為補救初級中學教員之不足，審查會增入兩條辦法：(1)大學校與師範大學設二年期之師範專修科。(2)師範學校與高中之師範科俱得設延長二年之師範專修科〔註22〕。全案修正通過後，作為「審查會報告案」，提出大會議決。

　　第八次全國教育會聯合會通過學制案後，教育部約請聯合會代表袁希濤、黃炎培、胡適三人到北京交換意見，僅就第八次全國教育會聯合會所通過的原案，參酌學制會議議決之學制案內容為學校系統改革案〔註23〕，由大總統黎元洪（1864～1928）於 1922 年 11 月 1 日頒行全國〔註24〕。在不到一個月的時間內，先後召開兩次全國性修訂學制會議，一由教育部召集，一為民間教育團體的力量，兩案各有堅持，最後頒行全國的學校系統改革案，是以第八屆全國教育會聯合會所通過的決議為底本，學制會議的主張反而沒能成為定制，完全是民間教育團體發揮影響力的結果。

　　至此，民國初年中等教育改革的進程隨著學校系統改革案的頒行，進入實行新制的階段。以下，先分析新制中等教育的特點，再探討新制展開的過程，包括新式中學的開辦及新制課程的實施。

二、1922 年學制與新制中等教育的特色

　　1922 年學校系統改革案的頒行，距離 1915 年湖南省教育會召開的第一

〔註22〕〈記第八屆全國教育會聯合會討論新學制的經過〉，《胡適的日記》，手稿本，三冊，1922 年 10 月 12 日，頁 24～25。

〔註23〕商務印書館編輯，《新學制初級中學課程說明書》（上海：商務印書館，出版年不詳），頁 14。

〔註24〕1922 年 11 月 2 日，《政府公報（二三九三號）》（臺北：文海出版社，1971 年），一二七冊，頁 4991～4995。徐世昌於 1922 年 6 月 2 日辭職，吳佩孚及曹錕領銜十省區通電請黎元洪復職。黎以廢督裁兵為復職條件，於 6 月 11 日入京暫行總統職務，6 月 13 日，黎下令撤銷 1917 年 6 月 13 日之解散國會令，6 月 14 日，北京外交部通知各國使館，黎元洪已就任總統。

屆全國教育會聯合會上提出改革學制案，前後歷經七年的時間。民國建立以後，各級教育的改革運動中，以中等教育改革持續最久，變動也最大，不僅普通教育系統因之改動，連職業教育、師範教育系統也一併整合，中等教育改革隨著學校系統改革案的頒行，有了階段性的成果。換言之，學校系統改革案之頒行，不僅初步實現民國初年以來教育界倡議學校教育改革的目標，更實現了中等教育改革。新頒的學校系統的中等教育階段係公認變動最大，也是最具特色的一段。特色為何？一言以蔽之：以兼顧中國現實和時潮脈動的標準，設計出一套「八面玲瓏」的中等教育制度。

　　1922 年頒行之學校系統改革案，訂定標準七條，綜合了學制會議與第七、第八屆全國教育會聯合會的決議文而成，增列者僅「注意生活教育」一條而已〔註25〕。下表是以 1922 年頒行的學校系統草案的七條標準為基準，與第七、第八屆教育會聯合會和學制會議相關的文字作比較，見表 5-1-1，可以發現各次會議的決議內容實際上是大同小異的，這表示教育界的共識已經逐漸形成。

表 5-1-1　學制「標準」內文演進比較表

第七屆教育會聯合會決議	學制會議決議	第八屆教育會聯合會決議	大總統公布之學校系統改革案
2.適應社會進化之需要。		1.適應本國社會進化的需要。	1.適應社會進化之需要。
1.根據共和國體發揮平民教育精神。	1.發揮平民教育精神。	2.發揮平民教育的精神。	2.發揮平民教育精神。
3.發展青年個性使得選擇自由。	2.注意個性之發展。	3.謀個性發展的可能。	3.謀個性之發展。
4.注意國民經濟力。	6.顧及國民經濟力。	4.注意國民經濟力。	4.注意國民經濟力。
	4.注重生活教育。		5.注意生活教育。
6.使教育易於普及。	3.力圖教育普及。	6.使教育易於普及。	6.使教育易於普及。
5.多留各地方伸縮餘地。	5.多留伸縮餘地。以適應地方情形與需要。	5.多留各地方伸縮餘地。	7.多留各地方伸縮餘地。
	7.兼顧舊制，使改革易於著手。		

　　1922 年頒行的學校系統改革案的七條「標準」，包括：(1)適應社會進化之需要。(2)發揮平民教育精神。(3)謀個性之發展。(4)注意國民經濟力。(5)

〔註25〕朱有瓛編，《中國近代學制史料》第三輯，上冊（上海：華東師範大學出版社，1990 年），頁 107～108。

注意生活教育。(6)使教育易於普及和(7)多留各地方伸縮餘地。學制訂定「標準」作為審查學校系統的「標準」，源自 1920 年第七屆全國教育會聯合會，訂定的標準六條；此一作法與歐戰之後，教育新思想湧現，國人順應世界潮流修改教育宗旨，甚至廢止教育宗旨的主張有關〔註 26〕。翌年召開之學制會議與第八屆全國教育會聯合會相繼沿用，各次會議所訂的標準，其間差別並不太大，遂成定制。

七項標準中，有顧及中國領土廣大，國力未充之現實者，如注意國民經濟力和多留各地方伸縮餘地，講的是辦教育應從實際出發，不能脫離社會現實情況。也有和民主教育思想，和杜威來華所倡導之教育主張呼應者，如「平民教育」、「發展個性」、「注重生活教育」等皆是。蔣夢麟預言歐戰後的教育趨勢，是以發達的平民主義，扼制軍國主義之勢焰〔註 27〕；鄧萃英在 1919 年10 月舉行的第五屆全國教育會聯合會中指出，現代教育思潮的趨勢是教育制度由貴族的趨於平民，教育原理教育方法由武斷的趨於科學的。在制度上秉持自由平等的精神，竭力為平民謀便利，予人民就學之機會；在教學上以實驗的態度，發展個性、尊重人格，以兒童為中心〔註 28〕。足見歐戰結束之後，世界各國正在進行之教育改革，中國並無法自外於此一平民教育的潮流之中。1920 年前後正在中國講學的杜威，更有推波助瀾的效果，杜氏一向主張的平民教育、發展個性、教育即是生活，隨著他踏遍中國十一省的足跡，廣為傳播，使得正在流行的幾個教育理念合流成為新制定學制時的標準，進而影響了新制度的設計，尤其是對中等教育階段的部分，成就了一個「八面玲瓏」的中等教育系統。〔註 29〕

〔註 26〕 1919 年教育調查會第一次會議報告提出之「以養成健全人格，發展共和精神」為宗旨。同年，第五屆全國教育會聯合會召開時，對此案進行討論，認為前述二語，適合教育本義，非教育宗旨，遂呈請教育部請廢止教育宗旨，改宣布「以養成健全人格，發展共和精神」為教育本義，但當時教育部並未採用。參見〈教育調查會第一次會議報告〉，《教育雜誌》十一卷五號，1919 年 5 月，總頁 15296～15297。

〔註 27〕 蔣夢麟，《過渡時代之思想與教育》（上海：商務印書館，1933 年），頁 291～293。

〔註 28〕 鄧萃英，〈現代教育思潮與教育行政方針〉，《教育叢刊》一卷三期，1920 年 6 月，頁 1～2。

〔註 29〕 廖世承認為：「新學制中最精彩的是中等教育一段」。參見廖世承，〈關於新學制一個緊急的問題〉，《新教育》五卷四期，1922 年 11 月，頁 733。余家菊說：「此次中學新制，實於學生個性、學校經濟、職業準備、升學的基本知識，

1922 年學制中有關中等教育段的規定，共十三條及兩個附註，如下：

8. 中學校修業年限六年，分爲初、高兩級，初級三年，高級三年，但依設科性質得定爲初級四年，高級二年，或初級二年，高級四年。

9. 初級中學得單設之。

10. 高級中學應與初級中學並設，但有特別情形時得單設之。

11. 初級中學施行普通教育，但得視地方需要兼設各種職業科。

12. 高級中學分普通、農、工、商、師範、家事等科，但得酌量地方情形單設一科或兼設數科。（附註：依舊制設立之甲種實業學校酌改爲職業學校或高級中學農、工、商等科）

13. 中等教育得用選科制。

14. 各地方得設中等程度之補習學校或補習科，其補習之種類及年限，視地方情形定之。

15. 職業學校之期限及程度得酌量各地方實際需要情形定之。（附註：依舊制設立之乙種實業學校酌改爲職業學校，收受高級小學畢業生，但依地方情形亦得收受相當年齡之修了初級小學學生）

16. 爲推廣職業教育計，得於相當學校內酌設職業教員養成科。

17. 師範學校修業年限六年。

18. 師範學校得單設後二年或後三年收受初級中學畢業生。

19. 師範學校後三年得酌行分組選修制。

20. 爲補充初級小學教員之不足，得酌設相當年期之師範學校或師範講習科。〔註30〕

中等教育在新頒的學校系統中，不僅修業年限延長，還將中學分成兩階段，

各方面大概都顧慮到了，所以我說中學制度是新制的精粹。」參見余家菊，〈評教育聯合會之學制改造案〉，《中華教育界》十一卷七期，1922 年 2 月。予同說：「就我個人的私見，我覺得新學制系統草案的優點只在中等教育段」。又說：「這次新學制系統草案的中等教育段，能夠將升學和職業兩方面兼顧，在維持現社會的原則上面，使學生依據經濟的狀況和個人的志趣，受相當的教育，這是不能不贊許的。某教育家說，新學制是『八面玲攏』，我以爲配稱這四個字的只有中等教育段」。參見周予同，〈對於新學制系統草案的我見〉，《教育雜誌》十四卷三號，1922 年 3 月，總頁 14579。

〔註30〕條文標號爲便於討論計，依原案照錄，參 1922 年 11 月 2 日，《政府公報》二三九三號（臺北：文海出版社，1971 年），一二七冊，總頁 4991～4995。

原本獨立的職業教育和師範教育，有部分和中學校教育合流，成就了中等教育階段「八面玲瓏」的特色。具體來說，整個中等教育階段的改革，與舊制相比較，具有以下五項特點，實現了教育界多年來的改革主張。

（一）中等教育修業年限延長為六年

係自清末「壬寅學制」以來修業年限最長的規定。延長為六年，確實符合當時教育界倡議的改革主張，第七屆教育會聯合會中，各省區提案關於學制問題有十一件之多，其中有十件主張中學六年，就是最好的證明。〔註 31〕

（二）中等教育分為初、高兩級，應並設，但各得單設之

中學改採初級中學和高級中學兩級制，各次會議都有類似決議，其間之差異只在三三制、四二制或二四制，教育部召開的學制會議主張四二制，第八屆教育會聯合會主張三三制，學校系統改革案採納後者決議頒行，成為定制。二級制的中學應並設，然顧及各省財政及教師人才的條件，規定各得單設初級中學或高級中學，這有兩個好處：一符合「多留各地方伸縮餘地」之標準，二可鼓勵地區依能力辦學，有助於普及中等教育，增加學生的選擇機會。

（三）中等教育得採用選科制

採取選科制是學制會議所無，而採用教育會聯合會之主張者，更加彈性地加一「得」字，意義實大不同。所謂選科制又稱選修制，係設置選修學科供學生自由選學的一種制度。這種創自歐美的制度，在國內一些著名的中學，例如北京高等師範學校附屬中學、南京高等師範學校附屬中學、江蘇省立第一中學、南開學校中學部、湖南明德中學、岳雲中學、上海浦東中學等，都已經施行多年，其中有的學校選修課所占的比重還更大。如南京高師附中規定，學生在第三、四學年內，除學習必修課之外，還必須選修四十四學分始得畢業。江蘇省立第一中學則規定文、理、商三科學生，在第三、四學年內選修課之學分為三十二、三十六和四十，分別占四年總學分的 14%、16% 和 18%。〔註 32〕

此一規定既順應了當時世界教育發展的潮流，也符合教育發展趨勢，因

〔註 31〕 〈第七屆全國教育會聯合會紀略〉，《教育雜誌》十四卷一期，1922 年 1 月，總頁 19332～19334。

〔註 32〕 舒新城，〈中學學制問題〉，《教育雜誌》十四卷一期，1922 年 1 月，總頁 19205～19215。

而頗受教育界人士的好評。胡適說：「高等及中等教育之編課，採用選科制」
是「一個大長處」〔註 33〕。誠然，採用選科制需要一定的條件。在當時的條
件下，中學普遍實行選科制，困難是可想而知的。因此有學者指出，實現新
學制選修制最好的方法，當自都市、城鎮及含有數個學校以上之大村莊的學
校之組合開始。〔註 34〕

（四）中等教育段普通教育與職業教育合流

學制規定初級中學施行普通教育，但得視地方需要兼設各種職業科，高
級中學分普通、農、工、商、師範、家事等科，但得酌量地方情形單設一科
或兼設數科；依舊制設立之甲種實業學校酌改為職業學校或高級中學農、工、
商等科，依舊制設立之乙種實業學校，酌改為職業學校，收受高級小學畢業
生，但依地方情形亦得收受相當年齡之初級小學畢業生。從中可看出，職業
教育代替了原先的實業教育，改變了前一學制自成一旁系的辦法，融合普通
教育並與之混合為綜合制，實施職業教育的機構有兩種：一是獨立職業學校，
一是附設於初、高中的職業科〔註 35〕，此一設計與第七屆教育會聯合會的規
定較為不同的地方是，第七屆決議職業科的修業年限有一年、二年、三年，
以及四至五年漸減普通科漸增職業科的職業科等的規定，但強化職業教育的
精神是一致的，並同時兼顧升學與就業。

從職業教育的觀點來看，1922 年的學制為職業教育的發展提供了較好的
機會。在新頒行的學校系統中，職業教育取代舊制的實業教育，其範圍反遠
廣於中等教育及初等教育後段之正系統，這可以說是 1917 年中華職業教育社
成立以後推廣職業教育思想最顯著的成效了。

（五）中學校與師範有合併的機會

新學制說明第十七條：「師範學校修業年限六年」，並未明白規定中等
師範教育學級之劃分。又第十八條：「師範學校得單設後二年或後三年收受初
級中學畢業生」，是有四二或三三之設置可能，其意在使初級中學畢業生得有
機會選擇教育為其終身職業〔註 36〕。說明第十一條：「初級中學施行普通教

〔註33〕〈對於新學制的感想〉，《胡適教育論著選》，頁 137。
〔註34〕〈怎樣實現新學制？〉，《教育雜誌》十四卷一期，1922 年 1 月，總頁 19242。
〔註35〕廖承琳、吳洪成，〈近代中國學制演變與職業教育發展〉，《西南師範大學學報》
（人文社會科學版），2004 年二期，頁 96。
〔註36〕余家菊，《師範教育》（上海：中華書局，1926 年），頁 154。

育,但得視地方需要兼設各種職業科。」第十二條:「高級中學分普通、農、工、商、師範、家事等科,但得酌量地方情形單設一科或兼設數科。」的規定,確實是使中學與師範、職業得以同時在一校中辦理獲得法源,不僅解決了升學與就業的兩難問題,也使中學校與師範學校有合併的機會;然而把師範與所有職業類科一概齊觀,卻引起原本獨立的師範教育不再獨立的疑慮。〔註37〕

第二節 新制中等教育的展開

推行新學制,除了設立新制初級中學、高級中學及新舊學制銜接之外,最重要的莫過於新課程綱要的制定了,新學制中等教育階段由四年制延長二年變成六年,又分為初、高兩階段,無論從修業年限來看,或是全新的兩階段制的學校設計,都是全新的開始。本節討論兩個重點,一個就教育行政的立場,觀察各省推行新學制中等教育的情形;另一個重點則是新課程綱要的編製,以及新學制之下出現的新課程介紹,比較新舊制之不同,及其對改革理想的實踐程度。

一、各省正式施行新制

1922 年 11 月,政府明令頒行新學制,各省教育行政機關與社會團體紛紛討論學校改組,擬訂合於新制度之辦法,俾使舊制中學得以順利銜接〔註38〕。自 1923 年度開始改行新制,由於新制與舊制小學與中學修業年限互有增減,舊制小學兩級七年,新制兩級六年,舊制中學單級四年,新制兩級六年,新舊制度轉換,無論學校改組、招收新生、舊生改編學級等,皆需安排銜接事宜。

新學制中等教育段,中學部分改變最大。把舊制中學修業四年延長為六年,分設初中、高中兩段,每段各三年。將普通、職業分立的中等教育,冶於一爐,在課程上做出重要改革。一方面與初等教育、高等教育相互銜接,對升學的學生,提高其普通教育的程度;另一方面,對欲謀求職業者,則施以一定職業教育,因此有利於提高整個中學教學的質量。公布以後,教育部

〔註37〕 羅廷光,《師範教育新論》,頁 37～38。
〔註38〕 鄒秉文,〈新學制實行後之各省農業教育辦法〉,《新教育》六卷一期,1923 年 1 月,頁 43。

限文到日一年以內為準備時期〔註 39〕。各省為實施新學制，省教育廳紛紛制訂實施新學制標準，擬訂新舊學制之銜接辦法，報部核准施行。

　　安徽省為擬訂中、小學校實施新學制標準，省教育廳組聘請黃炎培、陳寶泉、鄒秉文、廖世承、陸步青、孫洪芬、王星拱、陶行知、張貽侗、高一涵、劉貽燕、李寅恭、韓安等十三人及省教育會、省立學校聯合會、教育廳代表各四人，組織實施新學制討論會，訂定各級學校實施新學制的普通原則及實施標準〔註 40〕。新制中學教育為普及初中教育，以縣經費設立為原則，縣教育經費不足時，亦得以省府款項設立或補助之，1923 年度先就省立中學試辦初級中學，另在安慶設立規模較大之試驗式高級中學一所，分預備升學與職業兩種課程，職業科內分師範與商業兩種，而高級中學校數視初級中學畢業生人數逐漸增設。〔註 41〕

　　各省所擬辦法頗不一致，舉例言之，無論新、舊制中學校皆招收高小畢業生入學，惟舊制高等小學修業年限三年，新制二年，新舊交替之際，舊制高小畢業生，究竟是入新制初級中學一年級或是二年級？各省的作法即不一致，《山東省新舊學制之過渡辦法》規定：「舊制高小畢業生，如學力超越者，得以編級試驗，插入初級中學第二學年第一學期。」〔註 42〕江蘇省的作法與之相同，各中學校自 1923 年度起依新制招收初中二年級生，以舊制高小畢業生為限〔註 43〕。湖北省甚至規定，高級中學如收受舊制中學畢業生，得酌減一年修業年限。〔註 44〕

　　浙江省作法則不同，舊制高小畢業生，仍歸入初中一年級。理由是新制小學修業期限雖減少一年，然其課程程度標準應與舊制相當。如果將新制初

〔註39〕　陸殿揚，〈民國十一年之中學教育〉，《新教育》六卷二期，1923 年 2 月，頁 267。

〔註40〕　〈安徽省之學制改革〉，《新教育》六卷三期，1923 年 3 月，頁 468。

〔註41〕　〈安徽省之學制改革〉，《新教育》六卷三期，頁 449～454。

〔註42〕　〈教育部指令第七二二號〉，《教育公報》，命令，十一年五期，1924 年，頁 16。收入全國圖書館文獻縮微複製中心，《中國近代教育史料匯編（民國卷）》（北京：新華書店，2006 年），四冊，頁 78。

〔註43〕　〈蘇省施行新學制標準〉，《新教育》六卷三期，1923 年 3 月，頁 441；甘肅的作法亦同。

〔註44〕　〈教育部：咨湖北省長該省施行新學制標准照行文（第五六四號）〉，《教育公報》十一年五期，1924 年，公牘，頁 14。收入全國圖書館文獻縮微複製中心，《中國近代教育史料匯編（民國卷）》（北京：新華書店，2006 年），四冊，頁 91。

級中學一年級程度比較舊制低一年，則是新制中學六年級，較舊制中學程度僅增高一年，但這絕非學制改革之本意，因此主張依照《中學校令施行規則》第四十二條「中學校入學資格須在高等小學畢業及具有同等學力者」辦理〔註 45〕。浙江素來學風鼎盛，中學本不在少數，1916 年該省的中學學生人數，居全國第三位〔註 46〕，浙省本有分區改組中學計畫，爲實施新制，進行學校改組，分設十一所省立中學校，分別由舊制中學校及師範改組，並視地方情形，酌設初級中學、高級中學、師範科或職業科〔註 47〕；1922 年度普通中學所招之一年級生，於 1923 年度改爲初級中學二年級生〔註 48〕。江西省的作法與浙省相同，規定「初級中學應從第一年級辦起，招收高級小學及舊制高等小學畢業生或具有同等學力者，但同等學力者不得過十分之二。」〔註 49〕

地處西南的雲南，以新制中等教育段富於彈性縱橫活動，學校性質至少十一類，種類繁複，委實難辦，爲愼重起見，先指定省立第一中學校試辦，然後陸續推到外縣，以一年爲試驗期；如試驗確有成績，則外縣一律改辦初級中學，省內只需預備一個極完備的高級中學，以備外縣初級中學畢業生升學。〔註 50〕

各省實施新制，作法上雖然有些許差異，例如有的省分承認舊制高小畢業生修業三年的事實，准予減修一年，有的省分則不同意抵免；然大體而言，仍多能依照新制施行，只有東北的奉天（遼寧）獨樹一幟。1922 年 9 月，奉天教育廳長謝蔭昌（1877～？）提出〈呈省長改革學制草案及計畫意見書〉，學校教育定爲三級制：(1)國民學校六年畢業，職業學校三年畢業；(2)中學校、國民師範學校各自三年畢業，職業教員的養成在中學畢業後再學一年；(3)大學校、專門學校在中學畢業的基礎上各學四～六年、三～四年

〔註 45〕 《教育部編纂處月刊》二卷二冊，法令，頁 18～19；〈教育部：咨浙江省長該省所定辦法准照行文（第一七一號）〉，璩鑫圭、唐良炎編《中國近代教育史資料匯編（學制演變）》，頁 1026～1027。

〔註 46〕 〈第五次全國教育統計表〉，《新教育》四卷五期，1922 年 5 月，頁 914～916，僅次於廣東和湖南，是三個人數超過 5000 人的省分。

〔註 47〕 〈浙省施行新學制標準〉，《新教育》六卷三期，1923 年 3 月，頁 435。

〔註 48〕 〈教育部：咨浙江省長該省所定辦法准照行文（第一七一號）〉，璩鑫圭、唐良炎編，《中國近代教育史資料匯編（學制演變）》，頁 1026。

〔註 49〕 〈教育部指令第七三〇號〉，《教育公報》十一期五期，1924 年，命令，頁 28。收入全國圖書館文獻縮微複製中心，《中國近代教育史料匯編（民國卷）》（北京：新華書店，2006 年），四冊，頁 88。

〔註 50〕 〈雲南教育〉，《新教育》六卷二期，1923 年 2 月，頁 246。

〔註 51〕。代省長王永江（1872～1927）在該省教育行政會議上尤其強調「新學制之宗旨，必須注重職業教育，而以經訓爲之基。」這是在教育改革浪潮中，尚且樹立傳統經訓旗幟之一省，而在國人不再強調教育宗旨的大環境，奉天仍在其學制系統綱要中，標舉「注重道德教育、實利教育，而以美感教育成之」爲其教育宗旨〔註 52〕，學校系統不脫民國初年舊制，亦未見六三三制之施行，其大學校仍維持四～六年之設計，可知預科的制度在此仍然有一席之地。奉天之作法之所以如此，或與 1922 年第一次直奉戰爭之後，張作霖（1875～1928）退守東北有關。

再就新創設的中學校校數和新增的學生數而言，1922 年學制把中學分成初、高兩級，初級中學與高級中學可以合設，也可以根據地方情形單獨設立。使得縣立中學得以快速發展。例如江蘇省，原來各縣除幾所私人設立的中學外，公立的縣中一所也沒有。新學制施行後，「各縣遂紛紛請求設立初級中學」。1924 年，核准試辦的已有江寧、鹽城、高郵、南通、上海、淮陰、如皋、青浦、阜甯、漣水、沛縣、高淳、宜興、唯寧等十四縣。隨後其他各縣因教育經費增加，也相繼設立縣中。至 1930 年，除少數幾個教育經費特別困難的縣之外，全省已設立縣中五十所，其中男校四十五所、女校五所。五十所縣立中學中，除松江、宜興、泰縣三縣兼辦高中外，其餘均爲初級中學〔註 53〕。又如安徽省，縣立中學的數量，1922 年爲三所，其中舊制中學二所，新制初中一所。1923 年爲六所，其中舊制中學三所，新制初中三所。1924 年爲十一所，其中舊制中學一所，新制完中一所，初中九所。1928 年爲九十二所，其中新制完中二所，初中九十所〔註 54〕。同樣呈現縣立初級中學大量增設的景象。

統計全國 1916 年到 1928 年間中學校校數，1916 年 350 校，1922 年 547 校，1925 年 687 校，1928 年則已達到 950 校；中學校學生數，1916 年 60,924 人，1925 年 129,978 人，1928 年已達到 188,700 人〔註 55〕。就全國中學校數

〔註 51〕 李喜平主編，《遼寧教育史》（瀋陽：遼海出版社，1998 年），頁 317～318。
〔註 52〕 李喜平主編，《遼寧教育史》，頁 299～300。
〔註 53〕 教育部編，《第一次中國教育年鑑》二冊，丙編，教育概況，頁 197～198。
〔註 54〕 教育部編，《第一次中國教育年鑑》二冊，丙編，教育概況，頁 206。
〔註 55〕 〈歷年度全國中學校數之統計表〉，〈歷年度全國中學學生數之統計表〉、〈歷年度全國中學畢業生數之統計表〉，《第一次中國教育年鑑》，二冊，丙編，教育概況，頁 193～195；1927 年全國中學數量表，資料來源爲商務印書館編，《最近三十五年之中國教育》，頁 48～9。

量的成長來看，自新學制實施以後，全國中學校的數量，在短短六年之間，增加了 70%，可以證明兩級制中學的分設，及縣立中學的創立，正是新制實施後重要的辦學趨勢。

二、新制中等教育的新課程

配合 1922 年新學制頒行而新修訂的新課程，是民國建立以來前所未有的大變革，不僅是兩階段中學的新制前所未有，新學制幾個重要的標準：包括適應社會進化之需要、發揮平民教育精神、謀個性之發展、注意生活教育和多留各地方伸縮餘地等教育理念，都亟待實現。配合新頒行的學校系統，中學校的課程需要更大幅度的改變；然而教育部在頒行新制之後，並未針對新制新課程進行規劃，反而是民間教育團體較為積極，尤其是全國教育會聯合會。

本節擬討論 1922 年以後，教育界群策群力制定新課程的過程及新課程的特色，除與民初以來的中學課程相比較，以見其變遷的軌跡外，更再度彰顯這一時期的教育改革的推手是起自於民間的教育團體，由於彼等的主動積極，才能在政府沒有積極作為的時候，教育改革能有成果的原因。又由於部分新課程是新創，除具有開創性的歷史意義外，更是當代教育思潮的重要指標，因此，特別選定新設的必修科目，深入探討，剖析課程的理念及內容。

（一）民初中學課程概述

從 1912 年至 1922 年新學制頒行為止的這段期間，中學校的課程先是以 1912 年 1 月 19 日，教育部所頒行《普通教育暫行辦法》和《普通教育暫行課程標準》為依據。前者規定，中學校改為四年畢業，文實不必分科，各種教科書必須合民國宗旨〔註 56〕。後者共十一條，其中規定了初等小學校、高等小學校、中學校和師範學校應開設的課程，以及「各學年每週各科教授時數」（相當於教學計畫），同時還附有初小、高小、中學和師範學校的課程表，簡要地開列了課程內容。〔註 57〕

1913 年 3 月，教育部公布中學校課程標準〔註 58〕，取消中學文、實分科，並且把中學修業年限由五年縮短為四年，修習學科共有十五科，清代讀經講

〔註 56〕 朱有瓛，《中國近代學制史料》三輯，上冊，頁 1～2。
〔註 57〕 朱有瓛，《中國近代學制史料》三輯，上冊，頁 3～6。
〔註 58〕 〈教育部公布中學校課程標準〉，朱有瓛，《中國近代學制史料》三輯，上冊，頁 359～361。

經課程遭廢止，中國文學代之以國文，算學代之以數學，新增法制經濟、家事園藝、縫紉和樂歌。值得注意的是，不只修業年限縮短，民初普通中學課程的門類雖然比清末增加了，但各學年的每週上課時數，一般來說都比清末減少，詳如表 5-2-1。

表 5-2-1　1913 年中學校課程表

學科目 \ 學年	第一學年 每周時數	第二學年 每周時數	第三學年 每周時數	第四學年 每周時數	學科目 \ 學年	第一學年 每周時數	第二學年 每周時數	第三學年 每周時數	第四學年 每周時數
修　身	1	1	1	1	法制經濟				2
國　文	7	男 7 女 6	5	5	圖　畫	1	1	1	男 2 女 1
外國語	男 7 女 6	男 8 女 6	男 8 女 6	男 8 女 6	手工②	1	1	1	1
歷　史	2	2	2	2	家事園藝		女 2	女 2	女 2
地　理	2	2	2	2	縫　紉	女 2	女 2	女 2	女 2
數學①	男 5 女 4	男 5 女 4	男 5 女 3	男 4 女 3	樂　歌	1	1	1	1
博　物	3	3	2		體操③	男 3 女 2	男 3 女 2	男 3 女 2	男 3 女 2
物理化學			4	4	合　計	男 33 女 32	男 34 女 33	男 35 女 34	男 35 女 34

備註：① 女子中學校缺三角法，其餘學科程度比照學期時數酌定，並得展長算術教授時數至五學期以內，減少代數幾何之時數。
　　　② 女子手工授編物刺繡摘棉造花等，照所定時數分配。
　　　③ 女子中學校免課兵式體操，可代以舞蹈遊戲，照所定時數分配。〔註 59〕
　　　④ 1916 年 11 月 23 日教育部通敕中學校於中學校第一學年數學時間內，分出一小時添授簿記。〔註 60〕

　　就形式而言，民國初年普通中學校的課程，與清末普通中學堂的課程相比，多有沿襲之處，課程架構也沒有多大差別，兩者皆仿效學習日本的模式。1912 年 7 月，教育總長蔡元培在全國臨時教育會議開會詞中直言不諱地承認：「現在我等教育規程，取法日本者甚多。此並非我等苟且，我等知日本

〔註 59〕〈教育部公布中學校課程標準令〉，《教育雜誌》五卷二號，1913 年 5 月，總頁 5013～5016。

〔註 60〕〈1916 年 11 月 23 日教育部通敕中學校添授簿記〉，朱有瓛，《中國近代學制史料》三輯，上冊，頁 362～363。

學制本取法歐洲各國。惟歐洲各國學制，多從歷史上漸演而成，不甚求其整齊畫一，而又含有西洋人特別之習慣；日本則變法時所創設，取西洋各國之制而折衷之，取法於彼，尤為相宜。」當然，這並不是絕對的。因此蔡元培特別指出：「日本國體與我不同」，我們「不可不兼採歐美相宜之法」。〔註61〕

　　但就課程內容而言，民主共和政體之下的中學教育，課程內容勢必會與君主制度時代不同。例如：「修身」課，在清末即已列為中學堂課程，教學的內容為摘講陳宏謀（1696～1771）五種遺規：養正遺規、訓俗遺規、教女遺規、從政遺規、在官法戒錄。民國以後，修身內容在講個人處世待人之道，第二、三年分別講對國家、對社會、對家族與自己及對人類和萬物的責任，第四年則講倫理學大要與本國道德之特色。政體的改變，影響了修身課程的內容，論者謂：清末講五種遺規，完全是預備去「治人」的，去「從政」的；民國後，注重對個人、家族、社會、國家及人類之責任，是「自治的」〔註62〕。民國以後則「在養成道德上之思想情操，並勉以躬行實踐完具國民之品格，修身宜授以道德要領，漸及對國家社會家族之責務，兼授倫理學大要，尤宜注意本國道德之特色。」〔註63〕又如「歷史」課，清代先講中國史，「專舉歷代帝王之大事，陳述本朝列聖之善政德澤」〔註64〕，民國的歷史課，則尤要「注意政體之沿革，與民國建立之本」〔註65〕，又如清代的「法制及理財」課程，民國改為「法制經濟」，課程要旨更是直接強調是「在養成公民觀念及生活上之必需之知識」〔註66〕。這些和養成公民道德相關的課程，調整授課內容是在政體改換之後必要的作為，依據教育總長蔡元培的意見，普通教育應順應時勢，以養成共和國民健全之人格。然而民國的道德要旨為何？蔡元培的意見是「自由、平等、博愛」〔註67〕，和帝制時代的忠君順民思想明顯

〔註61〕邰爽秋等編選，《歷屆教育會議議決案匯編》，臨時教育會日記，頁4。
〔註62〕曾毅夫，〈近代中國中學課程變遷之史的研究〉，收入邰爽秋等編，《中小學課程問題》（上海：教育編譯館，1935年），頁125。
〔註63〕〈教育部公布中學校令施行細則〉，收入璩鑫圭、唐良炎編，《中國近代教育史資料匯編（學制演變）》，頁669。
〔註64〕〈奏定中學堂章程〉，收入《中國近代教育史資料匯編（學制演變）》，頁319。
〔註65〕〈教育部公布中學校令施行細則〉，收入《中國近代教育史資料匯編（學制演變）》，頁669。
〔註66〕〈教育部公布中學校令施行細則〉，收入《中國近代教育史資料匯編（學制演變）》，頁670。
〔註67〕蔡元培，〈對於教育方針之意見〉，收入劉鐵芳主編，《新教育的精神》（上海：華東師範大學出版社，2007年），頁12。

不同，這不僅影響教育宗旨的改變，也影響課程內容的改變。

　　民國建立之初中學課程的改革，不論就形式或內容言，都會對中等教育的實施產生莫大的影響，尤其是廢除了清末中學的文實分科，純粹以完成普通教育為滿足，使得中學教育的性質單一化，在課程上不留絲毫伸縮餘地，亦屬矯枉過正之舉。事實上，清制的文實分科並無德國雙軌制之模式，只就學生升學專業或依個性及能力稍作文實學科的各別偏重，就其實質，在應學生個性及需要，使宜文者入文科，宜實者入實科，在進入高等教育或進入職場，未必毫無可取之處。一旦廢除，不問學生個性如何，志願如何，統以中學「以完成普通教育為目的」的理由，應受同樣的課程，不但抹殺了「個性教育」，而且畢業後不能升學者，毫無就業專業能力，在民國初年國內外形勢急遽變化的環境中，其實是很難滿足人們對於中等教育的需求的。

　　此外，民初中學的課程尚有若干缺點，諸如：課程重複，中學短短的四個學年中，課程不僅和高小課程重複一年，實際所學明顯不足，造成進入專門或大學本科之前，仍需經過預科的學習。四年之間，所習的學科內容，缺乏職業準備的課程，學生畢業之後，不入大學，遂不免遭致「高等遊民」之譏。而在師範學校的課程又含混不清，高等小學的教員與初等小學的教員，在師範學校修習相同的課程；在職業教育方面，不論甲乙種實業，一律三年畢業，用一律的職業教育課程，訓練不同需要的職業人材，終究不能符合不同職業的需要〔註68〕。而學校課程科目僵化，不管學科課程是否結合實際生活之需要，在實用教育思想和職業教育思想蔚為風潮之後，更是為人所詬病，認為非打破不可〔註69〕。由於這些原因，民初十年之間，中學教育改革的呼聲始終不斷，局部的課程改革如二部制或容許開設因地制宜的課程，然因學制未全面變革，始終無法徹底翻修，直到1922年學制頒布，中學課程才進入一個嶄新的階段。

（二）訂定新學制中學校課程標準綱要之經過及其內容

　　配合1922年學制的頒行，中等教育除了持續創辦兩級制中學以及規畫新學制新課程之外，另一個新創舉則是在全國教育會聯合會主導下，首次訂定了各科的課程標準，供中等教育學校參考。

〔註68〕商務印書館編輯，《新學制初級中學課程說明書》（上海：商務印書館，出版年不詳），頁1～3。
〔註69〕仲九，〈教育改造的方法〉，《中華教育界》十卷三期，1919年9月，頁6。

　　學制改革與課程改革必須一以貫之，相輔相成。課程改革往往牽動學制改革，而學制改革必然影響課程改革，且須落實到課程改革。早在新學制草案議決之際，經亨頤即已指出，「改革學制非先討論教材不可」，應先決定在學校裡要教些什麼，再決定學制應如何訂，要議決「新學制」，卻未研究教材，「確有不妥」〔註 70〕。朱經農在致胡適的信中說：「大凡討論一種學制，不把各級學校應有課程的最小限度細細研究一番，拿來作規定年限的根據，徒發空論，爭什麼『三三』、『四二』、『八四』、『六六』的年限分配問題，實在是沒有用處的。」他指出：「改革學制，非改革學程不可。」「第一件要緊的事體就是討論中小學校課程的標準。」「若不把課程的分量和時間的配量大致規定出來」，那麼學制便「一點實用沒有」〔註 71〕。然而，當時中國的教育現況，不僅教材內容未曾研訂，其且「中等的教科範圍，可謂完全操之於編教科書者或上海兩家書局之手，專門學者及有教育經驗的反無置喙之餘地，無研究的機會。」主張「欲改革學制，必須先討論以下諸科目的範圍，內容及程度。」〔註 72〕

　　學制既定之後才著手擬訂學科課程的內容，其實是有爭議性的，經亨頤、陶孟和、朱經農皆曾表達先訂學制再議課程的不妥當，類似的議論，不只反映了教育界對課程、教材的迫切需要，更顯示教育當局失政無回應之窘況。但木已成舟，教育界只得繼續積極地研擬各級各類課程綱要，全國教育會聯合會的積極任事，彰顯了 1920 年代，非政府組織的教育團體在政府失能之際的絕佳替代功能，才使得中等教育改革得以繼續貫徹，而不僅止於頒行學制而已。

　　自 1922 年新學制產生後，學校課程因實施「六三三」新學制，必須有所變革。由於政府無力顧及，遂使得新學制下的新課程綱要之研訂，不是由政府主持，而是由民間教育團體擬訂，這是一個特色〔註 73〕；選修科目，因地制宜，各校自訂，則是另一特色。

　　新制頒行後，教育部並未針對課程之應興應革提出任何方案，反而是由全國教育會聯合會承擔起這個責任。1922 年 10 月，第八屆全國教育會聯合會

〔註 70〕　〈新學制研究〉，張彬編，《經亨頤教育論著選》，頁 265。
〔註 71〕　轉引自呂達，《課程史論》，頁 300。
〔註 72〕　陶孟和，〈論學制系統〉，《新教育》四卷二期，1922 年 1 月，頁 191～192。
〔註 73〕　吳鼎，〈近五十年中國課程之演變〉，中國教育學會主編，《近五十年來之中國教育》（臺北：復興書局，1977 年），頁 453。

在濟南開會時，已經有浙江、山東、江蘇、廣東和安徽等省提出了議定新學制課程標準案、擬定小學課程草案、初級中學課程草案、高級中學課程草案的提案。〔註74〕

第八屆全國教育會聯合會遂在通過新學制系統案之同時，通過組織「新學制課程標準起草委員會」，負責制訂新課程標準。大會推選袁希濤、金曾澄、胡適、黃炎培和經亨頤五人為課程標準起草委員會委員，以四個月為期，邀請專家擬定相關課程之標準。〔註75〕

新課程標準的制定過程是相當積極且慎重的，經過了八個月的討論才完成。1922 年 10 月 21 日，袁希濤等五位委員在北京召開了第一次委員會，議定進行程序，並通告各省區，徵求意見匯集討論。旋即在 12 月 6 日起連續 3 日，於南京召開第二次委員會，邀請專家列席，就所擬之標準及限度，共同討論，通過中小學畢業標準，分中學、小學兩組，編定各學科課程要旨，分請專家草擬各科目課程綱要，並因各科彼此銜接關係，又再邀請專家做縱的審核，同時分寄各省廣徵各方意見〔註76〕。1923 年 4 月和 6 月，新學制課程標準起草委員會在上海先後召開兩次會議，通過了「小學、初中各科綱要及高中課程總綱」，並「刊布新學制課程標準綱要一冊」〔註77〕，讓各界於實施新制新課程時有所依循。

新學制課程標準綱要規定，中學採用學分制，每個科目每週上課一課時，滿一學期即為一學分。但圖畫、手工、音樂、體育、理化和生物實驗等無需課外預備或預備時間較少的課，以及自修課等，其學分成績酌情折算。新制分初、高兩級，各三年，共六年，初級中學畢業學分為 180 學分；除必修科164 學分外，其餘學分得選他種科目或加選必修科目。高級中學畢業學分 150學分，其中選修學分不超過三十學分。相較於民初之中學校四年，畢業學分男 137，女 133，兩級中學畢業後，所修習課程學分增加一倍，確實可達到提升學生程度的目標。

〔註74〕呂達，《課程史論》（北京：人民教育出版社，1999 年），頁 299～300。
〔註75〕陳寶泉，《中國近代學制變遷史》，頁 210。
〔註76〕姜書閣，《中國近代教育制度》（上海：商務印書館，1933 年），頁 129～130。
〔註77〕丁致聘編，《中國近七十年來教育記事》（上海：國立編譯館，1935 年），頁105。

表 5-2-2　　新學制課程標準綱要初級中學課程及學分

學科	社會科			言文科		算學科	自然科	藝術科			體育科		共計
	公民	歷史	地理	國語	外國語			圖畫	手工	音樂	生理衛生	體育	
學分	6	8	8	32	36	30	16	12			4	12	164

資料來源：《二十世紀中國中小學課程標準教學大綱匯編‧課程（教學）計畫卷》（北京：人民教育出版社，2001 年），頁 110。

　　依據「綱要」規定的初級中學課程及學分如上，表 5-2-2。按照學分計算標準換算，實施新制下的學生，每一週課時約為三十，相較於舊制，每週約有三十四～三十五課時的數字為低；加以畢業學分為 180，而所規定的必修學分只有 164，換言之，初級中學學生可以有十六個學分的選修課程，此為舊制所無，而是一項為配合新學制「謀個性之發展」標準，在課程規畫上以選修課程作為因應的方式。此外，每科課程只定學分數，授課時間由各校自由支配，而不再限制授課的年級與學期，選修科目亦沒有標出，由各校斟酌地方情形自由選擇，選科時間亦沒有規定，大概由第二學年開始。〔註 78〕

　　高級中學得依各地方情形分設各科，以升學為主要目的者稱普通科，得分兩組。第一組注重文學及社會科學，第二組注重數學及自然科學；以職業為主要目的者，得分設師範科、商業科、工業科、農業科、家事等科；設科不以上列為限，一校之內不必各科或各組全設，得因地制宜〔註 79〕。課程總綱由鄭曉滄、胡明復、廖世承、舒新城、朱經農、陸士寅、陸殿揚、朱斌魁、段育華起草，內容概分三部分：

　　1. 共同必修科目

　　為高中學生所應受普通教育的最低限度，無論何科學生皆應學習，占畢業學分之 43%。

　　2. 分科專修科目

　　分必修科與選修科兩種。凡本科內主要的及基本的功課，概為必修科目；其餘得在本科範圍內彈性選擇。必修與選修的分量，得依專科的性質與學校所設科目之多寡，分別規定。另設職業指導一科，以演溝、閱讀或參觀等方

〔註 78〕　曾毅夫，〈近代中國中學課程變遷之史的研究〉，收入邰爽秋等編，《中小學課程問題》（上海：教育編譯館，1935 年），頁 151～152。

〔註 79〕　全國教育聯合會新學制課程標準起草委員會編，《新學制課程標準綱要》（上海：商務印書館，1925 年），頁 76。

式實施。

3.純粹選修科目

　　學生得於專修科目以外，就興趣之所近，經相當手續於普通選修（即不專屬於各該校所有之科組者）及他科之選修與必修科目中，酌修其他科目；但每人所選分量，不得超過畢業學分之 20%。此項選修科目，倘學生所選仍與其他專修科目有關亦可照准，職業科並得減少此項學分，以增加分科專修學分。〔註80〕

表 5-2-3　新學制課程標準綱要高級中學普通科第一組課程簡表

科		目	學　分
公共必修的	1. 國語 2. 外國語 3. 人生哲學 4. 社會問題 5. 文化史 6. 科學概論		16 16 4 6 9 6
	7. 體育	（甲）衛生法 （乙）健身法 （丙）其他運動	10
分科專修的	1. 必修的	(1) 特設國文 (2) 心理學初步 (3) 論理學初步 (4) 社會科學之一種 (5) 自然科或數學之一種	8 3 3 4（至少） 6（至少）
	2. 選修的		32（或更多）
純粹選修的			30（或更少）
畢業學分總額 150			

資料來源：全國教育會聯合會新學制課程標準起草委員會編，《新學制課程標準綱要》（上海：商務印書館，1925 年），頁 78～79。

　　高級中學既分兩組，除公共必修科相同外，兩組於分科專修及選修科目各自有所偏重，兩組課程及學分簡表如表 5-2-3 及表 5-2-4。依據學制和課程之設計，普通科係為升學預備，和不入大學而願得較高之修養者而設；亦可

〔註80〕全國教育聯合會新學制課程標準起草委員會編，《新學制課程標準綱要》（上海：商務印書館，1925 年），頁 75～76；熊明安主編，《中國近現代教學改革史》（重慶：重慶出版社，1999 年），頁 112。

按照地方情形，臨時加開有關家事、圖書館管理、新聞業、書記業、統計業、學校實驗室及工廠辦事助理等課程爲選修科目，以謀不升學者職業上之便利。第二組學生凡志不在升學理工數學科者，得減少數學之一部分，增修有關係之科目，例如志在醫農者注重生物，志在化學者注重化學等。以職業主要之各科，其課程除共同必修外，所有分科專修及純粹選修的科目，由各校按照地方實際情形定之〔註 81〕。此種分科專修科目因組別不同而有所差異的作法，其性質頗有文組和理組的區別，此一作爲已開啓高級中學分爲文、理兩組的濫觴。

表 5-2-4　新學制課程標準綱要高級中學普通科第二組課程簡表

科	目		學　分
公共必修的	1. 國語 2. 外國語 3. 人生哲學 4. 社會問題 5. 文化史 6. 科學概論		16 16 4 6 6 6
	7. 體育	（同第一組）	10
分科專修的	1. 必修的	(1) 三角 (2) 高中幾何 (3) 高中代數 (4) 解析幾何大意 (5) 用器畫 (6) 物理、化學、生物三項選習兩項，每項六學分	3 6 6 3 4 12（至少）
	2. 選修的		23（或更多）
純粹選修的			30（或更少）
畢業學分總額 150			

資料來源：全國教育會聯合會新學制課程標準起草委員會編，《新學制課程標準綱要》（上海：商務印書館，1925 年），頁 79～80。

　　另外，高級中學分組設課，除共同必修和純粹選修之外，另設有分科專修課程。第一、二組則各有區別，有必修、選修之分，前者必修課程五種學科，二十四學分；後者必修課程六種學科，三十四學分；選修部分則分別爲

〔註81〕全國教育聯合會新學制課程標準起草委員會編，《新學制課程標準綱要》，頁76～80；《二十世紀中國中小學課程標準教學大綱匯編・課程（教學）計畫卷》（北京：人民教育出版社，2001 年），頁 112～114。

－169－

三十二和二十三學分；兩組分科專修的學分總計各為五十六和五十七學分。在第一組的分科專修的必修課程中，規畫有特設國文、心理學初步、論理學初步和社會科學之一種等四種課程。第二組所規畫的必修課程，除了三角、幾何、代數、解析幾何、用器畫等必修課外，還規定學生要在物理、化學和生物三項課程中選習二項。就課目論，第二組較多，然究其實質，三角代數幾何皆屬數學領域，只是細分為若干科目，不過第二組的必修學分因而較第一組多則是事實。儘管如此，選修課程和學分在總量上增多，予學生更多選擇的機會，仍可視為改制後課程改革最重要的部分。

（三）訂定新學制師範學校課程標準綱要之經過及其內容

由於教育部始終未依新頒學制擬訂各級學校之課程標準，全國教育會聯合會只好將草擬完成之小學、中學及升學預備之中學課程標準刊印成書，分寄各省試行。1923 年，第九屆全國教育會聯合會決定再接再厲，仿照上屆辦法，組織起草委員會，延請專家擬定師範及職業課程綱要。其進行程序，先由大會選舉五人組成師範及職業科課程標準起草委員會，以六個月為期，同時由委員會延請專家，擬訂函寄各區徵求意見，再參考回復意見研擬課程標準，送交教育會聯合會事務所，陳送教育部，並通函各省區〔註 82〕。此一程序，與上屆制定中學校課程標準與綱要的作法相同。

到 1925 年 8 月，共完成了「高級中學師範科及師範學校後三年公用課程標準」、「六年師範學校課程標準」及「相當年期師範學校課程標準」等三種新制師範之課程標準，是為「新學制師範科課程標準綱要」，由全國教育會聯合會發行。至於師範專修科課程，則因資料不易搜集，並未完成編製〔註 83〕。前述三種課程標準內容分述如下：

1. 高中師範科師範後三年公用課程標準

依照新制，師範學校前三年課程與初中相同，但地方特殊情形，對於各科目分量，得酌加增減，並於第三年級增設教育入門課程，凡初中學生希望畢業後學習師範者，亦需於初中第三年級選修。

後三年則與高級中學師範科課程相同，分為共同必修科目、師範專修科目及分組選修科目、教育選修科目、純粹選修科目。其內容如下：共同必修

〔註82〕邱爽秋等編選，《歷屆教育會議議決案匯編》，第九屆全國教育會聯合會議決案，頁 39～40。
〔註83〕羅廷光，《師範教育新論》，頁 38。

－170－

科目，一如高級中學必修科，共六十八學分，課程包括國語十六學分、外國語十六學分、人生哲學四學分、社會問題六學分、世界文化史六學分、科學概論六學分、體育十學分、音樂四學分。音樂課係唯一新加課程。

　　各師範學校因經濟、人才及地方特別需要，共同必修科得略為調整。例如外國語得酌免其必修，而列入純粹選修，但願習英文者至少須修滿十六學分。又如世界文化史得將中國史及外國史分別教授。又在第一組選修中國史及西洋史者，得免修世界文化史；在第二組選修物理、化學或生物學、礦物地質者，得免修科學概論；在第三組選修音樂者，得免修共同必修科之音樂。

　　師範專修科目，共四十八學分。課程包括：心理學入門二學分、教育心理三學分、普通教學法二學分、各科教學法六學分、小學各科教材研究六學分、教育測驗與統計三學分、小學校行政三學分、教育原理三學分，以及實習二十學分。其中，小學各科教材研究則內含言文科、社會學科、自然學科、算學科、藝科和體育科各一學分。

　　至於師範教育的分組，各地方得按地方需要，先設一組或數組，並得另設職業教員組，複式班教員組，幼稚園教員組，小學前四年教員組等。分組選修科目各組不同，各組學生至少應於下列科目中選習二十學分，並得於他組選修科目及純粹選修科目中，選修若干學分。又，各科分量得依地方情形酌量增減。各組選修科列舉如表 5-2-5。

表 5-2-5　新學制師範學校後三年分組選修科目表

第一組選修科目（選修此組者，注重文言及社會科學）		第二組選修科目（選修是科者注重數學及自然科學）		第三組選修科目（選修此組者注重藝術體育）	
科　　目	學　分	科　　目	學　分	科　　目	學　分
選修國語	八學分	算　術	八學分	圖　畫	八學分
選修外國語	八學分	代　數	六學分	手　工	八學分
本國史	六學分	幾　何	六學分	音　樂	八學分
西洋近代史	四學分	三　角	三學分	體　育	六學分
地學通論	四學分	物　理	六學分	家　事	八學分
政治概論	三學分	化　學	六學分		
經濟概論	三學分	生　物	六學分		
鄉村社會學	三學分	礦物地質	四學分		
		園　藝	四學分		
		農業大意	六學分		

資料來源：羅廷光，《師範教育新論》（上海：南京書店，1933年），頁317～319。

　　另有教育選修科目和純粹選修科目，前者學生應從教育史、鄉村教育、職業教育概論、兒童心理、教育行政、圖書館管理法、現代教育思潮、幼稚教育和保育學等課程中至少選修八學分。對於純粹選修科目則不限定學分，學校可視經費、人才、地方需求，自由伸縮，各科學分亦得酌量增減。凡經濟困難之學校，設計可從簡，若師範科設在規模宏大之高級中學內，則純粹選修科目範圍不妨盡量擴充。〔註84〕

2. 六年師範學校課程標準

　　六年制師範學校課程以六年一貫，中間不招插班學生之師範學校適用，也較適用於設備較簡、班次較少，不能多設選科之師範學校，各校招收插班生時，其入學資格，必須初級中學畢業，入學後仍需補修第三年之教育科目。

　　六年課程雖分為兩個段落，但前後兩段仍為一貫。學分總數為 330；前三年 180 學分為原則，後三年 150 學分為原則，與六年之中學需修讀之學分數相符。330 學分中仍留十一學分為自由選修，或作繼續學習數學、自然、社會等科之用。各校依照學校狀況，及學生需要酌量行之。六年制師範課程總表如表 5-2-6。

表 5-2-6　新學制六年制師範學校課程總表

| 學期科目 | 學年學分 | 一 | | 二 | | 三 | | 四 | | 五 | | 六 | |
		一	二	三	四	五	六	七	八	九	十	十一	十二
社會科	公民	6	1	1	1	1	1	1						
	歷史	14	2	2	2	2	3	3						
	地理	14	2	2	2	2	3	3						
	人生哲學	4											2	2
	社會問題	6									3	3		
言文科	國語	54	5	5	5	5	5	5	4	4	4	4	4	4
	外國語	52	6	6	6	6	4	4	4	4	3	3	3	3
算學科	算術珠算	12	5	1										
			5	1										
	代數	8			5	3								

〔註84〕羅廷光，《師範教育新論》，頁 315～320。

科別	科目	學分												
算學科	幾何	5				5								
	幾何（立體）	2					2							
	三角（平）	3				3								
自然科	混合理科	16	4	4	4	4								
	生物學	6							3	3				
	化學	6									3	3		
	物理	6											3	3
藝術科	手工	8	2	2	2	2	2	2	2	2	2	2	2	2
	圖畫	8												
	音樂	8												
體育科	體育	22	2	2	2	2	2	2	2	2	2	2	1	1
	生理衛生	4				2	2							
教育科	教育入門	4				2	2							
	心理學入門	2					2							
	教育心理學	3						3						
	教學法	8						2	3	3				
	小學校行政	3										3		
	教育測驗及統計	3										3		
	小學各科教材研究	6								3	3			
	職業教育概論	3											3	
	教育原理	3												3
	教育實習	20							2	3	3	3	4	5
	必修學分	319	30	30	29	29	29	26	25	24	26	26	22	23
	選修學分	11												
	共　　計	330												

資料來源：羅廷光，《師範教育新論》（上海：南京書店，1933年），頁321～322。

　　中等教育分初、高兩段，分科、選科制度理想的實踐，相當於中等教育段的師範教育，所設課程也和普通中學相類似。師範學校前三年，除第二年下學期開始設教育入門等科外，其餘與初中相同；後三年師範學校，和高級中學師範科課程相同；六年制師範學校則將初中高中兩階段課程統整爲一，分年授課。

不論是中學校或是師範學校，在初中和高中兩階段皆有選修學分，兩者數量差別甚大，初級中學的選修學分僅占畢業總學分的十分之一，高級中學除分為兩組，兩組的選修學分都占畢業總學分的五分之二。就課表看，六年制的師範學校的選修學分似乎比中學校的修科目學分要來的少，不過，這必須顧及到師範教育的屬性，因此，在課表中有大量教育科的科目，占去了選修的學分。

（四）新課程之特色及其問題

1920 年代新學制頒行後，新制中學實施的新課程，依據全國省教育會聯合會「新學制課程標準起草委員會」擬定的各種課程標準綱要施行，就像是新學制的訂頒是由民間的教育團體所促成一樣，新課程標準綱要也是由教育團體所催生。

中等教育新課程標準綱要是依據新學制中等教育段而設計的，新制中等教育與舊制最大的差異，就制度面而言：中等教育修業年限由四年改為六年，一級制改為兩級制，和固定課程改為選科與分科制等等；就其內容而言，則是實現民初教育界倡導的各項教育主張的機會，新課程的出現，在初級中學課程或不易見，但在高中課程中則是清晰可見的。

分析全國教育會聯合會擬訂的新課程，首要的特點為具備開創性和多元性，與舊制相比較，因為中學改為兩級制，修業年限延長等因素，新設學科因而具備了新創和多元的特色，也由於深具實驗性質，因而衍生的問題，則是有待修正的。

1.始創新課程標準綱要，為全國各級中等學校所遵行

中國自清季開始辦理新式教育以後，從未訂定過有系統的課程標準綱要，1903 年奏定學堂章程對於各科內容雖略為言及，然不免語焉不詳，不論是目的、內容、方法及各科畢業標準，都沒有具體的規定。1913 年教育部頒布的課程標準，仍未見具體完整的綱要。頒布新學制課程標準，對於中小學各科課程目的、內容、方法和畢業最低限制的標準均有明白的規定〔註 85〕。而此一課程綱要雖未經政府正式公布，然而，由於全國教育會聯合會及其所屬的課程標準起草委員會組織係由全國各省區教育會所組成，其會員代表來

〔註85〕曾毅夫，〈近代中國中學課程變遷之史的研究〉，收入邱爽秋等編，《中小學課程問題》（上海：教育編譯館，1935 年），頁 155。

自全國各地，因而各省中等教育學校多能按照這個「綱要」中的規定，實行新學制新課程。值得注意的是，後來 1929 年的課程暫行標準，以及 1932 年的正式課程標準，仍舊是以 1923 年課程標準綱要的框架爲基礎。〔註 86〕

2. 新制初級中學課程的特色：混合教學

新制初級中學課程所開設的科目，就科目名稱來看，新制課程與舊制的差別並不大。與清末五年制中學和民國初年的四年制中學課目相比較，新制初級中學的必修科目除了以公民科代替修身科外，其餘科目除對課目名稱略做修改外，大致與民初中學課程之科目相同，比較如表 5-2-7。

表 5-2-7　1922 年前後普通中學必修課程比較表

清	末	民		國
1902 年欽定中學堂章程壬寅學制	1904 年奏定中學堂章程壬寅學制	1912 年 1 月 19 日中學暫行課程標準	1913 年 3 月 19 日中學校課程標準	1923 年初中課程標準綱要
修　身	修　身	修　身	修　身	社會科：公民、歷史、地理
中外史學	歷　史	歷　史	歷　史	
中外輿地	地　理	地　理	地　理	
讀　經	讀經講經			
詞　章	中國文學	國　文	國　文	言文科：國語、外國語
外國文	外國語	外國語	外國語	
算　學	算　學	數　學	數　學	算學科
博　物	博　物	博　物	博　物	自然科
物　理	物理及化學	理　化	物理化學	
化　學				
圖　畫	圖　畫	圖　畫	圖　畫	藝術科：圖畫、手工、音樂
		手　工	手　工	
		音　樂	樂　歌	
體　操	體　操	體　操	體　操	體育科：生理、衛生、體育
		家政（女）	家事園藝（女）	
		縫紉（女）	縫紉（女）	
法制及理財	法制及理財	法制經濟	法制經濟	

〔註 86〕呂達，《課程史論》，頁 301～302。

舊制中的修身、法制經濟不再設，博物、理化改為自然科，數學改為算學科外，其餘國文、外國語、歷史、地理、圖畫、樂歌、體育、手工都繼續開設；而不再開設的修身實際上是以公民科取而代之的，換言之，就科目名稱來看，變動其實不大；而與 1920 年代的美國英國的中學、德國的新式中學和法國的實用中學的課程相去亦不遠。〔註87〕

然而，這只是表相的觀察。初級中學必修科目開課的標準，一方面要從兩級制的中學制度去看，初級中學取代了原有四年制中學，因此所開設的課程，要從接續初等教育課程上著眼，另一方面，必須考慮到是否適合十二歲到十四歲學齡兒童學習的需要，因此，初級中學的學科變動不會太大。新制中學分為初高兩級，初級中學銜接小學，由於小學課程多採混合課程，為利於銜接小學課程，新制初級中學的課程採取混合教授法，論者謂此為新制初級中學課程最大的特色。算學一科，把算術、代數、幾何、三角四項聯絡貫通成為一種混合數學；自然一科也把植物、動物、礦物、物理、化學各科合在一起，成為一科混合學科；歷史一科則將中國史與世界史混合教授，打破狹隘的地方觀念，把東西文化聯合在一起研究；地理一科也不分界域，把中國地理和世界地理合在一起教授，其他科目不再一一列舉。〔註88〕

這種混合學科，乍看之下，不過是科目的重整或改名而已，事實上，這是「混合教授」的概念在這個時候已被採用，朱經農認為這「實在很有見地」，打破了中學校將算術、代數、幾何、三角不相聯絡的教學方式，又把物理、化學、動物、植物、礦物混合起來教學，成為一門科學概論，做為未來分門研究的基礎，甚至歷史也是混合教授，將中國史和外國史混合教學，學生不僅可以理解數千年來人類生活演化的軌跡，且可將各民族經歷相互參證，打破狹隘的地域主義〔註 89〕。就這一層而言，初級中學的課程，科目名稱變動不大，但就其課程設計的理念和選修科目之開設而言，確實是與舊制有所不同的。

〔註87〕 王岫廬，〈新學制中學校課程私議〉，收入教育雜誌社編輯，《新學制中學的課程》（上海：商務印書館，1925 年），頁 57～58。

〔註88〕 胡明復擬，〈算學科課程綱要〉，胡剛復擬，〈自然科課程綱要〉，常乃德擬，〈歷史科課程綱要〉，王鐘騋擬，〈地理科課程綱要〉，分見商務印書館編輯，《新學制初級中學課程說明書》（上海：商務印書館，出版年不詳），算學科，頁 1～2；自然科，頁 1～2；歷史科，頁 1～2；地理科，頁 1～6。

〔註89〕 朱經農，〈對於初級中學課程的討論（一）〉，《教育雜誌》十五卷三號，1923 年 3 月，總頁 21273～21274。

其次，就課程的內容看，和民元相比校，改變比較大的課程爲「修身」課和「體育」課，其原因除了和改革過程中所產生的新教育思想相關外，也和軍國民教育思想的退潮有關。

依照新定的課程標準，原有的修身和法制、經濟的科目不再開設，而以「公民科」取代之〔註90〕，以符合「適應社會進化之需要」「發揮平民教育精神」之新學制標準。此一科目的源起，早在新學制頒行之前即有學校試行與教育團體提出公開呼籲。

1922年7月，中華教育改進社在濟南召開第一次年會，公民教育組討論新課程時，金陵大學的程湘帆、東南大學的王伯秋（1883～1944）和北京師大附中的張鴻來，分別主張中小學修身科改稱公民科，程湘帆和王伯秋認爲：修身科的範圍太狹，僅斤斤於個人之修養，務使個人適應社會，不適於共和的社會；修身注意道德之涵養，缺乏法律的觀念，不適用於法治的國家；修身之標準太舊，多從消極方面立言，不適用於合作團體等理由主張改修身科爲公民學科。王伯秋更以美國爲例，指出美國各學校所設之公民教育，多包括法制、經濟兩科，其目的重在培養公民精神，而中國中學所定法制經濟科，多半偏於智識之灌輸，而缺乏精神之訓練，是應廢除，納之於公民教育中〔註91〕。眾皆曰可，並通過審查程湘帆所編之公民教育大綱之內容。

公民學納入課程，顯示一次大戰結束前後，包括蔣夢麟和全國教育會聯合會等教育團體所積極提倡的平民教育、注重公民訓練的主張是相呼應的。事實上，在各省試驗中等教育分科選科制的時候，包括東大附中、北京附中和江蘇一中在各校的必修科目中已列入公民學科（包括修身、倫理、法制、經濟），要求學生修習；1923年，南京高師學生吳俊升、倪亮、徐益棠、韓明夷、饒上達五人調查江浙地區五十六所小學校課程，發現所調查之各校，多已增設公民學科，顯然「修身已有以公民學科代之之趨勢」。〔註92〕

公民科之教育目標在養成明達之公民，亦即「使學生研究人類社會的生活，了解憲政的精神，培養法律的常識，略知經濟學原理，略明國際關係，

〔註90〕周鯁生擬，〈公民科課程綱要〉，見商務印書館編輯，《新學制初級中學課程說明書》（上海：商務印書館，出版年不詳），公民科，頁1～6。

〔註91〕〈中華教育改進社第一次年會分組會議記錄第八公民教育組〉，《新教育》五卷三期，1922年10月，頁473～473。

〔註92〕周金淦等著，《公民學課程大綱》（上海：商務印書館，1923年），頁19。

養成國民的道德」〔註 93〕等有關公民素養之內容。兩者之間的差異，修身偏重道德的修養，公民學則是「教人做現代社會生活的學問」〔註 94〕，要教養一個共和國家、法治國家的公民。此最足以代表民國之後，亟待建立新的道德標準，以公民學替代修身課，正是傳統的道德標準配合時代社會的潮流而變動。在傳統的孝、弟、忠、信、愛、義、勇、恭敬、勤儉、清潔諸道德之外，現代公民不可不知的婦女、家庭、勞工、教育、自治、南北統一、五族調和、萬國同盟、人類互助、國民經濟等問題，皆非修身課所能涵蓋；而且修身學科的目的，係個人道德之修養，公民科則除了養成個人道德外，尤重學子之法律概念。蓋欲成為法治國家，非造就法律觀念和守法習慣不可〔註 95〕。遂於中等教育的初中階段增設公民科，且成為社會科之一部分，至此，「舊制修身科，歸入公民科。」〔註 96〕

另一個變動較大的是「體操」科改成「體育」科，一字之差，意義深遠，不只將民初以「兵式訓練」為主的課程內容，改為初級中學包含生理、衛生四學分和體育十二學分，高級中學包含衛生法、健身法和其他運動，共十學分的體育科〔註 97〕，更代表清末民初尚武、軍國民教育的思想退位，和以兒童為中心和適應個性的教育思想終於成為主流。

在體操科改為體育科的過程中，也可以看到教育團體長期努力的結果。1919 年，第五屆全國教育會聯合會「鑒世界大勢，軍國民主義已不合於新教育之潮流」，建議教育部改進學校體育課程，減少兵操時間，增加體育時間，增加體育經費，注重師範學校體育，以儲備師資，實行身體檢查，改良運動會等〔註 98〕。值得注意的是，這時已提出注重身體檢查，強調衛生方法，以保護學生身體健康，學校體育成績之良窳，不是以運動會的勝負為依據，而當以全校學生的體力和病數的多寡為標準。這種觀念的改變與實際積極推動

〔註 93〕 全國教育聯合會新學制課程標準起草委員會編，《新學制課程標準綱要》，頁 41。
〔註 94〕 梁啟超，〈《公民學課程大綱》序〉，周金淦等著，《公民學課程大綱》（上海：商務印書館，1923 年），序，頁 1。
〔註 95〕 程湘帆，《小學課程概論》（上海：商務印書館，1923 年），頁 61～67。
〔註 96〕 全國教育聯合會新學制課程標準起草委員會編，《新學制課程標準綱要》，頁 8。
〔註 97〕 全國教育聯合會新學制課程標準起草委員會編，《新學制課程標準綱要》，頁 78。
〔註 98〕 邰爽秋等編選，《歷屆教育會議議決案匯編》，第五屆全國教育會聯合會大會議決案，頁 5～7。

改良學校體育，影響了新學制頒行之後，新課程的體育科的內容。

3.新制高級中學課程之特色：多元與創新

新制高級中學為初級中學和大學的中間階段，大學注重分科的研究，高級中學的課程因而多採分科的設計。與舊制相比較，高級中學課程的變動就非常大了，不僅是因為高級中學在兩級制的中學是屬於新制，就銜接而言，則是承續初級中學，繼而進展至大學高專或是進入職場的一個重要階段，為因應各種不同性質的需求，在課程的設計上，自然要有更多的創新不可。

基於施行強調個性和選科分科制，高級中學課程分元的程度，可說是新式學校教育建立以來所始創，不論是高級中學或是師範學校都極盡分科之能事。姑且不論高級中學分文、理兩組就是一種分科的選擇，單就兩組的選修學分來說，都在五十至六十學分之間，約占畢業學分三分之一強，相較於1912年以來畫一性的課程規定，此一變革，像極了鐘擺的擺盪，從絕對的畫一，以完足普通教育為唯一目的的中學教育，到開放極大的伸縮性，滿足了改制以前全國各界分科選科制的主張：「謀個性之發展」和「多留各地方伸縮餘地」。

因此，1923年制訂的高級中學課程綱要，變動程度相當大，科目的多樣化成為常態，新設課程自然增多，單就全國各類高等中學的七個共同必修科中，除了國語、外國語和體育是既有的課程，文化史與初級中學的歷史課有相關性，因此並未將之視為完全新設者外，將近一半的科目是新設的，包括人生哲學、社會問題和科學概論。其他因分科專修或因地制宜而新設的各種課程就更多元了，雖然在試驗階段有若干學校曾有開設過類似課程的經驗，然而成為全國中等教育學校的必修課程，則是首次，也是民國教育史上唯一的一次經驗，也是新制高級中學的課程最特殊的地方，即對於民初時期的教育思想及教育界的倡議做了一個總集成的設計，似乎企圖包羅所有的意見。

整體而論，高級中學分為兩組，一為文組，一為理組，師範學校有高級中學後三年制，職業教育更是各年級兼而有之，就課程的設計看，分組專業必修和分組選修及純粹選修課程比重相當高，可以稍為滿足教育界強調個性和專業分工的企圖，以及兼顧升學和職業的目的。然而，在高等教育極不普及的中國，能夠在中學畢業，已是難能可貴的事，前述列為高中新課程，頗有意使接受新制高級中學教育的學生承擔改造社會的公民責任，這又將超越民初的中學教育完足普通教育的宗旨，而使中學成為善盡責任義務的現代社

會公民的養成所。

　　這些新科目的開設，無疑地是和歐戰結束前後在中國流行的平民教育及杜威所帶來的學校即社會的教育思潮有關〔註 99〕。應進一步探討的是規畫開設這些科目的原因，爲什麼在強調適應個性，強調要多給伸縮餘地的同時，卻將這些新科目列爲必修？這些科目和新學制諸如適應社會進化之需要、發揮平民教育精神和注意生活教育的幾條標準是否相符合呢？以下僅就高級中學共同必修課程中三個新設課程：「社會問題」、「科學概論」和「人生哲學」，略作討論，以見其新創課程之設課理念及其與時代背景思潮的關係。

　　「社會問題」是一個全新的課程，據二十世紀初年美國著名的心理學家愛爾烏德（C. A. Ellwood）的說法，也「還沒有學校承認這教育的革命，來把社會的研究，作爲課程中主要的科目的。即有採爲選修科目的，除非作爲專門的研究，也沒有相當的注意。」〔註 100〕可見，「社會問題」這一科目距離被人普遍接受，定爲必修課目仍有一段距離。但在中國新制高級中學的必修科卻勇於將之定爲必修科目，可以解釋的是：希望透過社會化的教育來達成解決社會問題的目的〔註 101〕。這和民國初年社會變遷劇烈，社會問題遽增的現

〔註99〕曾毅夫認爲和民治教育思想有關，略謂：民治教育思想有兩種意義：(1)是教育設施的民主化。(2)是對學生注重公民常識及公民習慣之陶冶。其對於課程之影響：(1)爲中小學以公民代替修身……。(2)爲高中課程注重社會科學。高中各科公共必修科均是社會學，其所以然的原因，因社會科學足以促使其對於現代社會注意與瞭解。如人生哲學、社會問題、文化史等，均爲此目的而設。此乃爲民治國家領袖所必具的，高級中學爲培養領袖人才而設，故此種學科應作爲公共必修。由此可見高中社會科學的注重，是民治教育思想所激成。(3)課程伸縮性極大，選科極多。此雖受當時個性教育思想之影響，但個性教育思想乃民治教育思想支流之一；蓋民治教育思想盛行之下，施教者受教者均認爲應有相當的個性自由，不能如已往的受限制也。見氏著〈近代中國中學課程變遷之史的研究〉，收入邰爽秋等編，《中小學課程問題》（上海：教育編譯館，1935 年），頁 156～158。

〔註100〕愛爾烏德（C. A. Ellwood）著，王造時、趙廷爲譯，《社會問題——改造的分析》（上海：商務印書館，1922 年），頁 173。

〔註101〕愛爾烏德（C. A. Ellwood）說：「社會化的教育，以解決社會問題爲目的，必定先要把社會的研究，加入課程。……社會的學問，在公民有益的訓練中，實在是根本之學。所謂社會的學問，就是關於人類的關係及情形的學問，例如歷史學，公民學，家庭學，公共衛生學，經濟學，政治或政府學，社會學，倫理學，人類學，及這些學問支派及應用都是。社會的教育自然不是僅指這些科學的教授而言。社會的教育之第一要求，因上述種種原因，就是對於社會的研究增加時間。自小學初級以至大學，至少三分之一的課程，須致力於社會的研究。自智識的立足點觀察起來，社會的研究於訓練個人爲良好的公

象有關，而國人開始注意社會問題之研究，社會學成爲人們研究社會問題的理論依據，高級中學公共必修科開設「社會問題」課程，既配合時代趨勢，也符合學制「適應社會進化之需要」之標準。

　　講新教育的人大概都會知道杜威的「學校即社會」、「教育即生活」，而當學校社會化的想法受到提倡，養成個人健全人格，使成爲社會中堅，有助於學生了解社會問題：家庭、兒童、婦女、貧窮、勞動、人口、人種等等問題，論者認爲新制中學有加授社會學及社會問題課程之必要〔註102〕，讓無法升學的中等教育學生，有機會了解社會各種問題，可以消弭不滿社會的失意心情，不致於與社會格格不入；對於可以升學的，進一步了解社會學知識，不只可以徹底了解社會，並且有助於社會的進步〔註103〕。在這種情形下，全國教育會聯合會課程委員會聘請孟憲承（1899～1967）起草高級中學公共必修科的「社會問題」課程綱要，建議每週授課三小時，一學年授畢，共六學分。課程所教授的內容，包括：家庭問題，討論婚姻、父權、婦女等課題；人口問題，談人口過剩與生育率低減的危象；產業問題，則論本國產業不發達之原因及補救之道，並兼及產業制度及社會政策；社會病理，分析貧窮和犯罪原因與救濟；和介紹「社會學」成立之略史及其與其他科學之關係〔註104〕。從孟氏草擬的課程綱要，課程所討論的社會問題包含了家庭、人口、產業、社會病理等問題，至少可以讓高級中學畢業生稍稍有了解社會問題的機會，至於是否因此成爲解決社會問題的主力，則是教育工作者的更高一層的企盼了。

　　「科學概論」也是新設的科目，課綱的起草者是任鴻雋（1886～1961）〔註105〕。任氏是民國初年中國提倡科學的重要人物，他不僅坐而言，而且還

　　　　民，最爲重要。」見愛爾烏德（C. A. Ellwood）著，王造時、趙廷爲譯，《社會問題——改造的分析》（上海：商務印書館，1922 年），頁 172～173。

〔註102〕王克仁，〈中等學校加授近世社會問題之意見〉，《中華教育界》十卷六期，1920年 11 月，頁 1；易家鉞，〈一個緊急的提議——中等學校及專門學校加授社會學與社會問題〉，《學制課程研究號》，《教育雜誌》第十四卷號外，1922 年 5 月，頁 1～5。

〔註103〕易家鉞，〈一個緊急的提議——中等學校及專門學校加授社會學與社會問題〉，《學制課程研究號》，《教育雜誌》第十四卷號外，1922 年 5 月，頁 5。

〔註104〕全國教育聯合會新學制課程標準起草委員會編《新學制課程標準綱要》（上海：商務印書館，1925 年），頁 90～92。

〔註105〕科學概論每週講授三小時，一學年授畢，共六學分。課程內容包括：(1)科學之起源：①好奇心，②實際需要。(2)智識之進化：迷信→經驗→正確知識。

起而行。1914 年留學美國時，鑒於中國科學知識貧乏，乃號召同志，先從編刊科學雜誌入手，以傳播科學提倡實業爲職志；隔年 10 月，正式成立中國科學社，與趙元任、胡明復、秉志、周仁等共同被推舉爲第一屆董事。1918 年辦事處由美國遷回上海，社員逐年成長，由初成立時的三十五人，成長至 363 人，若統計至 1930 年，則有社員 1005 人之多〔註106〕。中國科學社自創社以後，始終致力於推廣科學教育，因爲科學要發達，必先使青年學子有良好之科學基礎，必自改良科學教育入手，而改良中等學校之科學教育尤其重要，中國科學社設有改良科學教育委員會，專從調查各中等學校科學上之設備，教材書籍，以謀改良之法入手。〔註107〕

加上五四時期「民主」與「科學」響徹雲霄，新教育掌握時代的趨勢與社會脈動，扛著五四時期「科學」和「民主」大纛，挾著「科學與人生觀」論戰勝利餘威，「科學」的範圍似乎愈來愈擴大，包括自然和社會生活兩方面，現代社會要求用客觀性作爲判斷眞理、誠實、可靠性和可敬性的標準〔註108〕，而且科學的地位也愈來愈有尊嚴，無論守舊和維新的人，都不敢公然對他表示輕視或戲侮的態度，也幾乎「沒有一個自命爲新人物的人敢公然毀謗『科學』的。」〔註109〕

在這種氣氛之下，「科學概論」被設定爲必修課目，是一件再平常也不過的事了。1923 年，第九屆全國教育會聯合會召開時，該會以爲在科學競爭的時代，一國之貧富強弱，皆以利用科學上之發明與否爲斷，農工商業之發達，已由天然的變爲科學的。一次大戰以後，歐美各國對於科學教育，莫不積極

---

(3)智識之種類：文字的智識，事實的智識，學術分類的大概。(4)科學精神：求眞，尚實，貴確，存疑。(5)科學目的：發現事物公例與因果關係。(6)科學方法：論理上的——比較、歸納、演繹；實驗上的——觀察、試驗、推理、假設、證驗。(7)科學發達史：文藝復興以後科學研究之崛起——由神力說至近世天文學——由魔術說至近世物理化學——由創造說至近世天演說。(8)近世科學概念：物質、能力、空間、時間。(9)科學之應用：科學發明，科與與工業，科學與疾病等等。(10)科學之應用和科學在近世文明之位置。參見全國教育聯合會新學制課程標準起草委員會編，《新學制課程標準綱要》，頁101～102。

〔註106〕中國科學社，《中國科學社概況》（上海：中國科學社，1931 年），頁 1～5。

〔註107〕中國科學社，《中國科學社概況》（上海：中國科學社，1931 年），頁 7～25。

〔註108〕郭穎頤著、雷頤譯，《中國現代思想中的唯科學主義（1900～1950）》，頁115。

〔註109〕張君勱、丁文江等，《科學與人生觀》，胡適序，頁 2～3。

提倡，中國焉能落後，該會籲請政府推行科學教育，正是在舉世重視科學教育的情形下再度提出呼籲，而在中等教育改革進程中，則是將「科學概論」列為高級中學必修科目之一。希望能讓高中學生注重科學精神及方法，以矯正不重視科學教育的弊病；希望能讓高中學生了解科學發達史，以補學生科學智識之缺乏；希望闡釋科學上重要概念，以引起學生研究趣味。〔註 110〕

　　另一個新設科目是「人生哲學」，是舒新城於 1922 年冬，在南京召開之全國教育會聯合會新學制課程標準起草委員會中，建議開設「人生哲學」這個新科目。理由是他鑑於「多數青年對於人生無多方面之觀察、考量，因而見解狹隘，生活煩悶」，乃在會議中主張加一種科目，探討人生各方面的問題，立刻獲得黃炎培的附議，再經幾次討論，始定名為「人生哲學」，並規定為六學分。1923 年初在南京、上海，進行分科審查時，減為四學分，名稱仍舊，至於那一學年教授則由各校自定。〔註 111〕

　　「人生哲學」是一個新的科目，到底要講授些什麼，並無前例可循，必須自行創造，授課者在編寫教學綱要及教材時，難免受到時代的影響〔註 112〕。然而究竟什麼是人生哲學？有人把道德哲學當作人生哲學，有人認為只以道德哲學當作人生哲學的範圍太過狹隘，有人以為一切哲學都是研究人生的切要問題，所以都可以稱為人生哲學〔註 113〕。人生哲學究竟要研究什麼？要教些什麼？還真是沒有什麼標準。正因為如此，全國教育會聯合會課綱起草委員會在起草「人生哲學」的綱要時，也是一波三折，委員會原本延請李石岑（1892～1934）起草綱目，李又轉推常乃悳（1898～1947），常氏所擬特重於哲學方面，委員會未加採用，乃改由黃炎培起草。〔註 114〕

　　黃炎培所起草的人生哲學課程綱要，定每週授課三小時，一學年授畢。共四學分，其目的在使學生漸明人生之真象與修養之方法，由於需有相關學門知識，建議在第三學年開課。課程共分四單元：(1)概論：先使學者各自喚起其對於人生之疑問。(2)人之外觀：甲、空間與人生。由身而家，而國，而

〔註 110〕全國教育聯合會新學制課程標準起草委員會編，《新學制課程標準綱要》，頁 101。
〔註 111〕舒新城，《新中學人生哲學》（上海：中華書局，1924 年），序言，頁 9。
〔註 112〕據舒新城的自述，他就曾受到 1923 年 2 月以後所發生的「科學與人生觀」論戰的影響，見舒新城，《我和教育》，下冊，頁 324～325。
〔註 113〕舒新城，《新中學人生哲學》（上海：中華書局，1924 年），序言，頁 9～10。
〔註 114〕舒新城，《新中學人生哲學》（上海：中華書局，1924 年），序言，頁 9～10。

地球，而太陽系，而諸星，而太空，列舉諸學說，以明人生在空間之地位。乙、時間與人生。人之壽命，自有文字以來之歷史，人類之歷史，地球之歷史，列舉諸學說，以明人生壽命與世界總時間之比較。丙、人與他物。人與他動物進化狀態之比較，人與植物生命營養之異同，以及關於一切物平等諸學說，以明人與他物之比較觀。(3)人之內觀：甲、身與心。人身之原則，諸器官之構造，生命之營養等，使明肉體分析與綜合之眞相。儒家所言性，與道家之精氣神，佛家之八識，以及最近心理學家關於心靈之種種研究。使漸明心靈之爲何物。乙、生與死。生元、胎產、長大、老、死之原理，旁及長生、輪迴、復活諸說，使略知生死之故。(4)人生之價值及其修養：人生客觀的價值，主觀的價值，以及關於心靈與肉體之各種修養，使明人生對己對群之責任，兼使獲得盡此責任之途徑。〔註 115〕

　　此一課程大綱，內容包羅萬象，涉及諸多學科。有學者認爲所習學科涉及社會學、天文學、歷史哲學、人類學、天文學、地質學、生物學、生理學、解剖學、心理學、胎生學和宗教學，談人生哲學的「自身之所獨有者，僅人生價值及其修養一節之所指示。」〔註 116〕不僅學界對課綱有許多不同意見，實際教學時，授課教師也會自有主張，提議設置「人生哲學」課程的舒新城，在 1923 年間曾於江蘇第一中學教授此一課程，他首次上課所用的教材，參合了李石岑、黃炎培和常乃悳之綱目，內容分爲機體、活動、道德三部分，共十餘萬言，特別注重於道德方面；後來和劉伯明討論後，認爲偏重道德太狹隘，乃重訂綱目，共分五部分：緒論、機體、分析的活動、綜合的活動和人生的究竟；最後再加入修養，合計共六個部分。〔註 117〕

　　從以上三個課程來看，擬訂新制高級中學課程的過程，從提議開始就不怎麼嚴謹，更沒有所謂的實驗階段，與學制訂定過程經過討論，試驗後再討論、再決議的過程相比，課程的制定過程是相對草率的。

4. 新制高級中學課程之難題

　　新制高中課程的改革，多元選修適應個性，使學生得以因性之所宜而有所選擇，理論上是有利於學生的學習，但是由於強調多元，包羅既廣，學生

〔註 115〕全國教育聯合會新學制課程標準起草委員會編，《新學制課程標準綱要》，頁 89～90。

〔註 116〕余家菊，《師範教育》（上海：中華書局，1926 年），頁 197。

〔註 117〕舒新城，《新中學人生哲學》（上海：中華書局，1924 年），序言，頁 9～11。

學習浮泛難以深入，教師的專業難以配合，冀望養成師資更是緩不濟急。而分科過細的結果，造成普通高中文、理兩組的課程太大的差異，由於公共必修科只占 43.7%，而且偏重於社會科學，學生一旦進入文科組，有許多自然科學基本的常識，均無從習得，如果中途想轉理科組，幾乎是不可能的事；入自然組的學生中途想轉組，從新學過幾乎是一條必要的途徑。再者，高中普通科由於實施選修制，造成學科多，而每科之學分少的情形，學生每每因課程太散漫，學的太多，除了若干條目名詞外，實難對學科內容有更深入的了解；且由於學科太多，不僅設備要增加，要聘請到適任的教員亦有其困難〔註118〕。總之，此次高中課程之優點，在伸縮性大，足以補民元課程太統一的弊病；惟因分科過多，不論師資、設備、教材、經費等問題更無從解決，高級中學設校不易，又形成另一個新的瓶頸。

　　不僅是教師難覓，連教材都難得。空有課程標準與綱要，其實是不夠的。以「社會問題」為例，這是一門新開課程，要找一本關於社會學或是社會問題的書，都非常困難，雖然有講社會學的專書，但要專講社會問題的教科書，又付諸闕如，更何況，講社會問題，最關鍵的地方是要講本國本地的社會問題，將外國的教科書照搬是不行的〔註119〕，這實在是中等教育改革實踐過程中的一個極大的難題。

　　救急之方，從教科書著手最方便，課程標準綱要的起草人，往往也會編纂教科書以應教學之需要，例如「科學概論」課程標準綱要的起草人任鴻雋，他不僅編訂課綱，還親自撰寫了一本《科學概論》，做為新制高級中學的教科書，全書分三篇，上篇敘述科學的基本性質，講科學的起源、智識的進化、智識的分類及科學的範圍、科學智識與科學精神、科學的目的和科學方法及其限度；中篇討論科學的重要概念，下篇則陳述科學與生活的關係〔註120〕。除了用作教科書外，他寫這本書還有兩個目的：一是要使讀者了解科學的意義，二是要使讀者得到科學的興趣。因為要了解科學，所以要先尋出科學的出發點，那就是科學的精神和科學的方法等，而為了引發學習者的興趣，除了敘述科學的本身和由科學發生的種種結果，如新式的工業、農業、醫術的

〔註118〕曾毅夫，〈近代中國中學課程變遷之史的研究〉，收入邰爽秋等編，《中小學課程問題》（上海：教育編譯館，1935 年），頁 153～154。

〔註119〕易家鉞，〈一個緊急的提議——中等學校及專門學校加授社會學與社會問題〉，《學制課程研究號》，《教育雜誌》第十四卷號外，1922 年 5 月，頁 14。

〔註120〕任鴻雋，《科學概論》（上海：商務印書館，1926 年），例言，頁 1～2。

現況外，還要指出尚待研究解決的問題，以激起學生的興趣。〔註 121〕

另外，專門出版教科書的書局，也會延攬學者專家編纂教科書提供學校教學之用，可問題就出在：課綱只是參考用！例如，1924 年時，陶孟和應商務印書館邀約，為新學制高級中學編纂了一本供「社會問題」課程使用的教科書，說明了開設「社會問題」這一個課程的目的是：

> 專說明人類共同生活的一方面，他討論共同生活的性質，並且研究
> 對於他的缺點如何補救。〔註 122〕

一方面因為每人都是社會的一分子，所以他應該知道他的社會，並負有改良他的社會的責任；又一方面，因為適宜的社會生活是個人實現他的生命的所在。社會當然會存在各種問題，有些人看見問題，卻將一切的罪惡都歸咎在社會身上，這種作法終究沒能解決問題。要解決社會問題，第一步是要知道社會，了解他的性質與狀況。其次就是按著我們對於社會的知識與所相信的目標去整理社會，改革社會。換言之，每一個人最先必須知道他所生存的社會的情形，研究他那社會實際的問題。「社會問題」這一個科目在學校裡可以供給學生這一類的知識，可以指導學生研究的路徑。〔註 123〕

就教科書的內容來看，全書共十四章，可分為兩部分，第一章到第九章泛論社會問題的性質，包括社會問題發生的要素、人口問題，及分析生物、心理、經濟之狀況；第十章到第十四章則以貧窮問題為中心，專門討論發生的原因與救濟法，兼述改良社會的辦法和計畫。

嚴格講起來，教科書的內容和課綱所規畫的授課內容，有明顯的落差，作者對社會病理的分析以貧窮問題為中心，兼論其他問題，是在授課時間不足的情形下不得已的作法，但全書未明白針對家庭各種問題及本國產業問題做講授，顯然課綱也僅是參考用而已。這也暴露一個問題，即是全國教育會聯合會這一個民間教育團體，對於中等教育改革雖具有引領作用，但對全國中等教育要有強制力，作齊一標準的要求，還是必須有政府出面，否則不易達到預期的理想。

又如「人生哲學」，倡議者舒新城不只有教學經驗，還親自編纂了教科書，

〔註 121〕任鴻雋，《科學概論》（上海：商務印書館，1926 年），例言，頁 3～4。
〔註 122〕陶孟和，《新學制高級中學教科書社會問題》（上海：商務印書館，1924 年），頁 1。
〔註 123〕陶孟和，《新學制高級中學教科書社會問題》（上海：商務印書館，1924 年），頁 2～4。

舒新城根據自己教學的經驗，爲人生哲學下了定義：「人生哲學是以科學實證的人生機體及活動爲根據，研討人生之意義、價值及修養等問題的學問。」〔註124〕所著《人生哲學》教科書，除附錄外，計十四萬餘言，分爲六編。第一編緒論，述人生哲學意義及研究之方法與目的。第二編人生的機體，述生命的原素及其特徵、生命的持續、人類在生物界的位置，係從生物學角度立論。第三編人生活動的分析研究，則從心理學上立論，述人類活動的動因及活動的本能與習慣、感情、理智諸活動，及個性與群性。第四編人生活動的綜合研究，則以倫理學及價值哲學爲基點，分論自我及人格、道德、宗教、藝術、愛、自由、理想諸事與人生的關係。第五編人生的究竟，探討人生的意義、價值、目的及個人與宇宙的關係。第六編人生的修養，分論身體、精神、行爲、職業上各種修養問題，意在鼓勵青年從事一般德性之修養，以創造其人生理想而實踐之。〔註125〕

　　舒氏所著教科書的內容和全國教育會聯合會所訂之綱目雖未完全相同，大體而言所探討的主題仍頗相近。1926年商務印書館出版一本專爲新學制高級中學編撰的《人生哲學》教科書，作者爲馮友蘭（1895～1990），內容和全國教育會聯合會所訂的綱目差異甚大，全書共十三章，除了最後兩章以一個新人生論爲題外，其餘各章分別論述道家、柏拉圖、叔本華、楊朱、墨家、笛卡兒、培根、儒家、亞里斯多德、新儒家和海格爾等各家哲學，此一教科書的篇目，與全國教育會聯合會所訂的綱目完全不同。

　　初級中學的課程也有類似的問題，以新設的「公民」爲例，新制頒行後，舒新城在1923年春，應中華書局邀請爲之編輯一部《公民課本》。舒氏自訂綱目，全書分爲團體生活、政治組織、經濟生活、社會問題、國家關係、道德問題六大單元，每一單元共四章，每章四節，每一單元講授一學期〔註126〕。舒氏所編教科書的內容，與全國教育會聯合會所組成的課程標準委員會所訂定的課程綱要相比較，兩者都分成六編，不同的是，依課程標準委員會的規定並無道德問題，舒氏逕行將之加入，是因「歷年和中等學生相處，而感觸有加入的必要，書中內容也可以說是素日的理想。」〔註127〕而仍爲六編的原

〔註124〕舒新城，《新中學人生哲學》（上海：中華書局，1924年），頁10。
〔註125〕舒新城，《我和教育》，下冊，頁325～326。
〔註126〕舒新城編，《新中學教科書初級公民課本》（上海：中華書局，1923年），編輯大意，第一冊，頁1～2。
〔註127〕舒新城，《我和教育》，頁323。

因是舒氏將課程標準委員會所訂綱要之第二編憲政原則和第三編中華民國的
組織合為一編的緣故。〔註 128〕

　　1924 年，中華教育改進社出版王仲和、金崇如和馮順伯三人合編的《初
中公民教本》，列為改進社叢書之一，該書出版前，曾由中華教育改進社第三
次年會公民教育組之審查，於原著添加了郵政、海關、鐵路、暨外人在華之
教育、宗教、商務等內容後出版〔註 129〕。全書共分三編：第一編公民教育，
第二編公民知識，第三編公民活動。全書共 410 頁，第一編：108 頁、第二編：
158 頁、第三編：146 頁。是書第一編：公民教育以學生在學校的生活學習為
主，共 84 頁，占全編的五分之四，餘五分之一篇幅，分別講述家庭與社會。
全編內容大抵與全國教育會聯合會新學制課程標準起草委員會所編《新學制
課程標準綱要》的公民學課程綱要第一編相同，只是偏重於學校生活而已，
可見編者在編書之時已有定見。

　　《初中公民教本》第二編公民知識，分別講授：國民性、國家、政府、
國會、國民的權利義務、選舉、法律、國際關係、中國現代政治問題的討論、
經濟與人生、經濟要項、中國現代經濟問題的討論和中華民國在國際經濟上
的地位等問題。上列各講題，與課程綱要相比較，則涵蓋了綱要的第二編憲
政原則、第三編中華民國的組織、第四編經濟問題和第六編的國際關係。

　　《初中公民教本》第三編公民活動，分為十二章，分別講授三個主題：
個人在家庭和社會的活動，公民對改造社會活動和中國社會問題的討論，約
略為課綱的第一編和第六編的部分。

　　乍看全書於綱要所訂的六編主題的講授篇幅並不平均，編者以學生生活

〔註 128〕依據全國教育聯合會新學制課程標準起草委員會所編《新學制課程標準綱要》
　　　　的公民學課程綱要內容，分為六個段落，每段一學分：(1)社會生活及其組織，
　　　　包括家庭及其組織、學校生活、同業組合、地方自治團體、國家、個人的習慣、
　　　　維持社會組織的原則。(2)憲政原則，包括國家的性質、政治組織、代議制度、
　　　　政府組織、人民權利義務、法律、公共治安。(3)中華民國的組織，包括中華
　　　　民國的起源、民國政府的組織、地方政府的組織、國憲與省憲。(4)經濟問題，
　　　　包括生產原則、交易制度、分配制度、消費和財政。(5)社會問題，包括教育、
　　　　職業、衛生、勞動問題、禁煙禁酒問題。(6)國際關係，包括對外關係、國防、
　　　　外交、國際關係的維持、不平等的國際關係、國際組織。參見全國教育聯合
　　　　會新學制課程標準起草委員會編，《新學制課程標準綱要》，頁 45。
〔註 129〕馮順伯、金崇如、王仲和，《初中公民教本》（南京：江蘇省立第一中學校，
　　　　1924 年），程湘帆序，頁 3。馮等三人分別任教江蘇一女中及第一中學公民教
　　　　員，或任訓育職務，有公民教育的實務經驗。

為主體，於學校部分有所偏重，以將近一學年的時間講授；而該書第三編公民活動中，又有三分之一的篇幅講授個人在家庭與社會的生活，則是屬於綱要的第一編的部分，顯然編者係由學生的生活出發，以超過一年的時間講授，雖然排擠了綱要其餘各編的內容。這種情形和舒新城獨樹「道德」一篇，頗有異曲同工之妙，一則顯示編者於講授課程的自我主張，一則表現全國教育會聯合會所提出的新課程標準綱要，對於編纂教科書只具有參考的作用，而無任何的強制力量。這可以由商務印書館在 1925 年所出版的新撰初級中學教科書中的「公民科」分為道德、法制、經濟三冊和同為商務出版，由顧樹森、潘文安所著的《新著公民須知》則分衛生、道德和法制三篇的編輯主張再一次獲得驗證。〔註 130〕

　　從前述各學科的課程標準綱要所訂之內容與各校所用之教科書的內容相比較，可以發現有的是課綱和教科書內容完全一致，有的則是精神一致，內容或有等差，有的則是和課綱極為不同。由此可知，全國教育會聯合會研擬之課程與制訂之課綱，並不具有強制性，而且這是一個全新的制度，全新的課程，要在短時期之內，為各級學校教師所接受，亦有其困難。

小　結

　　與中學校令相比，1922 年學制新訂的中等教育制度，從兒童和青少年身心發展出發，以養成共和國公民為依歸，在制度上採取三三制的兩級中學制度，有助於初級中學與小學教育相銜接，也有助於高級中學為高等教育做準備。中等教育實施選科分科制，既有利於適應學生的個性，也兼顧了升學和職業教育的需要，更重要的是，普通、職業和師範不再是各自發展的單行道，而是不同性質學校的合流，提供學生在不同性質的學校之間更方便的互通渠道。

　　1922 年學制的頒行，完成了民國以來教育界推動的中等教育改革，這項改革的主要推手是起自民間的教育團體，也是教育界人士經過長期的醞釀，反覆討論的成果。換言之，這是教育界的團體和個人共同努力的結果，而不是來自於政府的意志，在民國的教育史上，這是唯一一次由下而上的教育改革過程。

〔註 130〕全國教育聯合會新學制課程標準起草委員會編，《新學制課程標準綱要》，頁136、版權頁。

　　中等教育的改革，不只是制度的變革而已，更是將新的教育思想付諸實現的一次改革，學制「標準」體現的是以兒童爲中心，強調適應個人，培育健全公民的教育理念，民國初年的軍國民教育思想一去不復返，正是這種變遷，使得 1920 年代的中等教育改革得以和世界各國的教育改革接軌。惟其中有一個事實必需辨明的，就是和美國同樣實施三三制，論者咸謂這是中等教育改革盲從美制的結果，筆者認爲和美國同樣實施三三制，是一個事實，但從改革舊制的過程中，各種「制」的主張紛然雜陳，歷次不同的會議總是看到針鋒相對的論辯在議事中發生的事證來看，毋寧說新制中等教育實施三三制乃是中學制度的一種趨勢，一種共同的主張要來的貼近事實。

　　在新課程方面，由於新學制中等教育階段由舊制的四年修業延長爲六年，分爲初級中學和高級中學兩階段，大幅改變自清末以來一級制的中學制度，而中等教育的學生，所學科目和選擇的機會增多，而選修課程因地制宜，課程更呈多元。配合兩級中學在學制更新的同時，配合開設了許多新的課程，不論必修或選修，多有清末民初以來所未見之新創者，部分課目不僅是新設，且列爲共同必修科目，規定全國中等教育學生皆須修習，此一事實，不論就中等教育的制度或課程的開創性而言，都極具有歷史意義。

　　相較於 1913 年以來舊課程的固定與單一，多元的選修科目，是新式教育建立以來未曾有過的，爲適應學生的個性，課程之多樣化，予學生各式的選擇，可謂已將改制前的分科選科制的精神發揮的淋漓盡致。這個結果是來自於若干中等學校在學校系統改革案定頒之前的試驗成效，爲全國教育界所共睹、接受，進而成爲定制，行諸全國，即使是教會學校，在此一變革風潮之中，亦隨之改變其課程內容，除了其一貫重視的教徒的品性和宗教上的教練外，尚兼顧了智識養成和職業能力訓練的課程，大致而言，和新訂的課程科目是一致的。〔註131〕

　　事實上，新課程的規劃，並不是一個嚴謹的過程，儘管如此，由於全國教育會是全國各省區教育會所組成，其決議仍能獲得各省學校一定程度之配合，因此，在全國教育會聯合會推動之下，全國性的課程綱要仍然頒行了，各級中學大致依此一規畫執行。這也是爲什麼在民國初年，教育主管機關並沒有太多積極的作爲，中等教育卻依然能有大幅度改革的根本原因。

〔註131〕中國基督教教育調查會編，《中國基督教教育事業》（上海：商務印書館藏版，出版年不詳），頁 92～97。

第六章　結　論

　　中國傳統教育制度只有大學和小學，開始有中等教育的設立，始自清末創辦新式學校，建立包含高等、中等和初等三段式的學制之後。其始創，乃直接學習日本的學制而來。這一個中等教育制度，為三段學校系統之中間階段，普通、實業和師範三系並立，惟高等教育階段所招收之新生以普通中學校畢業生為主要來源。新制實施不到十年，清祚即因辛亥革命而告終，「民國」建立及其「共和」國所具有的劃時代意義，揭開了民國教育制度全盤更張的序幕，也開始了民初中等教育的第一次改革。

　　中等教育制度初引入中國之時，是在清廷飽受外力侵逼之後，隨著新式教育之創辦而建立，是一項缺乏傳統根基的教育制度，要使之適應中國風土，需要經過一段調適與修正的過程，民國初年正是這一段過渡的階段。換言之，民初的中等教育制度改革，是一個持續性的改革過程，由局部的修訂，到全盤的翻修。

　　從 1912 年到 1926 年之間，中等教育制度先後經歷四次的調整修訂，一開始完全由教育部主導，後來教育主管當局的影響力逐漸式微，然中等教育甚至整個學校系統的改革持續進行，主導的力量逐漸成為民間的教育團體和教育學術界人士，從新的教育思想的傳播，到制度的規劃，都是經過長期的鼓吹與論辯而獲得共同的決議，不再只是執行政府的意志而已。綜觀民國初年中等教育的改革，可以獲得以下結論：

　　一、中等教育改革的時代背景是在一個由帝制走向共和的大變局的時代，中等教育改革不僅是中國中等教育制度自我調適的過程，也是國際新教

育運動的一環，改革因理想、因需要而起，受職業與民主教育思想所引導，是整體教育制度變革的一部分。

中等教育是新建立的教育制度，也是中國學校體系中最弱的一環，面對辦學的諸多困境，中等教育非改不可。中等教育的辦學條件是不夠的，不論是師資、教育經費、學生出路都是問題，就制度本身而言，過短的修業年限，不僅與初等和高等之間的銜接發生問題，學科專業又不符社會需要，因此，改革中等教育是極為迫切的。

然而 1920 年以前，在教育主管當局的主持下，只是進行局部地改革，仍未觸及整個制度的根本問題，從辦學的宗旨、目的、制度的設計，甚至改革的方向，都未見教育主管當局提出過全面改革的完整計畫。這個現象，終於因兩個重要的教育思想的引導而使得中等教育制度有了徹底變革的契機出現：一個是職業教育思想，一個是民主教育思想，前者藉由推動職業教育運動而擴散其理念，後者藉著與杜威來華的影響力相結合的新教育運動，推廣民主教育新思想。由思想所引起的變革，是從理念的徹底變化開始的，因為職業教育思想的傳播，改變傳統職業教育的旁系地位，因為民主教育理想的推廣，普及教育成為理所當然的，以兒童為中心、適應個性、民主教育成為各級教育的辦學標準。

歐戰結束前後，世界在變，中國也在求變，教育界當然也不例外，有意藉此契機，全面更張教育體制，本已進行的中等教育改革行動，隨之成為燎原之勢。然而，在主管全國教育的教育部，號令難出北京之際，欲求其擔此重任，直如緣木求魚；教育家們不僅組織教育團體，藉書報雜誌為喉舌，著書立說，立倡改革；甚至遠渡重洋，尋找他山之石，以為改革之借鑑，邀聘杜威、孟祿來華，直接引進美國教育學說理論，論者咸謂此次的學制改革，所擬學制直接移植自美國。本文以為，謂其汲取美國經驗則可，說是毫無取捨，全盤美國化則不可。因為，此一說法完全忽略了這一段時期內，國內眾多教育團體與各級學校教育人士的努力。再說，世界各國的中等教育制度也在改變，包括美國，焉可只因兩國採用同樣的制度即說是盲從美制，而忽略了改變過程中的論辯。

二、中等教育改革的動力是起自民間的力量，主要的推手是教育團體，以全國教育會聯合會、中華教育改進社和中華職業教育社最具影響力，教育團體和教育界人士肩負起改造教育的責任，在國家上層力量式微之際，社會

中堅的力量依然活躍，中等教育改革的結果，確立了中等教育制度的基本架構，迄今未變。

　　1920 年代中等教育的改革過程，是民國時期，唯一一次由來自民間教育團體所主導的教育制度改革，本文認為在教育部的政令難以出北京的 1920 年代，中等教育制度和整個學校系統反而能夠大幅度的更張，全國並未因南北分裂而步調不一致，原因就在有一股獨立於教育當局之外，並且可以在政府失能之際如常運作，進而改良教育現況的力量存在，而這股力量的存在與運作，與當時的各個教育團體是息息相關的。

　　自清末以來，各省區教育會即因負有輔助教育行政的責任，而成為地方教育界人士得以參與推動各該省區的教育事業；教育會各擔負著研究教育的任務，更可藉此聯繫教育界組織團體，成為一股彼此交織的力量，單項的研究主題，可以組織研究會，以省區為單位的各省教育會也組成了各省教育會聯合會，以集體的力量，對於教育應興應革的事項提出意見。歷屆全國教育會聯合會在中等教育制度改革和學制改革的過程中，得以擔任推手的角色，這是重要的因素。

　　民國建立後，教育會變成一個單純的教育社團組織，然因為政府當局無力於教育的推動與改革，遍布國內各省縣的教育會，遂責無旁貸地成為推動教育改造的最基層力量。然而，各省區教育會所做之事，皆為推動地方教育之事，卻能在學制改革的進程中，乃至於在中等教育的改革過程中擔任推手，關鍵即在一年一度的全國教育會聯合會；雖然其決議要成為全國性的決策，必須透過教育部的頒行才能有效，然由於其遍布國中各省縣地方教育會組織，卻足以在中央政府統治力量式微之際，在各級學校教育的應興應革的事例中，教育會聯合會的各項決議，透過各級學校的試驗與實踐，促成了教育的改造，學制改革的推動是一個明顯的事證，中等教育的改革，也在一點一滴的實踐過程中有了具體的成果。

　　在歷次的變革過程中，第一次的變革是由教育部主動召集會議，發布命令，通令全國一體施行，顯示教育部在其中仍有相當的決策能力。但到了第三次時，雖然仍是在教育部召集中學校校長會議之後，才將部令頒行，但在這一次的變革過程中，全國教育會聯合會已具有相當的影響力，不僅能提出問題，還能提出解決問題的方法，成為中等教育改革的一個主要的推手；同時也可以發現，教育部在這個時候已無法完全操控全國中學校校長會議，由

教育部所交議的議案，結果不如預期，缺乏會議的背書，只好忽略了會議有關中學實施文實分科的決議，自顧自地頒布了增減科目的規定。教育部缺乏徹底改變整個中等教育制度的決心，固然由於變革以漸不以驟，然亦足以顯示其消極、缺乏作為的一面。

然而，在這樣的一個缺乏積極作為的政府之下，整個 1920 年代中國教育界有關中等教育制度的各種主張、試驗，及在一個團體的力量形成後，與當局的互動模式。縱然不必特別強調其力足以與政府分庭抗禮，但至少已經是政府所不能忽略的力量。可以看出，在變動的時代，社會的力量與國家之間的一個互動模式。不再只是輔佐的角色，而是一個主導的角色。

全國教育會聯合會所匯聚的力量，包括了中華職業教育社、中華教育改進社、各級學校、報刊雜誌等各種源自於民間的團體或個人的力量，藉集會發出號召，呼籲討論，蔚為風潮，建議當局進行改革，循序漸進的作為，在學制的改革過程中看得分外明白。

中等教育由原定之完足普通教育，到兼顧升學與職業，亦即將「職業」的宗旨加入中學教育的倡議，全國教育會聯合會在中華教育改進社組成之年，即已經在全會中討論，且將決議陳請教育部參考，這是全國教育會能即時掌握社會需要的一個例子，也是教育團體之間相互呼應的一個例子。在全國教育會聯合會的主導下，民國的學制改革在 1920 年再度成為全會的重要議題，從 1919 年到 1922 年前後三年之間，學制案從再度提案，到議決草案，到議決陳請政府頒行，三年之間，匯聚了全國教育改革的焦點，藉由討論學制草案的過程，原有對於中等教育改革的各項主張與試驗，也被吸納成為學制改革的一部分。不過，中等教育的改革問題並未因此而遭到忽視，反而因為中等教育的問題既多，主張也最多，試驗最久，經驗也最多，而成為整個學制改革的重心，匯集了全國教育專家的智慧與經驗，提出了各種改革主張，互相論辯，中等教育的改革進程也得以借力使力加速其完成。

三、中等教育改革的理想為養成公民，實現民主與多元，改革的過程充滿論辯，以報刊雜誌為論辯的平台，改革的主張是開放性的，議論是百家爭鳴，百花齊放的，見證後進國家學習先進國家的歷程中除了全盤接受之外，仍存在著自我創造適應本地風土的努力。

制度的改革，不是擬定幾份計畫，討論幾個議案，做成幾個決議，頒行幾個法案就算完成的，更重要的是計畫是否符合需要，是否可行，是否有充

分的參與，各方的意見是否完全容納，已有的經驗是否納入考慮。第七屆全國教育會聯合會將學制系統草案公布，請全國各省區、各報館雜誌社、教育界人士提供意見，參與討論，就是徵詢各界意見，重視過程的作法。從 1921 年年底一直到 1922 年學制頒行爲止，全國教育界完全聚焦於各級學校制度的改革，各家的議論，藉著召開各種會議，以報刊雜誌爲喉舌，呈現了百家爭鳴的現象。

國人對於教育問題之討論，自清末以來從未間斷，每次遭逢時局變化，總是牽掛著教育問題，教育界人士對於時局雖無改造之力，然而對教育之憂心始終未變，「教育造時局，時局造教育」，始終是國人重要思考之一。教育因應時代的需要而有所變化乃理所當然之事，究竟應如何改變，端賴時賢倡議與世人之景從耳。有關中等教育的改革主張，各處不同。

本文歸納《中等教育》、《新教育》、《教育叢刊》、《教育與職業》、《教育雜誌》和《中華教育界》等雜誌所發表的各項有關改革學制與中等教育的主張，輔以若干中等學校，分析其試驗新制的事例，做爲討論的基礎，發現 1920 年代前後，中等教育改革的議論，主要環繞在普通教育與職業教育合流、選科制和分科制以及兩階段中學有關的「四二制」與「三三制」的拉鋸。主張普通與職業合流，多從解決升學與就業的困境立論，兩者合流即可解決此一困境。中學實行選科制和分科制的作法，一方面是鑑於學生課業繁重而思有所改革，另一方面亦與升學與就業的拉鋸有關，加上時潮主張適應學生個性，分科、選修制成爲後來改革的主流主張。另一個重要的改革主張，就是修業年限的辯論，延長修業年限是共識，分階段也是共識，惟如何畫分，則各有其主張，或「四二」或「二四」或「三三」或「二二二」，不一而足。

其中有一個現象特別值得注意的是，這些主張還摻雜著地域之見，「四二制」是北高的主張，「三三制」是南高所支持，學制會議採取前者，全國教育會聯合會則決議採取後者。在各持己見的言論主張中，如何實踐，如何推廣爲全國一致之行動，則有各校試驗先行，這是在改革過程中，極爲難得的一次經驗，絕非一般由上而下的政令下，一體遵行的作法可以相提並論的。這正是政府失能之際，提供由下而上的改革一個極大的揮灑空間，才有自行其是的各項作爲，而成爲改革的主導力量。

各行其是的事證，從中等教育改革試驗也可以清楚看到，本文所舉東大附中、北高附中、江蘇一中的試驗過程，皆可明顯分成兩個階段，其分野則

在 1921 年全國教育會聯合會通過新學制草案為斷，草案通過之前的改革試驗，不論是修業年限、分組分科、課程設置，各校皆各行其是；之後，各校呼應草案的規範進行試驗，關於這一點，在中等學校分成初級中學和高級中學兩階段以及「三三制」的設計最為明顯。

由於中等教育改革期間，改革主張系出多門，改革試驗，也是各行其是，學制改革也是一樣，有著多元的立論與主張，呈現百家爭鳴的景象。起自於民間的各個教育團體，扮演著引領者的角色，從倡議到議論，從議論到試驗，從試驗到決行，都是由全國教育會聯合會所主導，展現民間的自主性力量。失能已久的教育部，在第七屆全國教育會聯合會通過新學制草案，由各省區學校進行試驗的時候，教育部共襄盛舉地召開了學制會議，尤其有意忽視全國教育會聯合會的決議看來，會議召開的目的實難脫企圖掠取改革成果的嫌疑。隨之召開的第八屆全國教育會聯合會的決議，再度扭轉學制會議的部份決議，終成為頒行的版本，在在顯示了民間教育團體的影響力量。

四、改革後的中等教育制度，實現了各類中等學校合流的主張，造就一個縱向三系並立，且前後一貫相承；橫向靈活轉換，且八面玲瓏的中等學校系統；課程多元，也多新創，不僅兼顧升學與職業，並且有培養公民擁有具備改造社會能力的企圖心。

民國初年的中等教育改革，是隨著 1922 年學制的頒行而完成的，筆者始終認為，民國初年的中等教育改革先行，學制改革後發，由於中等教育是學校系統的一部分，學制確定了中等教育的組織架構，學制的頒行，即中等教育制度新的組織架構建立的開始，兩者之間的關係，事實上是表裡相依，是一體之兩面。

新的學校系統，改變了清末以來的學校教育體制，淡化了清末以來日本教育制度的影響，修業年限由四年延長為六年，開創了二級制中等教育的體制，更開啓了高級中學文理分組的先河。中等教育的改革，推動了中學分科選科制的施行，亦使職業教育得以在學校系統中取得正式的位置，進而與普通教育合流，此一結果已有今日綜合高中的精神。中等教育改革的成果，完全實現了教育改革期間，教育團體與教育界人士所提出的各項改革主張。惟師範教育體系的更張，在中等教育階段，一度引起中、師合併的風潮；而在風潮中，反省之聲隨之而起，師範獨立的主張再度出現；民國初年的中等教育改革的歷史，正像鐘擺的擺動，從民國初建時的整齊畫一，到 1922 年以後

的適性選擇，改革的結果恰似鐘擺，從緊的一端，向鬆的一端移動。

學校系統改革令頒行之後，教育部理當與民國初建時頒行中學校令及公布課程標準一般，配合新制重新設計新課程，訂定課程綱要，編訂教科書，進行教學，以配合新制的施行，中等教育制度的改革才算完成。

事實不然，教育部在頒行學校系統改革令後，再無其他作為，連應有的課程與綱要的設計與制定，都未見其承擔，反倒是全國教育會聯合會比教育部更積極地負起此一責任，從倡議、提案、討論、試驗、定制到課程重整，匯聚了國內教育界的力量，一以貫之地推動這一次的改革。

全國教育會聯合會先後組織中學校、師範學校之「新學制課程標準起草委員會」，並與中華職業教育社合作，分別擬定了中學、師範、與職業教育的課程標準。所擬訂的綱要，不僅實踐適應個性的精神，讓分科選修制貫徹於兩級中學之中，較諸試驗時期的各校作法，是有過之而無不及的。新課程綱要還有一個特點，即新科目新課程的嘗試，中等教育分初、高二階段，初級中學的課程與舊制大體相近；高級中學是新制，分文、理兩組，課程分公共必修、分科專修與純粹選修三類科目；有部分課目如「人生哲學」、「社會問題」與「科學概論」，不僅是新設，且列為共同必修科目，規定全國中等教育學生皆須修習，此一事實，就民國中等教育改革史而言，新課程將教育思想的理想性，對個人公民素養的養成及其對改革社會的關懷，轉化為學校的課程而言，都是具有歷史意義的。

參考書目

一、檔案、史料彙編

1. 《中國教育會章程》，出版地不詳，宣統三年閏六月。收入：中英文圖書數字化國際合作計畫（CADAL）文獻庫。

2. 《中華教育改進社同社錄》，上海：中華教育改進社，1924 年 7 月。收入：中英文圖書數字化國際合作計畫（CADAL）文獻庫。

3. 《全國中學校校長會議錄》，北京：教育部，1919 年。收入：中英文圖書數字化國際合作計畫（CADAL）文獻庫。

4. 《政府公報》，臺北：文海出版社，1971 年。

5. 《教育公報》，北京：教育部，1922 年 3 月～7 月。收入：中英文圖書數字化國際合作計畫（CADAL）文獻庫。

6. 《第九屆全國教育會聯合會會務紀要》，雲南：第九屆全國教育會聯合會，1923 年。收入：中英文圖書數字化國際合作計畫（CADAL）文獻庫。

7. 《臨時政府公報》，南京：江蘇人民出版社，1981 年。

8. 中國第二歷史檔案館編，《中華民國史檔案資料匯編（第三輯北洋政府教育）》，南京：江蘇古籍出版社，1991 年。

9. 中國第二歷史檔案館編，《中華民國史檔案資料匯編（第五輯第一編國民政府教育）》，南京：江蘇古籍出版社，1994 年。

10. 全國教育會聯合會新學制課程標準起草委員會編，《新學制課程標準綱要》，上海：商務印書館，1925 年。

11. 全國圖書館文獻縮微複製中心，《（民國）教育部文牘政令匯編》，北京：新華書店，2004 年。

12. 全國圖書館文獻縮微複製中心，《中國近代教育史料匯編（民國卷）》，北京：新華書店，2006 年。

13. 多賀秋五郎，《近代中國教育史資料（民國編）》，臺北：文海出版社，1976 年。

14. 朱有瓛編，《中國近代學制史料》，上海：華東師範大學出版社，1983～1990 年。

15. 朱有瓛等編，《中國近代教育史資料彙編（教育行政機構及教育團體）》，上海：上海教育出版社，1993 年。

16. 宋原放主編，《中國出版史料（近代部份）》，武漢：湖北教育出版社，2004 年。

17. 宋原放主編，《中國出版史料（現代部份）》，濟南：山東教育出版社，2001 年。

18. 李桂林、戚名琇、錢曼倩編，《中國近代教育史資料彙編（普通教育）》，上海：上海教育出版社，1995 年。

19. 李桂林主編，《中國現代教育史教學參考資料》，北京：人民教育出版社，1987 年。

20. 沈同芳，《江蘇教育總會文牘》，上海：江蘇教育總會，光緒三十三年。

21. 邰爽秋等編選，《歷屆教育會議議決案彙編》，上海：教育編譯館，1936 年。

22. 商務印書館編譯所，《中華民國教育新法令》（第一冊～第六冊），上海：商務印書館，1912～1917 年。

23. 教育部，《中學選科示範》，出版年不詳。

24. 教育部編，《中華民國第三次教育圖表》，臺北：文海出版社，1986 年。

25. 教育雜誌社編，《教育法令選》（上、中、下），上海：商務印書館，1925 年。

26. 陳元暉主編、璩鑫圭、唐良炎編，《中國近代教育史資料彙編（學制演變）》，上海：上海教育出版社，1991 年。

27. 陳谷嘉、鄧洪波主編，《中國書院史資料》，杭州：浙江教育出版社，1998 年。

28. 陳和銑記述，《世界文化合作討論改進中國教育報告書會議紀錄》，上海：世界文化合作中國協會籌備委員會，1933 年。

29. 陳學恂、田正平編，《中國近代教育史資料彙編（留學教育）》，上海：上海教育出版社，1991 年。

30. 陳學恂主編，《中國近代教育史教學參考資料》，北京：人民教育出版社，1986 年。

31. 湯志鈞、陳祖恩編，《中國近代教育史資料彙編（戊戌時期教育）》，上海：上海教育出版社，1993 年。

32. 舒新城編,《中國近代教育史資料》,北京:人民教育出版社,1981 年。

33. 潘懋元、劉海峰編,《中國近代教育史資料彙編(高等教育)》,上海:上海教育出版社,1993 年。

34. 璩鑫圭、童富勇、張守智編,《中國近代教育史資料彙編(實業教育師範教育)》,上海:上海教育出版社,1994 年。

35. 璩鑫圭、童富勇編,《中國近代教育史資料彙編(教育思想)》,上海:上海教育出版社,1997 年。

二、年鑑、教育統計、辭典、工具書

1. 丁致聘編,《中國近七十年來教育記事》,上海:商務印書館,1935 年。

2. 上海市教育局編,《上海市中等教育概況》,上海:編者印行,1948 年。

3. 上海圖書館編,《上海圖書館館藏近現代中文期刊總目》,上海:上海科學技術文獻出版社,2004 年。

4. 中國教育大系歷代教育名人志編纂委員會,《歷代教育名人志》,湖北:湖北教育出版社,1994 年。

5. 中華教育改進社,《中國教育統計概覽》,上海:商務印書館,1924 年。

6. 中華教育改進社編,《京師教育概況》(1924~1925),編者印行,1926 年。

7. 中華職業教育社編,《中國職業教育三十年來大事表》,1947 年。

8. 申報索引編輯委員會編,《申報索引(1919~1949)》,上海:上海書店,2008 年。

9. 吳美瑤等編,《教育雜誌(1909~1948)索引》,臺北:心理出版社,2006 年。

10. 李永璞主編,《全國各級政協文史資料篇目索引》,北京:中國文史出版社,1992 年。

11. 周邦道主編,《第一次中國教育年鑑》,收入蔣致遠主編,《中華民國教育年鑑》,臺北:宗青圖書公司,1991 年。

12. 俞慶棠編,《中國社會問題參考資料索引》,江蘇,江蘇省立教育學院,1926 年。

13. 范壽康等編,《第一回中國年鑑》,上海:商務印書館,1926 年。

14. 徐友春主編,《民國人物大辭典》,石家莊:河北人民出版社,1991 年。

15. 國立編譯館主編,《教育大辭書》,臺北:文景書局,1990 年。

16. 張海鵬主編,《中國近代史論著目錄》,上海:上海人民出版社,2004 年。

17. 教育部,《民國六年全國中學校一覽表》,編者印行,1917 年。

18. 教育部教育司總務司第二科編，《全國中等教育概況》（1928～1929），上海：中華書局，1931 年。

19. 教育部普通教育司編，《全國公私立中等學校名稱及分布概況（民國十九年度）》，編者印行，1933 年。

20. 教育部普通教育司編，《全國實業學校一覽表》，編者印行，1917 年。

21. 教育部總務廳統計科編，《中華民國第五次教育統計圖表》，1916 年 8 月～1917 年 7 月。

22. 陳東原等主編，《教育雜誌索引》（第一卷～第二十三卷），上海：商務印書館，1936 年。

23. 湖南全省地方自治籌備處，《中華民國十八年湖南全省教育統計》，湖南，編者印行，1931 年。

24. 劉英杰主編，《中國教育大事典 1840～1949》，杭州：浙江教育出版社，2001 年。

25. 課程教材研究所編，《二十世紀中國中小學課程標準教學大綱彙編》（課程教學計畫卷、歷史卷、物理卷、地理卷、生物卷、體育卷），北京：人民教育出版社，2001 年。

26. 學部總務司編，《第一次教育統計圖表》，臺北：文海出版社，1986 年。

27. 學部總務司編，《第二次教育統計圖表》，清光緒三十四年（1908）刊本影印。

28. 顧明遠主編，《教育大辭典》，上海：上海教育出版社，1990 年。

三、文集、日記、年譜、回憶錄

1. 中央教育科學研究所編，《林礪儒教育文選》，北京：北京師範大學出版社，1984 年。

2. 中國人民政治協商會議全國委員會文史資料委員會，《文史資料存稿選編》，北京：中國文史出版社，2002 年。

3. 中華職業教育社編，《黃炎培教育文集》，北京：中國文史出版社，1994～1995 年。

4. 王承緒、趙端瑛編，《鄭曉滄教育論著選》，北京：人民教育出版社，1993 年。

5. 田正平、李笑賢編，《黃炎培教育論著選》，北京：人民教育出版社，1993 年。

6. 白吉庵、劉燕雲編，《胡適教育論著選》，北京：人民教育出版社，1994 年。

7. 朱澤甫編，《陶行知年譜》，合肥：安徽教育出版社，1985 年。

8. 江蘇省政協文史資料委員會編,《江蘇文史資料集粹》,南京:江蘇文史資料編輯部,1995 年。

9. 江蘇省陶行知教育思想研究會、市京曉莊師範陶行知研究室,《陶行知文集》,江蘇:人民出版社,1981 年。

10. 余家菊,《余家菊(景陶)先生教育論文集》,臺北:慧炬出版社,1997 年。

11. 呂達、劉立達主編,《舒新城教育論著選》,北京:人民教育出版社,2004 年。

12. 宋恩榮編,《范壽康教育文集》,杭州:浙江教育出版社,1989 年。

13. 季羨林主編,《胡適全集》,安徽:安徽教育出版社,2003 年。

14. 胡頌平,《胡適之先生年譜長編初稿》,臺北:聯經出版公司,1984 年。

15. 胡適,《胡適作品集》,臺北:遠流出版公司,1986～1988 年。

16. 胡適,《胡適的日記》,臺北:遠流出版社,1989～1990

17. 胡適,曹伯元整理,《胡適日記全編》,合肥:安徽教育出版社,2001 年。

18. 唐德剛,《胡適口述自傳》,北京:華文出版社,1992 年。

19. 袁希濤等合編,《八年歐美考察教育團報告》,上海:商務印書館,1920 年。

20. 高平叔編,《蔡元培教育論著選》,北京:人民教育出版社,1991 年。

21. 張彬編,《經亨頤教育論著選》,北京:人民教育出版社,1993 年。

22. 曹伯言編,《胡適學術文集(教育)》,北京:中華書局,1998 年。

23. 莊澤宣,《我的教育思想》,上海:中華書局,1934 年。

24. 許漢三,《黃炎培年譜》,北京:文史資料出版社,1985 年。

25. 陳景磐、陳學恂主編,《清代後期教育論著選》,北京:人民教育出版社,1997 年。

26. 陳學恂主編,《中國近代教育文選》,北京:人民教育出版社,1983 年。

27. 陳寶泉等,《考察日本斐律賓教育團紀實》,上海:商務印書館,1917 年。

28. 陸費逵,《教育文存》,上海:中華書局,1921 年。

29. 陶孟和,《孟和文存》,上海:亞東圖書館,1925 年。

30. 單中惠、王鳳玉主編,《杜威在華教育講演》,北京:教育科學出版社,2007 年。

31. 湯才伯編,《廖世承教育論著選》,北京:人民教育出版社,1992 年。

32. 舒新城,《我和教育》,臺北:龍文出版社,1990 年。

33. 舒新城，《近代中國教育史稿選存》，上海：中華書局，1936 年。

34. 舒新城，《近代中國教育思想史》收入《民國叢書》四編四十三，上海：上海書店，1992 年。

35. 華中師範學院教育科學研究所主編，《陶行知全集》，長沙：湖南教育出版社，1984～1986 年。

36. 華東師範大學教育系主編，《中國現代教育文選》，北京：人民教育出版社，1989 年。

37. 黃炎培，《黃炎培考察教育日記》（第一集～第二集），上海：商務印書館，1915 年。

38. 黃炎培，《八十年來附〈延安歸來〉》，北京：中國文史出版社，1982 年。

39. 賈豐臻編，《視察教育世界一周記》，上海：商務印書館，1922 年。

40. 劉文輅等編，《八年歐美考察教育團報告》，上海：商務印書館，1920 年。

41. 蔣夢麟，《西潮》，臺北：世界書局，1976 年。

42. 蔡元培，高平叔編，《蔡元培全集》，北京：中華書局，1984 年。

43. 顧明遠主編，《中國教育大系（歷代教育論著選評）》，武漢：湖北教育出版社，1994 年。

四、期刊、報紙

1. 《大公報》，北京：人民出版社，1983 年。

2. 《中等教育》，北京：中國國家圖書館，民國期刊（電子資料庫）。

3. 《中華教育界》，上海：中華書局，1925、1928 年。

4. 《北京高師教育叢刊》，北京：中國國家圖書館，民國期刊（電子資料庫）。

5. 《申報》，上海：上海書店影印，1982～1987 年。

6. 《努力週報》，北京：努力週報社，1922～1923 年。

7. 《教育世界》，文譯篇。北京：學部，光緒二十七年四月下旬至二十八年十二月下旬。中央研究院近代史研究所影印收藏。

8. 《教育部編纂處月刊》，北京：中國國家圖書館，民國期刊（電子資料庫）。

9. 《教育與職業》，上海：中華職業教育社，1921～1927 年。收入：中國期刊全文數據庫（世紀期刊）（電子資料庫）。

10. 《教育雜誌》，臺北：臺灣商務印書館影印出版，1975 年。

11. 《教育雜誌》，學制課程研究號，上海：商務印書館，1922 年 5 月。

12. 《新教育》，北京：中國數位圖書館民國期刊。

五、專　書

1. 《公民教育論》,上海:商務印書館,出版年不詳。

2. 中共河南省委黨史工作委員會編,《五四前後的河南社會》,河南:河南人民出版社,1990 年。

3. 中國地方志集成編輯工作委員會編,《中國地方志集成(江蘇府縣志輯)》,上海:江蘇古籍出版社,1991 年。

4. 中國科學社,《中國科學社概況》,上海:中國科學社,1931 年。

5. 中國基督教教育調查會編,《中國基督教教育事業》,上海:商務印書館,出版年不詳(調查年 1922 年)。

6. 中國教育學會主編,《近五十年來之中國教育》,臺北:復興書局,1977 年。

7. 中國歷代政區沿革編寫組編,《中國歷代政區沿革》,石家莊:河北教育出版社,1996 年。

8. 中華教育改進社,《世界教育會議中國代表團報告》,上海:編者印行,1923 年。

9. 中華職業教育社上海職業指導所編,《上海職業指導所要覽》,上海:編者印行,1931 年。

10. 方平,《晚清上海的公共領域:1895~1911》,上海:上海人民出版社,2007 年。

11. 方與嚴,《新教育史》,上海:兒童書局,1934 年。

12. 毛邦偉編,《中國教育史》,北平:文化學社,1932 年。

13. 毛禮銳、沈灌群主編,《中國教育通史》,濟南:山東教育出版社,1985~1989 年。

14. 王仲和等編,《初中公民學教本》(中華教育改進社叢書第五種),南京:江蘇省立第一中學校,1924 年。

15. 王卓然編,《中國教育一瞥錄》,上海:商務印書館,1923 年。

16. 王東杰,《國家與學術的地方互動:四川大學國立化進程(1925~1939)》,北京:三聯書店,2005 年。

17. 王建軍,《中國教育史新編》,廣州:廣東高等教育出版社,2003 年。

18. 王星拱,《科學方法論》,北京:北京大學出版社,1920 年。

19. 王炳照、閻國華、田正平主編,《中國教育思想通史》,衡陽:湖南教育出版社,1994 年。

20. 王炳照等編,《簡明中國教育史》,北京:北京師範大學出版社,1987 年。

21. 王倫信,《清末民國時期中學教育研究》,上海:華東師範大學出版社,2002 年。

22. 王國斌（Wong, R. Bin），《轉變的中國：歷史變遷與歐洲經驗的侷限》，南京：江蘇人民出版社，1998 年。

23. 王雲五，《商務印書館與新教育年譜》，臺北：臺灣商務印書館，1973 年。

24. 王雲五、李聖五主編，《中國教育問題之討論》，上海：商務印書館，1933年。

25. 王鳳崗，《課程編制之理論》，武漢大學出版部，出版年不詳。

26. 王鳳喈，《中國教育史》，上海：國立編譯館，1945 年。

27. 王鳳喈，《中國教育史大綱》，上海：商務印書館，1928 年。

28. 王樹槐，《中國現代化的區域研究（江蘇省，1860～1916）》，臺北：中央研究院近代史研究所，1984 年。

29. 王寶平主編，呂順長編，《教育考察記》，杭州：杭州大學出版社，1999年。

30. 北京師範大學校史編寫組編，《北京師範大學校史》，北京：北京師範大學出版社，1982 年。

31. 古楳編，《現代中國及其教育》，上海：中華書局，1934～36 年。

32. 司琦編，《中等教育》，臺北：三民書局，1989 年。

33. 史景遷，《追尋現代史國》，臺北：時報文化出版公司，2001 年。

34. 田正平，《留學生與中國教育近代化》，廣東：廣東教育出版社，1996年。

35. 田正平，《世紀之理想：中國近代義務教育研究》，浙江：浙江教育出版社，1999 年。

36. 田正平主編，《中外教育交流史》，廣州：廣東教育出版社，2004 年。

37. 任時先，《中國教育思想史》，上海：商務印書館，1937 年。

38. 任達（Reynolds, Douglas R.），李仲賢譯，《新政革命與日本：中國，1898～1912》，南京：江蘇人民出版社，1998 年。

39. 任鴻雋，《科學概論上篇》，上海：商務印書館，1927 年。

40. 吉伯特·羅茲曼（Gilbert Rozman）主編，《中國的現代化》，江蘇：江蘇人民出版社，2003 年。

41. 安徽省地方志編纂委員會編，《安徽省教育志》，安徽：方志出版社，1997年。

42. 安徽省政協文史資料委員會編，《文教史蹤》，安徽：安徽人民出版社，1987 年。

43. 朱翊新，《教育測驗 ABC》，上海：ABC 叢書社，1928 年。

44. 江西省教育志編纂委員會編，《江西省教育志》，北京：方志出版社，1996年。

45. 江恆源編,《十六年來之中華職業教育社》,上海:中華職業教育社,1933年。

46. 江蘇省公署教育科編,《江蘇教育近五年間既況》,上海:編者印行,1916年。

47. 江蘇省地方志編纂委員會編,《江蘇省志・教育志》,南京:江蘇古籍出版社,2000年。

48. 艾愷（Alitto, Guy S.）,王宗昱、冀建中譯《最後的儒家:梁漱溟與中國現代化的兩難》,南京:江蘇人民出版社,1993年。

49. 余家菊,《師範教育》,上海:中華書局,1926年。

50. 余家菊,《教育原論》,上海:大陸書局,1933年。

51. 余家菊、汪德全編譯,《戰後世界教育新趨勢》,上海:中華書局,1926年。

52. 別必亮,《承傳與創新:近代華僑教育研究》,石家莊:河北教育出版社,2001年。

53. 吳家鎮,《世界各國學制考》,上海:商務印書館,1924年。

54. 吳家瀅,《中華民國教育政策發展史》,臺北:五南圖書公司,1990年。

55. 吳澤霖,《新中華社會學及社會問題》,上海:新國民圖書社,1932年。

56. 呂芳上,《從學生運動到運動學生——八年至十八年》,臺北:中央研究院近代史研究所,1994年。

57. 呂達,《課程史論》,北京:人民教育出版社,1999年。

58. 宋恩榮,《近代中國教育改革》,北京:教育科學出版社,1994年。

59. 李之鷗,《各國師範教育概觀》,上海:商務印書館,1932年。

60. 李文英,《模仿、自立與創新:近代日本學習歐美教育研究》,石家莊:河北教育出版社,2001年。

61. 李冬君,《中國私學百年祭——嚴修新私學與中國近代政治文化繫年》,天津:南開大學出版社,2004年。

62. 李弘祺,《中國教育史英文著作評介》,臺北:臺灣大學出版社,2005年。

63. 李石岑,《人生哲學》,上海:商務印書館,1926年。

64. 李桂林,《中國現代教育史》,吉林:吉林教育出版社,1991年。

65. 李國鈞、王炳照主編,《中國教育制度通史》,濟南:山東教育出版社,2000年。

66. 李喜平主編,《遼寧教育史》,瀋陽:遼海出版社,1998年。

67. 李琳琦,《徽商與明清徽州教育》,武漢:湖北教育出版社,2003年。

68. 李華興,《民國教育史》,上海:上海教育出版社,1997年。

69. 李劍萍，《中國現代教育問題史論》，北京：人民出版社，2005 年。

70. 杜成憲、丁鋼主編，《二十世紀中國教育的現代化研究》，上海：上海教育出版社，2004 年。

71. 杜佐周編譯，《麥柯爾教育測量法撮要》，上海：民智書局，1927 年。

72. 杜威，鄒恩潤譯，《民本主義與教育》（一～五），上海：商務印書館，1929 年。

73. 杜威講，常道直編譯，《平民主義與教育》，上海：商務印書館，1922 年。

74. 杜威講，金海觀等筆記，《杜威教育哲學》，上海：商務印書館，1922 年。

75. 杜學元，《中國女子教育通史》，貴陽：貴州教育出版社，1995 年。

76. 沈益洪編，《杜威談中國》，杭州：浙江文藝出版社，2001 年。

77. 汪懋祖，《美國教育徹覽》，上海：中華書局，1922 年。

78. 周予同，《中國現代教育史》，上海：良友圖書公司，1934 年。

79. 周予同，《中國學校制度》，上海：商務印書館，1933 年。

80. 周谷平，《近代西方教育理論在中國的傳播》，廣東：廣東教育出版社，1996 年。

81. 周邦道，《近代教育先進傳略初集》，臺北：中國文化大學出版社，1981 年。

82. 周武，《張元濟：書卷人生》，上海：上海教育出版社，1999 年。

83. 周金淦等，《公民學課程大綱》，上海：商務印書館，1923 年。

84. 周峰主編，《民國時期杭州》，杭州：浙江人民出版社，1997 年。

85. 周策縱，《五四運動：現代中國的思想革命》，南京：江蘇人民出版社，1996 年。

86. 尚丁，《黃炎培》，北京：人民出版社，1990 年。

87. 邱椿，《學制》，上海：商務印書館，出版年不詳。

88. 邱爽秋等編，《中學教育之理論與實際》，上海：教育編譯館，1935 年。

89. 邱爽秋等編，《中小學課程問題》，上海：教育編譯館，1935 年。

90. 邱爽秋等編，《教育行政之理論與實際》，上海：教育編譯館，1935 年。

91. 冒榮，《至平至善鴻聲東南：東南大學校長郭秉文》，濟南：山東教育出版社，2004 年。

92. 姜書閣，《中國近代教育制度》，上海：商務印書館，1933 年。

93. 姜琦，《教育史》，上海：商務印書館，1938 年。

94. 姜琦、邱椿，《歐戰後之西洋教育》，上海：商務印書館，1929 年。

95. 姚純安，《社會學在近代中國的進程（1895～1919）》，北京：三聯書店，2006 年。

96. 段治文，《中國現代科學文化的興起：1919～1936》，上海：上海人民出版社，2001 年。

97. 唐振常主編，《上海史》，上海：上海人民出版社，1989 年。

98. 夏曉虹，《晚清社會與文化》，武漢：湖北教育出版社，2001 年。

99. 孫宏雲，《中國現代政治學的展開：清華政治學系的早期發展（1926～1937）》，北京：三聯書店，2005 年。

100. 孫邦正，《六十年來的中國教育》，臺北：正中書局，1971 年。

101. 孫蒂侯，《浙江教史育史略》，浙江：浙江省教育廳，1931 年。

102. 孫培青，《中國教育史》，上海：華東師範大學出版社，2000 年。

103. 孫培青、李國鈞編，《中國教育思想史（第三卷）》，上海：華東師範大學出版社，1995 年。

104. 孫景悅等，《張學良與遼寧教育》，香港：香港同澤出版社，1993 年。

105. 島田正藏，雷通群譯，《現代新教育徹覽》，上海：商務印書館，1935 年。

106. 島田虔次，《中國近代思維的挫折》，南京：江蘇人民出版社，2005 年。

107. 徐世昌，《歐戰後之中國經濟與教育》，上海：中華書局，1920 年。

108. 徐侍峰，《中學教育論叢》，北平：著者書店，1936 年。

109. 徐雉，《中國學校課程沿革史》，上海：太平洋書店，1929 年。

110. 桑兵，《清末新知識界的社團與活動》，北京：三聯書店，1995 年。

111. 格里德（Grieder, Jerome B.），魯奇譯，《胡適與中國的文藝復興：中國革命中的自由主義（1917～1937）》，南京：江蘇人民出版社，1989 年。

112. 浙江省政協文史資料委員會編，《浙江近代著名學校和教育家》，杭州：浙江人民出版社，1991 年。

113. 袁伯樵，《中等教育》，上海：商務印書館，1949 年。

114. 袁希濤，《新學制草案與各國學制之比較》，北京：北京女子高等師範學校，出版年不詳。

115. 袁希濤，《義務教育》，上海：商務印書館，1931 年。

116. 郝大維（Hall, David L.）等，何剛強譯，《先賢的民主：杜威、孔子與中國民主之希望》，南京：江蘇人民出版社，2004 年。

117. 馬勇，《蔣夢麟教育思想研究》，瀋陽：遼寧出版社，1997 年。

118. 馬勇，《蔣夢麟傳》，鄭州：河南文藝出版社，1999 年。

119. 馬敏，《官商之間：社會巨變中的近代紳商》，天津：天津人民出版社，1995 年。

120. 馬鏞，《外力衝擊與上海教育》，武漢：湖北教育出版社，2003 年。

121. 高明士、古偉瀛編，《戰後臺灣的歷史學研究 1945～2000》，臺北：臺灣大學出版中心，2004 年。

122. 高明士編，《東亞教育史研究的回顧與展望》，臺北：臺灣大學出版中心，2005 年。

123. 高瑞泉、山和久和編，《中國的現代性與城市知識份子》，上海：上海古籍出版社，2004 年。

124. 高瑞泉、山和久和編，《城市知識份子的二重世界中國現代性的歷史視域》，上海：上海古籍出版社，2005 年。

125. 商務印書館編，《最近三十五年之中國教育》，上海：商務印書館，1931 年。

126. 商務印書館編，《新學制初級中學課程說明書》，出版年不詳。

127. 商麗浩，《政府與社會：近代公共教育經費配置研究》，石家莊：河北教育出版社，2001 年。

128. 張文昌，《中等教育》，上海：中華書局，1938 年。

129. 張玉法，《中國現代史》，臺北：東華書局，1977 年。

130. 張君勱、丁文江等，《科學與人生觀》，臺北：問學出版社，1977 年。

131. 張亞群，《科舉制度與近代中國高等教育的轉型》，武漢：華中師範大學出版社，2005 年。

132. 張朋園，《中國現代化的區域研究（湖南省 1860～1916）》，臺北：中央研究院近代史研究所，1983 年。

133. 張偉平，《教育會社與中國教育近代化》，杭州：浙江大學出版社，2002 年。

134. 張彬，《從浙江看中國教育現代化》，廣州：廣東教育出版社，1996 年。

135. 張彬、周谷平編，《中國教育史導論》，杭州：浙江大學出版社，2007 年。

136. 張瑞璠、王承緒主編，《中外教育比較史綱》，濟南：山東教育出版社，1997 年。

137. 張榮華，《張元濟評傳》，江西：百花洲文藝出版社，1997 年。

138. 張憲文等，《中華民國史》，南京：南京大學出版社，2006 年。

139. 教育雜誌社編，《新學制中學的課程》，上海：商務印書館，1925 年。

140. 教育雜誌社編，《新學制的討論》（上、中、下），上海：商務印書館，1925 年。

141. 教育雜誌社編，《歐戰後各國教育之改革》，上海：商務印書館，1925 年。

142. 教育雜誌社編，《職業教育之理論及職業之調查》，上海：商務印書館，1925 年。

143. 教育雜誌社編，《小學校的新課程》，上海：商務印書館，1925 年。

144. 教育雜誌社編，《初級中學教育》，上海：商務印書館，1925 年。

145. 教育雜誌社編，《科學教育之原理及其教授法》，上海：商務印書館，1925 年。

146. 教育雜誌社編，《師範教育改造問題》，上海：商務印書館，1925 年。

147. 教育雜誌社編，《教育雜文》，上海：商務印書館，1925 年。

148. 曹天忠，《教育與社會改造：雷沛鴻與近代廣西教育及社會》，天津：天津古籍出版社，2004 年。

149. 曹運耕，《維新運動與兩湖教育》，武漢：湖北教育出版社，2003 年。

150. 盛朗西編，《小學課程沿革》，上海：中華書局，1934 年。

151. 莊澤宣，《各國學制概要》，上海：商務印書館，1933 年。

152. 莊澤宣，《如何使新教育中國化》，上海：民智書局，1929 年。

153. 莊澤宣，《教育與人生》，上海：中華書局，1946 年。

154. 莊澤宣，《新中華教育概論》，上海：新國民圖書社，1935 年。

155. 莊澤宣，《職業教育通論》，上海：商務印書館，1934 年。

156. 許紀霖，《回歸公共空間》，南京：江蘇人民出版社，2006 年。

157. 許紀霖、倪華強，《黃炎培：方圓人生》，上海：上海教育出版社，1999 年。

158. 許紀霖、陳達凱主編，《中國現代化史（第一卷）（1800～1949）》，上海：三聯書店，1995 年。

159. 許紀霖主編，《公共性與公民觀》，南京：江蘇人民出版社，2006 年。

160. 郭任遠，《社會科學概論》，上海：商務印書館，1929 年。

161. 郭秉文，《中國教育制度沿革史》，上海：商務印書館，1922 年。

162. 郭家齊，《中國教育思想史》，北京：教育科學出版社，1987 年。

163. 郭湛波，《近五十年中國思想史》，上海：上海書店，1989 年。

164. 郭穎頤，《中國現代思想中的唯科學主義（1900～1950）》，南京：江蘇人民出版社，1989 年。

165. 陳以愛，《中國現代學術研究機構的興起》，臺北：政治大學歷史學系，1999 年。

166. 陳平原，《中國現代學術之建立》，北京：北京大學出版社，1998 年。

167. 陳宏謀，《五種遺規》，臺北：德志出版社，1961 年。

168. 陳東原，《中國教育史》，上海：商務印書館，1937 年。

169. 陳青之，《中國教育史》，臺北：臺灣商務印書館，1966 年。

170. 陳俠，《近代中國小學課程演變史》，重慶：商務印書館，1944 年。

171. 陳科美主編，《上海近代教育史（1843～1949）》，上海：上海教育出版社，2003 年。

172. 陳啓天，《近代中國教育史》，臺北：臺灣中華書局，1969 年。

173. 陳學恂、田正平主編，《中國教育史研究（近代分卷）》，上海：華東師範大學出版社，2001 年。

174. 陳學恂、高奇主編，《中國教育史研究（現代分卷）》，上海：華東師範大學出版社，1994 年。

175. 陳寶泉，《中國近代學制變遷史》，北京：文化學社，1927 年。

176. 陳寶泉、陶行知、胡適編，《孟祿的中國教育討論》，上海：中華書局，1923 年。

177. 陶孟和，《新學制高級中學教科書社會問題》，上海：商務印書館，1927 年。

178. 陶行知，《中國教育改造》，上海：亞東圖書館，1930 年。

179. 陶行知等，《中國新教育概況》，上海：中華書局，1928 年。

180. 章開沅、唐文權，《平凡的神聖——陶行知》，湖北：湖北教育出版社，1992 年。

181. 單中惠、王鳳玉主編，《杜威在華教育講演》，北京：教育科學出版社，2007 年。

182. 單中惠主編，《外國中小學教育問題史》，濟南：山東教育出版社，2005 年。

183. 喻本伐、熊賢君，《中國教育發展史》，武昌：華中師範大學出版社，1991 年。

184. 舒新城，《新中學人生哲學》，上海：中華書局，1924 年。

185. 舒新城，《新中學教科書初級公民課本》（第一冊～第三冊），上海：中華書局，1924～1925 年。

186. 舒新城，《民國十四年中國教育指南》，上海：商務印書館，1926 年。

187. 舒新城，《中國教育指南 1926 年》，上海：商務印書館，1927 年。

188. 舒新城，《教育通論》，上海：中華書局，1927 年。

189. 舒新城，《中國教育建設方針》，上海：中華書局，1931 年。

190. 舒新城，《近代中國教育史稿選存》，上海：中華書局，1936 年。

191. 舒衡哲（Vera Schwarcz），劉京建譯，《中國啓蒙運動：知識份子與五四遺產》，臺北：桂冠出版社，2000 年。

192. 舒新城，《近代中國教育思想史》，收入《民國叢書》四編四十三，上海：

上海書店，1992 年。

193. 費正清，《中國：傳統與變遷》，北京：世界知識出版社，2002 年。

194. 費正清主編，章建剛等譯，《劍橋中華民國史》，上海：人民出版社，1991年。

195. 費俠莉（Furth, Charlotte），《丁文江：科學與中國新文化》，北京：新星出版社，2006 年。

196. 馮友蘭，《新學制高級中學教科書人生哲學》，上海：商務印書館，1926年。

197. 馮品蘭，《現代教育思潮》，上海：大華書局，1934 年。

198. 馮筱才，《在商言商：政治變局中的江浙商人》，上海：上海社會科學院出版社，2004 年。

199. 黃宗智，《中國研究的規範認識危機》，香港：牛津大學出版社，1994年。

200. 黃宗智，《中國研究的範式問題討論》，北京：社會科學文獻出版社，2003 年。

201. 黃炎培，《中國教育史要》，上海：商務印書館，1939 年。

202. 黃新憲，《基督教教育與中國社會變遷》，福州：福建教育出版社，1996年。

203. 愛爾烏德（C. A. Ellwood），王造時、趙廷爲譯，《社會問題——改造的分析》，上海：商務印書館，1922 年。

204. 愛爾烏德（C. A. Ellwood），趙作雄譯，《社會學及現代社會問題》，上海：商務印書館，出版年不詳。

205. 楊念群，《中層理論：東西方思想會通下的中國史研究》，南昌：江西教育出版社，2001 年。

206. 楊東平，《艱難的日出：中國現代教育的二十世紀》，上海：文匯出版社，2003 年。

207. 楊壽堪、王成兵，《實用主義在中國》，北京：首都師範大學出版社，2002年。

208. 溝口雄三，林右崇譯，《中國前近代思想的演變》，臺北：國立編譯館，1994 年。

209. 經亨頤，《最近教育思潮》，浙江：浙江省教育會，1917 年。

210. 董寶良、周洪宇編，《中國近現代教育思潮與流派》，北京：人民教育出版社，1997 年。

211. 虞和平，《商會與中國早期現代化》，臺北：東大圖書，1995 年。

212. 路義思撰，衛理口譯，范熙庸筆述，《日本學校源流》，上海：江南製造

局，光緒二十五年。

213. 廖世承，《中學教育》，上海：商務印書館，1924 年。

214. 廖世承編，《施行新學制後之東大附中》，上海：中華書局，1924 年。

215. 廖世承編，《東大附中道爾頓制實驗報告》，上海：商務印書館，1925 年。

216. 廖世承編，《中國職業教育問題》，上海：商務印書館，1929 年。

217. 熊子容，《公民教育》，上海：商務印書館，1933 年。

218. 熊月之編，《上海通史》，上海：上海人民出版社，1999 年。

219. 熊明安，《中華民國教育史》，重慶：重慶出版社，1997 年。

220. 熊明安編，《中國近現代教學改革史》，重慶：重慶出版社，1999 年。

221. 熊明安、周洪宇主編，《中國近現代教育實驗史》，濟南：山東教育出版社，2001 年。

222. 趙承福，《山東教育通史（近現代卷)》，濟南：山東人民出版社，2001 年。

223. 趙德馨，《中國近現代經濟史（1842～1949)》，鄭州：河南人民出版社，2003 年。

224. 劉正偉，《督撫與士紳：江蘇教育近代化研究》，石家莊：河北教育出版社，2002 年。

225. 劉龍心，《學術與制度》，臺北：遠流出版公司，2002 年。

226. 劉鐵芳編，《新教育的精神：重溫逝去的思想傳統》，上海：華東師範大學出版社，2007 年。

227. 滕大春編，《外國教育通史（第五卷）》，濟南：山東教育出版社，1995 年。

228. 蔣夢麟，《過渡時代之思想與教育》，上海：商務印書館，1932 年。

229. 蔣維喬講，《江蘇教育行政概況》，上海：商務印書館，1924 年。

230. 蔡元培，《中學修身教科書》，上海：商務印書館，1919 年。

231. 蔡行濤，《抗戰前的中華職業教育社（1917～1937)》，臺北：東大圖書公司，1988 年。

232. 蔡芹香編，《中國學制史》，上海：世界書局，1933 年。

233. 衛道治編，《中外教育交流史》，湖南：湖南教育出版社，1998 年。

234. 鄭寶恆，《民國時期政區沿革》，武漢：湖北教育出版社，2000 年。

235. 魯繼曾編，《中學教育實際問題》，上海：大夏大學教育學院出版，1936 年。

236. 錢曼倩、金林祥主編，《中國近代學制比較研究》，廣州：廣東教育出版社，2001 年。

237. 閻廣芬，《經商與辦學：近代商人教育活動研究》，石家莊：河北教育出版社，2001 年。

238. 薛化元，《晚清中體西用思想論》，臺北：稻香出版社，1991 年。

239. 謝文全，《中等教育——理論與實際》，臺北：五南圖書公司，1996 年。

240. 謝扶雅，《人生哲學》，南京：正中書局，1947 年。

241. 謝長法，《借鑒與融合：留美學生抗戰前教育活動研究》，石家莊：河北教育出版社，2002 年。

242. 謝國興，《中國現代化的區域研究（安徽省，1860～1937）》，臺北：中央研究院近代史研究所，1991 年。

243. 薩孟武，《中國社會問題之社會學的研究》，上海：華通書局，1929 年。

244. 羅廷光，《師範教育新論》，上海：南京書店，1933 年。

245. 關曉紅，《晚清學部研究》，廣州：廣東教育出版社，2000 年。

246. 蘇雲峰，《中國新教育的萌芽與成長（1986～1928）》，臺北：五南圖書公司，2005 年。

247. 顧憲承，《教育概論》，上海：商務印書館，1937 年。

248. 顧樹森，《中國歷代教育制度》，南京：江蘇教育出版社，1981 年。

六、論 文

（一）期刊論文

1. 〈1922 年秋季的江蘇一中〉，《中等教育》二卷一期，1923 年。

2. 〈1922 年秋季的吳淞中學〉，《中等教育》二卷一期，1923 年。

3. 〈1922 年秋季的東大南高附中〉，《中等教育》二卷一期，1923 年。

4. 〈中國中等教育協進社簡章〉，《中等教育》一卷四期，1922 年。

5. 〈中華教育改進社成立紀要〉，《新教育》四卷二期，1922 年 1 月。

6. 〈中華教育改進社第一次年會分組會議記錄〉，《新教育》五卷三期，1922 年 10 月。

7. 〈中華教育改進社十二年度計畫〉，《新教育》六卷一期，1923 年 1 月。

8. 〈中華職業教育社第五屆年會紀要〉《新教育》五卷一期～二期，1922 年 8 月。

9. 〈今後之教育〉，《新教育》一卷一期，1919 年 2 月。

10. 〈北京高師附屬中學學制討論會紀〉，《教育叢刊》三卷二期，1922 年 4 月。

11. 〈北京高等師範學校附屬中學校新學則〉，《中等教育》二卷一期，1923 年。

12. 〈本月刊倡設之用意〉，《新教育》一卷一期，1919 年 12 月。

13. 〈本校試行新學制簡章〉，《中等教育》一卷三期，1922 年 7 月。

14. 〈民國之最近教育談〉，《教育雜誌》七卷三期，1915 年 3 月。

15. 〈全浙教育總會開年會〉，《教育雜誌》一卷十期，1908 年農曆 10 月。

16. 〈各省教育總會聯合會先聲〉，《教育雜誌》三卷三期，1911 年農曆 3 月。

17. 〈全國教育總會聯合會開會於上海〉，《教育雜誌》三卷五期，1911 年農曆 5 月。

18. 〈各省教育總會聯合會議案〉，《教育雜誌》三卷六期，1911 年農曆 6 月。

19. 〈請開全國教育會聯合會〉，《教育雜誌》六卷九期，1914 年 12 月。

20. 〈全國省教育會第一次聯合會記略〉，《教育雜誌》七卷六期，1915 年 6 月。

21. 〈全國省教育會第二次聯合會記略〉，《教育雜誌》八卷十二期，1916 年 12 月。

22. 〈全國教育會聯合會紀事〉，《教育雜誌》八卷十一期，1916 年 11 月。

23. 〈全國教育會聯合會第二次開會記〉，《教育雜誌》八卷十二期，1916 年 12 月。

24. 〈全國省教育會聯合會第三屆開會記略〉，《教育雜誌》九卷十一期，1917 年 11 月。

25. 〈全國省教育會聯合會第四次開會記略〉，《教育雜誌》十卷十一期，1918 年 11 月。

26. 〈全國省教育會聯合會議決案〉，《新教育》一卷一期，1919 年 2 月。

27. 〈第五次全國教育會聯合會開會誌要〉，《教育雜誌》十一卷十二期，1919 年 12 月。

28. 〈全國教育聯合會第六次議決案〉，《教育雜誌》十二卷十二期，1920 年 12 月。

29. 〈全國教育聯合會第七屆議決案〉，《教育雜誌》十四卷一期，1922 年 1 月。

30. 〈第七次全國教育聯合會議決學制系統草案〉，《教育雜誌》十三卷十二期，1921 年 12 月。

31. 〈第七次全國省教育聯合會始末記（摘錄申報抱一通信）〉，《新教育》四卷二期，1922 年 1 月。

32. 〈第七屆全國教育會聯合會紀略〉，《教育雜誌》十四卷一期，1922 年 1 月。

33. 〈第七次全國教育會聯合會議決案〉,《新教育》四卷三期,1922 年 3 月。

34. 〈新學制運動〉,《教育雜誌》十四卷二期,1922 年 2 月。

35. 〈再誌新學制運動〉,《教育雜誌》十四卷三期,1922 年 3 月。

36. 〈四誌新學制運動〉,《教育雜誌》十四卷五期,1922 年 5 月。

37. 〈各省省教育會聯合呈請設置教育獨立官廳〉《教育雜誌》六卷四期,1914 年 7 月。

38. 〈安徽省之學制改革〉,《新教育》六卷三期,1923 年 3 月。

39. 〈江蘇省立學校之竭蹶〉,《教育雜誌》八卷七期,1916 年 7 月。

40. 〈江蘇教育總會開己酉常年大會〉,《教育雜誌》一卷十期,1908 年農曆 10 月。

41. 〈江蘇教育總會之請議案〉,《教育雜誌》二卷十期,1909 年農曆 10 月。

42. 〈江蘇教育總會大會記事〉,《教育雜誌》二卷九期,1910 年農曆 9 月。

43. 〈江蘇對於新學制草案討論會議決案〉,《新教育》四卷五期,1922 年 5 月。

44. 〈江蘇職業教育計畫案〉,《新教育》六卷五期,1923 年 5 月。

45. 〈孟祿博士返京後與實際教育調查社之進行〉,《新教育》四卷二期,1922 年 1 月。

46. 〈孟祿博士來華後之行蹤與言論〉,《教育雜誌》十四卷一期,1922 年 1 月。

47. 〈再誌孟祿博士來華後之行蹤與言論〉,《教育雜誌》十四卷二期,1922 年 2 月。

48. 〈孟祿與中國教育界同人在中央公園餞別會之言論〉,《新教育》四卷四期,1922 年 4 月。

49. 〈孟祿調查教育行程表〉,《新教育》四卷四期,1922 年 4 月。

50. 〈直隸教育會提倡教育獨立之通函〉《教育雜誌》六卷三期,1914 年 6 月。

51. 〈怎樣實現新學制?〉,《教育雜誌》十四卷一期,1922 年 1 月。

52. 〈浙省施行新學制標準〉,《新教育》六卷三期,1923 年 3 月。

53. 〈教育部召集之學制會議及其議決案〉,《教育雜誌》十四卷十期,1922 年 10 月。

54. 〈學制會議議決案〉,《新教育》五卷四期,1922 年 11 月。

55. 〈教育調查會第一次會議報告〉,《教育雜誌》十一卷五期,1919 年 5 月。

56. 〈湘省教育現狀〉,《教育雜誌》十一卷二期,1919 年 2 月。

57. 〈雲南教育〉，《新教育》六卷二期，1923 年 2 月。

58. 〈集美學校師範部概況〉，《中等教育》二卷三期，1923 年。

59. 〈頒佈施行之學校系統改革案〉，《新教育》五卷五期，1922 年 12 月。

60. 〈實際教育調查社討論會所聞記〉，《新教育》五卷一期～二期，1922 年 8 月。

61. 〈對於新學制草案疑問的解釋〉，《新教育》四卷三期，1922 年 3 月。

62. 〈廣州執信學校試辦『六三三制』〉，《新教育》四卷二期，1922 年 1 月。

63. 〈徵求教育界對於新學制草案職業教育一部分意見的問題〉，《教育與職業》三十三期，1921 年 9 月。

64. 〈魯迅主張廢止袁世凱「教育綱要」簽注一則〉，《歷史檔案》，1981 年一期。

65. 〈選修實施概況〉，《中等教育》一卷二期，1922 年 4 月。

66. 〈蘇省施行新學制標準〉，《新教育》六卷三期，1923 年 3 月。

67. 〈蘇省實施新學制辦法〉，《新教育》六卷三期，1923 年 3 月。

68. 《中華教育改進社簡章》《新教育》四卷三期，1922 年 3 月。

69. 《江蘇學會暫定簡章》，《東方雜誌》二卷十二期，1905 年農曆 12 月。

70. 予同，〈對於新學制系統草案的我見〉，《教育雜誌》十四卷三期，1922 年 3 月。

71. 天民，〈中學校亟須改革之點〉，《教育雜誌》十卷九期，1918 年 9 月。

72. 王文培，〈改革學制的第一步〉，《教育叢刊》二卷五期，1921 年 10 月。

73. 王文培，〈與友人論初中職業科目究竟如何設施書〉，《新教育》六卷三期，1923 年 3 月。

74. 王文培，〈隨同孟祿博士調查教育個人之感想〉，《新教育》四卷四期，1922 年 4 月。

75. 王克仁，〈中等教育的目的和功用〉，《中等教育》一卷一期，1921 年 12 月。

76. 王克仁，〈中等學校加授近世社會問題之意見〉，《中華教育界》十卷六期，1920 年 11 月。

77. 王克仁，〈施行中等教育新制之參考〉，《教育雜誌》十四卷一期，1922 年 1 月。

78. 王克仁，〈編制中學課程之原則〉，《教育雜誌》，「學制課程研究號」，1922 年 5 月。

79. 王卓然，〈孟祿在華日記〉，《新教育》四卷四期，1922 年 4 月。

80. 王岫廬，〈新學制中學課程私議〉，《教育雜誌》，「學制課程研究號」，1922 年 5 月。

81. 王衍康,〈中學校實行選科制後所引起的幾個問題和救濟方法(上篇)〉,《中等教育》二卷三期,1923 年。

82. 王舜成,〈對於新學制草案職業教育一部分的意見〉,《教育與職業》三卷九期,1922 年。

83. 仲九,〈教育改造的方法〉,《中華教育界》十卷三期,1919 年 9 月。

84. 朱經農,〈初級中學應否採用選科制〉,《教育雜誌》十五卷一期,1923 年 1 月。

85. 朱經農,〈對於初級中學課程的討論(一)〉,《教育雜誌》十五卷三期,1923 年 3 月。

86. 何仲英,〈中學實行選科制商榷〉,《教育雜誌》十二卷九期,1920 年 9 月。

87. 余家菊,〈評教育聯合會之學制改造案〉,《中華教育界》十一卷七期,1922 年 2 月。

88. 余家菊,〈進一步討論學制〉,《教育雜誌》,「學制課程研究號」,1922 年 5 月。

89. 余家菊,〈論師範學制書〉,《教育叢刊》二卷五期,1921 年 10 月。

90. 吳研因,〈小學和初級中學的課程草案〉,《教育雜誌》,「學制課程研究號」,1922 年 5 月。

91. 李石岑,〈新學制草案評議〉,《教育雜誌》,「學制課程研究號」,1922 年 5 月。

92. 李步青,〈中學校制度之商榷〉,《教育雜誌》十二卷九期,1920 年 9 月。

93. 李步青,〈對新學制草案之一部分的意見〉,《教育與職業》三卷九期,1922 年。

94. 李步青,〈與貢沛誠君討論中學級任制〉,《新教育》五卷一期～二期,1922 年 8 月。

95. 李儒勉,〈中等教育今後底著眼點〉,《中等教育》二卷四期,1923 年 12 月。

96. 杜威講演,高一涵、孫伏園記〈杜威博士講演錄社會哲學與政治哲學〉(一～五),《新青年》七卷一期～七卷四期、八卷一期,1919 年 12 月～1920 年 3 月。

97. 沈恩孚,〈準備施行新學制之意見〉,《新教育》四卷二期,1922 年 1 月。

98. 沈恩孚,〈學風三變化〉,《新教育》五卷五期,1922 年 12 月。

99. 汪懋祖,〈中華教育改進社的緣起〉,《新教育》五卷三期,1922 年 10 月。

100. 汪懋祖,〈中學教育之檢討與改進〉,《中華教育界》二十二卷一期,1934 年 7 月。

101. 汪懋祖，〈我國中小學採用六三三制質疑〉，《教育叢刊》三卷三期，1922年5月。

102. 汪懋祖，〈改革學制要求之一斑〉，《教育叢刊》二卷五期，1921年10月。

103. 汪懋祖，〈孟祿博士之所以來華與實際教育社之緣起〉，《教育叢刊》二卷八期，1922年2月。

104. 汪懋祖，〈對於江蘇省立中學校採用選科制貢議〉，《教育叢刊》二卷五期，1921年10月。

105. 汪懋祖，〈對於新學制草案高等教育段質疑之點〉，《新教育》四卷二期，1922年1月。

106. 周予同，〈新制中學的國文課程〉，《教育雜誌》，「學制課程研究號」，1922年5月。

107. 周予同，〈對於新學制系統草案的我見〉，《教育雜誌》十四卷三期，1922年3月。

108. 周越然，〈新制中學的外國語〉，《教育雜誌》，「學制課程研究號」，1922年5月。

109. 孟祿講，廖世承譯，〈對於學制改進方面之意見數則〉，《新教育》四卷四期，1922年4月。

110. 孟祿，王岫盧譯〈評中國新學制草案〉，《教育雜誌》，「學制課程研究號」，1922年5月。

111. 孟祿，徐則陵譯，〈論中國新學制草案〉，《新教育》四卷二期，1922年1月。

112. 孟祿，王岫盧譯，〈論新學制中等教育〉，《教育雜誌》十四卷九期，1922年9月。

113. 季雲，〈對於新學制草案職業教育一部分之意見〉，《教育與職業》三卷九期，1922年。

114. 易家鉞，〈一個緊急的建議——中等學校及專門學校加授社會學及社會問題〉，《教育雜誌》，「學制課程研究號」，1922年5月。

115. 金宗華，〈江蘇省立一中普通科四年級志願分組的經過〉，《中等教育》一卷四期，1922年12月。

116. 金曾澄，〈廣東提出學制系統草案之經過及其成立〉，《新教育》四卷二期，1922年1月。

117. 邰爽秋，〈初級中學教授社會經濟學大綱〉，《教育雜誌》，「學制課程研究號」，1922年5月。

118. 俞子夷，〈小學的新課程〉，《教育雜誌》，「學制課程研究號」，1922年5月。

119. 俞子夷，〈中華民國十年的初等教育〉，《新教育》四卷二期，1922 年 1 月。

120. 俞子夷，〈民國十一年之初等教育〉，《新教育》六卷二期，1923 年 2 月。

121. 俞子夷，〈江蘇新學制草案討論會關於小學一部分各方面意見的彙集研究〉，《教育雜誌》，「學制課程研究號」，1922 年 5 月。

122. 俞子夷，〈新學制草案應修正的幾個要點〉，《教育雜誌》，「學制課程研究號」，1922 年 5 月。

123. 俞子夷，〈彈性編制是甚麼？〉，《教育雜誌》，「學制課程研究號」，1922 年 5 月。

124. 俞子夷，〈關於全國教育會聯合會議決學制系統草案初等教育段的問題〉，《新教育》四卷二期，1922 年 1 月。

125. 俞子夷，〈讀李步青貢沛誠兩先生討論中學級任制並且報告小學校試行指導制的一個經驗〉，《新教育》六卷一期，1923 年 1 月。

126. 姜琦，〈學制革新之先決問題〉，《教育雜誌》十二卷九期，1920 年 9 月。

127. 胡適，〈杜威的教育哲學〉，《新教育》一卷三期，1919 年 4 月。

128. 胡適，〈杜威哲學的根本觀念〉，《新教育》一卷三期，1919 年 4 月。

129. 胡適，〈實驗主義〉，《新青年》六卷四期，1919 年 4 月。

130. 胡適，〈對於新學制的感想〉，《新教育》四卷二期，1922 年 1 月。

131. 胡適，〈中學的國文教學〉，《新教育》五卷三期，1922 年 10 月。

132. 胡適，〈記第八屆全國教育會聯合會討論新學制的經過〉，《努力週報》，1922 年 10 月 22 日。

133. 凌冰，〈孟祿博士來華調查的緣起〉，《新教育》四卷四期，1922 年 4 月。

134. 凌冰口譯，胡適、陳寶泉、陶行知編輯，〈孟祿的中國教育討論〉，《新教育》四卷四期，1922 年 4 月。

135. 夏宇眾，〈本刊之緣起〉，《教育叢刊》一卷一期，1920 年 2 月。

136. 夏承楓，〈最近中等教育界的兩種爭辯〉，《中等教育》二卷三期，1923 年。

137. 徐則陵，〈孟祿中等教育之原則〉，《新教育》四卷四期，1922 年 4 月。

138. 晏陽初，〈平民教育新運動〉，《新教育》五卷五期，1922 年 12 月。

139. 秦翰才，〈一剎那間一百期了！〉，《教育與職業》一○○期，1928 年 6 月。

140. 袁希濤，〈民國十年之義務教育〉，《新教育》四卷二期，1922 年 1 月。

141. 袁希濤，〈新學制草案與各國學制之比較〉，《新教育》四卷二期，1922 年 1 月。

142. 貢沛誠，〈我對於中學級任制之疑問及研究〉，《新教育》四卷五期，1922 年 5 月。

143. 貢沛誠，〈復李步青先生『與貢沛誠君討論中學級任制』〉，《新教育》五卷四期，1922 年 11 月。

144. 常乃惠，〈師範教育改造問題〉，《教育雜誌》，「學制課程研究號」，1922 年 5 月。

145. 常道直，〈全國各高等專門以上學校應設法擴充學額之意見〉，《教育叢刊》二卷五期，1921 年 10 月。

146. 莊俞，〈新學制實行之商榷〉，《教育雜誌》四卷九期，1912 年 12 月。

147. 莊俞，《採用實用主義》，《教育雜誌》五卷七期，1913 年 10 月。

148. 莊俞，〈對於新學制小學教科目的意見〉，《教育雜誌》，「學制課程研究號」，1922 年 5 月。

149. 莊澤宣，〈再論改革學制〉，《教育雜誌》十三卷九期，1921 年 9 月。

150. 莊澤宣，〈改革學制的建議〉，《教育叢刊》二卷五期，1921 年 10 月。

151. 莊启，〈對於新學制系統表之意見〉，《教育雜誌》，「學制課程研究號」，1922 年 5 月。

152. 許崇清，〈論第五屆教育聯合會改革師範教育諸案〉，《教育雜誌》十二卷九期，1920 年 9 月。

153. 郭秉文，〈民國十年之高等教育〉，《新教育》四卷二期，1922 年 1 月。

154. 郭秉文，〈十年之教育調查〉，《新教育》四卷三期，1922 年 3 月。

155. 郭秉文，〈民國十一年之高等教育〉，《新教育》六卷二期，1923 年 2 月。

156. 陳公博，〈我對於改造中學的意見〉，《新教育》三卷三期，1920 年 3 月。

157. 陳兆衡，〈美國的學校組織〉，《教育叢刊》二卷五期，1921 年 10 月。

158. 陳俊介，〈學制系統草案關於職業教育的我見〉，《教育與職業》三卷九期，1922 年。

159. 陳啓天，〈中國新教育思潮小史〉，《中華教育界》十三卷二期，1924 年 8 月。

160. 陳啓天，〈初級中學的沿革宗旨及銜接問題〉，《中華教育界》十四卷九期，1925 年 9 月。

161. 陳獨秀，〈今日的教育方針〉，《青年雜誌》一卷二期，1915 年 10 月。

162. 陳獨秀，〈新文化運動是什麼？〉，《新青年》七卷五期，1920 年 4 月。

163. 陳獨秀，〈新教育是什麼〉，《新青年》八卷六期，1921 年 4 月。

164. 陸規亮，〈對於新學制草案職業教育一部分之意見〉，《教育與職業》三卷九期，1922 年。

165. 陸費逵，〈民國普通學制議〉，《教育雜誌》三卷十期，1912 年 1 月。

166. 陸殿揚，〈民國十年之中等教育〉，《新教育》四卷二期，1922 年 1 月。

167. 陸殿揚，〈江蘇省立中學學制變更的歷史觀〉，《教育雜誌》，「學制課程研究號」，1922 年 5 月。

168. 陸殿揚，〈江蘇省對於新學制草案「中等教育」及「中等高等教育銜接」意見之統計〉，《教育雜誌》，「學制課程研究號」，1922 年 5 月。

169. 陸殿揚，〈一個新學制初級中學的學程標準〉，《新教育》五卷一期～二期，1922 年 8 月。

170. 陸殿揚，〈全國中學校狀況調查統計〉，《新教育》五卷五期，1922 年 12 月。

171. 陸殿揚，〈民國十一年之中學教育〉，《新教育》六卷二期，1923 年 2 月。

172. 陸爾奎，〈論教育會之性質〉，《教育雜誌》一卷九期，1909 年農曆 8 月。

173. 陶行知，〈試驗主義與新教育〉，《新教育》一卷一期，1919 年 2 月。

174. 陶行知，〈中學教育實驗之必要〉，《中等教育》一卷一期，1921 年 12 月。

175. 陶行知，〈中國建設新學制的歷史〉，《新教育》四卷二期，1922 年 1 月。

176. 陶行知，〈我們對於新學制草案應持之態度〉，《新教育》四卷二期，1922 年 1 月。

177. 陶行知，〈評學制草案標準〉，《新教育》四卷二期，1922 年 1 月。

178. 陶行知，〈女子教育在學制上佔領地位之十五周紀念〉，《新教育》四卷三期，1922 年 3 月。

179. 陶行知，〈新學制與師範教育〉，《新教育》四卷三期，1922 年 3 月。

180. 陶行知，〈中華教育改進社第一次年會報告敘〉，《新教育》五卷三期，1922 年 10 月。

181. 陶孟和，〈論學制系統〉，《新教育》四卷二期，1922 年 1 月。

182. 章欽亮，〈對於新學制草案職業教育一部分之意見〉，《教育與職業》三卷九期，1922 年，頁 33～34。

183. 喻鑑，〈南開學校之三三課程〉，《新教育》四卷五期，1922 年 5 月。

184. 湯茂如，〈孟祿看的得意的學校〉，《新教育》四卷四期，1922 年 4 月。

185. 程時煃，〈中學校教科課程之研究〉，《教育雜誌》，「學制課程研究號」，1922 年 5 月。

186. 程時煃，〈四二制的學校系統〉，《教育叢刊》二卷五期，1921 年 10 月。

187. 程時煃，〈對於新學制之概評〉，《教育雜誌》，「學制課程研究號」，1922 年 5 月。

188. 程湘帆，〈公民教育之宗旨與目標〉，《新教育》四卷三期，1922 年 3 月。

189. 程湘帆，〈新制中師範學校課程編制之意見〉，《新教育》五卷一期～二期，1922 年 8 月。

190. 程湘帆，〈師範學校之各學科教學標準〉，《新教育》六卷五期，1923 年 5 月。

191. 舒新城，〈中學學制問題〉，《教育雜誌》十四卷一期，1922 年 1 月。

192. 舒新城，〈中學校課程研究〉，《教育雜誌》，「學制課程研究號」，1922 年 5 月。

193. 舒新城，〈對於新學制本身的討論〉，《教育雜誌》，「學制課程研究號」，1922 年 5 月。

194. 舒新城，〈道爾頓制與中等教育〉，《中等教育》二卷一期，1923 年。

195. 舒新城，〈中國職業教育思想小史〉，《教育與職業》一〇〇期，1928 年 6 月。

196. 雲六，〈現行師範學制的流弊及其改革法〉，《教育雜誌》十二卷九期，1920 年 9 月。

197. 雲六，〈學制系統草案評〉，《教育雜誌》十四卷一期，1922 年 1 月。

198. 雲甫，〈高師應改師範大學之理由及辦法〉，《教育叢刊》二卷五期，1921 年 10 月。

199. 黃炎培，〈學校教育採用實用主義之商榷〉，《教育雜誌》五卷七期，1913 年 10 月。

200. 黃炎培，〈實用主義產出之第一年〉，《教育雜誌》七卷一期，1915 年 1 月。

201. 黃炎培，〈實用主義產出之第三年〉，《教育雜誌》九卷一期，1917 年 1 月。

202. 黃炎培，〈讀中華民國最近教育統計〉，《新教育》一卷一期，1919 年 2 月。

203. 黃炎培，〈民國十年之職業教育〉，《新教育》四卷二期，1922 年 1 月。

204. 黃炎培，〈一個全國教育界的大問題〉，《新教育》四卷三期，1922 年 3 月。

205. 黃炎培，〈我所希望孟祿來華的效果〉，《新教育》四卷四期，1922 年 4 月。

206. 黃炎培，〈我對於新學制的希望，〉，《教育雜誌》，「學制課程研究號」，1922 年 5 月。

207. 黃炎培，〈職業教育〉，《新教育》五卷三期，1922 年 10 月。

208. 黃炎培，〈民國十一年之職業教育〉，《新教育》六卷二期，1923 年 2 月。

209. 楊鄂聯，〈師範學校教生實習之商榷〉，《新教育》四卷五期，1922 年 5 月。

210. 楊鄂聯，〈新學制草案初等教育段的討論〉，《教育雜誌》，「學制課程研究

號」，1922 年 5 月。

211. 楊鄂聯，〈高小畢業生出路感言〉，《新教育》六卷四期，1923 年 4 月。

212. 楊蔚陰，〈試行新學制之先聲〉，《中等教育》一卷二期，1922 年 4 月。

213. 楊賢江，〈美國最近教育之趨勢〉，《教育雜誌》十四卷一期，1922 年 1 月。

214. 經亨頤，〈新學制研究〉，《教育叢刊》三卷二期，1922 年 4 月。

215. 解中藨，〈新學制師範學校課程的研究〉，《教育雜誌》，「學制課程研究號」，1922 年 5 月。

216. 賈豐臻，〈吾國教育思想不振之原因〉，《教育雜誌》八卷三期，1916 年 3 月。

217. 賈豐臻，〈教育危言〉，《教育雜誌》八卷四期，1916 年 4 月。

218. 賈豐臻，〈教育上之覺悟〉，《教育雜誌》八卷九期，1916 年 9 月。

219. 賈豐臻，〈教育新趨勢〉，《教育雜誌》十卷九期，1918 年 9 月。

220. 賈豐臻，〈今後吾國教育上應行革新之點〉，《教育雜誌》十一卷十二期，1919 年 12 月。

221. 賈豐臻，〈今後學制革新之研究〉，《教育雜誌》十二卷六期，1920 年 6 月。

222. 賈豐臻，〈續今後學制革新之研究〉，《教育雜誌》十二卷九期，1920 年 9 月。

223. 賈豐臻，〈再續今後學制革新之研究〉，《教育雜誌》十三卷九期，1921 年 9 月。

224. 賈豐臻，〈告各省教育會聯合會諸君〉，《教育雜誌》十二卷九期，1920 年 9 月。

225. 賈豐臻，〈閱全國教育會聯合會議決案贅言〉，《教育雜誌》十三卷三期，1921 年 3 月。

226. 過探先，〈什麼是初等農業教育〉，《新教育》四卷五期，1922 年 5 月。

227. 過探先，〈對於新學制草案職業教育農科一部分的意見〉，《教育與職業》三卷九期，1922 年。

228. 鄒秉文，〈民國十年之農業教育〉，《新教育》四卷二期，1922 年 1 月。

229. 鄒秉文，〈吾國新學制與此後之農業教育〉，《新教育》四卷三期，1922 年 3 月。

230. 鄒秉文，〈對於孟祿的中國教育討論之感想〉，《新教育》四卷四期，1922 年 4 月。

231. 鄒秉文，〈對於吾國甲種農校宗旨辦法之懷疑〉，《教育與職業》三卷一期，1922 年。

232. 鄒秉文，〈新學制實行後之各省農業教育辦法〉，《新教育》六卷一期，1923 年 1 月。

233. 鄒秉文，〈江蘇實行新學制後之農業教育辦法〉，《新教育》六卷二期，1923 年 2 月。

234. 鄒恩潤，〈美國的職業指導運動〉，《新教育》五卷四期，1922 年 11 月。

235. 鄒恩潤，〈十年來之中國職業教育出版物〉，《教育與職業》一〇〇期，1928 年 6 月。

236. 廖世承，〈中小學溝通問題〉，《中等教育》一卷一期，1921 年 12 月。

237. 廖世承，〈中等教育發刊辭〉，《中等教育》一卷一期，1921 年 12 月。

238. 廖世承，〈附中未來五年內之計畫〉，《中等教育》一卷一期，1921 年 12 月。

239. 廖世承，〈新學制與中學教育〉，《新教育》四卷二期，1922 年 1 月。

240. 廖世承，〈介紹新書《選修實施概況》〉，《中等教育》一卷二期，1922 年 4 月。

241. 廖世承，〈測驗與中學校〉，《中等教育》一卷二期，1922 年 4 月。

242. 廖世承，〈本校編制新學制課程的經過情況〉，《中等教育》一卷三期，1922 年 7 月。

243. 廖世承，〈美國最近編制課程的目標〉，《新教育》四卷五期，1922 年 5 月。

244. 廖世承，〈關於新學制草案中等教育課程之研究〉，《教育雜誌》，「學制課程研究號」，1922 年 5 月。

245. 廖世承，〈復貢君沛誠論中學級任制事〉，《新教育》五卷一期～二期，1922 年 8 月。

246. 廖世承，〈關於新學制一個緊急的問題〉，《新教育》五卷四期，1922 年 11 月。

247. 廖世承，〈中學校與職業教育〉，《教育與職業》三卷九期，1922 年。

248. 廖世承，〈從今後〉，《中等教育》二卷一期，1923 年。

249. 廖世承，〈中等學校的學級編制〉，《中等教育》二卷三期，1923 年。

250. 劉永昌，〈江蘇全省區中學校歷屆畢業生調查表〉，《教育雜誌》十一卷二期，1919 年 2 月。

251. 劉憲，〈對於新學制草案職業教育一部分之意見〉，《教育與職業》三卷九期，1922 年。

252. 潘公展筆述，〈記杜威博士演講大要〉，《新教育》一卷三期，1919 年 4 月。

253. 潘文安，〈新學制草案高初級中學課程之研究〉，《教育雜誌》，「學制課程

研究號」，1922 年 5 月。

254. 潘文安，〈新學制與職業教育〉，《教育與職業》三卷九期，1922 年。

255. 潘吟閣，〈對於新學制草案職業教育一部分之意見〉，《教育與職業》三卷九期，1922 年。

256. 蔣夢麟，〈今後世界教育之趨勢〉，《新教育》一卷二期，1919 年 3 月。

257. 蔣夢麟，〈教育究竟做什麼〉，《新教育》一卷一期，1919 年 2 月。

258. 蔡元培，〈新教育意見〉，《教育雜誌》三卷十一期，1912 年 2 月。

259. 蔡元培，〈新教育與舊教育之歧點〉，《新青年》五卷一期，1918 年 7 月。

260. 蔡元培，〈德國分科中學之說明〉，《新青年》五卷五期，1918 年 11 月，頁 509。

261. 蔡元培，〈全國教育會聯合會所議決之學制系統草案評〉，《新教育》四卷二期，1922 年 1 月。

262. 鄭宗海，〈杜威教育主義〉，《新教育》一卷二期，1919 年 3 月。

263. 鄭宗海，〈初級中學之特別職能及其課程，〉，《教育雜誌》，「學制課程研究號」，1922 年 5 月。

264. 鄧萃英，〈教育宗旨果可存在乎？〉，《教育叢刊》一卷二期，1920 年 3 月。

265. 鄧萃英，〈現代教育思潮與教育行政方針〉，《教育叢刊》一卷三期，1920 年 6 月。

266. 鄧萃英，〈學制改革案〉，《教育叢刊》二卷五期，1921 年 10 月。

267. 導之，〈對於主張廢除師範學制之質疑〉，《教育叢刊》二卷五期，1921 年 10 月。

268. 鍾道纘，〈中國實業教育制度改善之商榷〉，《教育叢刊》二卷五期，1921 年 10 月。

269. 顧樹森，〈對於改革現行學制之意見〉，《教育雜誌》十二卷九期，1920 年 9 月。

270. 顧樹森，〈職業教育種種問題的研究〉，《新教育》五卷四期，1922 年 11 月。

（二）研究成果

1. 白錦表，〈影響浙江教育近代化的因素與浙江近代教育的特點〉，《浙江教育學院學報》三期，2002 年 5 月。

2. 李露，〈論「全國教育會聯合會」對民初教育立法的影響〉，《學術論壇》總一四〇，2000 年 3 月。

3. 盂旭，〈中國近代實業教育的產生和實業教育制度的確立〉，《山西大學師範學院學報（哲學社會科學版）》，1998 年四期。

4. 林正珍，〈晚清學制的變遷及西方教育制度的引介〉，《通識教育》一卷四期，1984 年 12 月。

5. 林正珍，〈清代教育制度之研究〉，《新竹師專學報》七期，1981 年 5 月。

6. 邱秀香，〈清末新式教育的理想與現實〉，臺北：政治大學碩士論文，1998 年。

7. 金林祥，〈中國學制近代化論略〉，《教育評論》，1996 年一期。

8. 洪喜美，〈孟祿來華為中國教育把脈〉，《國史館館刊》十八期，1995 年 6 月。

9. 高田幸男、甘慧杰譯，〈清末地方社會教育行政機構的形成──蘇、浙、皖三省各廳、州、縣教育行政機構的狀況〉，《史林》三期，1996 年。

10. 張起鳳，《黃炎培：中國職業教育的先驅》，臺北：師範大學歷史研究所碩士論文，1989 年。

11. 陳進金，〈晚清教育的現代化──以制度面為中心的探討〉，《近代中國》一一八期，1997 年 4 月。

12. 賀金林，〈清末教育會淺議〉，《船山學刊》，2003 年一期。

13. 黃士嘉，〈清末新教育的萌芽（1862～1901）〉，《近代中國》一一四期，1996 年 8 月。

14. 黃士嘉，〈清末師範教育的萌芽（1897～1911）〉，《近代中國》一一五期，1996 年 10 月。

15. 楊建華，〈上海近代教育期刊的歷史沿革〉，《華東師範大學學報》二十二卷一期，2004 年 3 月。

16. 楊洋，〈開創日本近代教育制度的《學制》〉，《首都師範大學學報（社會科學版）》，2004 年增刊。

17. 廖承琳、吳洪成，〈近代中國學制演變與職業教育發展〉，《西南師範大學學報》（人文社會科學版），2004 年二期。

18. 趙建民，〈吳汝綸赴日考察與中國學制近代化〉，《檔案與史學》1999 年五期，1999 年 10 月。

19. 劉海峰，〈大陸的中國近代教育史研究述評〉，《近代中國史研究通訊》二十期，1995 年 9 月。

20. 劉莉，〈試論黃炎培實用主義教育思想在中國近代教育思想史上的地位〉，《河南教育學院學報（哲學社會科學版）》，2003 年二期。

21. 劉會，〈《壬戌學制》與杜威的實用主義教育理論〉，《西南師範大學學報（哲學社會科學版）》，1994 年一期。

22. 謝長法，〈清末教育改革家羅振玉〉，《歷史月刊》一四三期，1999 年 12 月。

23. 謝長法，〈實業教育的傳入及其在中國的萌芽〉，《教育與職業》，2001 年
　　十期。

24. 謝長法，〈晚清實業教育的發展〉，《教育與職業》，2001 年十二期。

25. 謝長法，〈實業教育的改革與職業教育的興起〉，《教育與職業》，2002 年
　　二期。

26. 蘇雲峰，〈近代中國教育思想之演變〉，《中央研究院近代史研究所集刊》
　　十期，1981 年 7 月。

七、外文專書

1. Cong, Xiaoping. *Teachers' Schools and the Making of the Modern Chinese Nation-State, 1897~1937*. Vancouver: UBC Press, 2007.

2. Keenan Barry. *The Dewey Experiment in China: Educational Reform and Political Power in the Early Republic*. Cambridge: Harvard University; distributed by Harvard University Press, 1977.

3. Kuang, Qizhang. "Pragmatism in China: The Deweyan Influence." Ph. D. dissertation, Michigan State University, 1994.

4. McElroy, Sarah Coles. "Transforming China through Education: Yan Xiu, Zhang Boling, and the Effort to Build a New School System, 1901~1927." Ph.D. dissertation, Yale University, 1996.

5. Schwintzer, Ernst Peter. "Education to Save the Nation: Huang Yanpei and the Educational Reform Movement in Early Twentieth Century China." Ph. D. dissertation, University of Washington, 1992.

6. Wang, Jessica Ching-Sze. *John Dewey in China: to Teach and to Learn*. Albany: State University of New York Press, 2007.

7. Yao, Yusheng. "National Salvation through Education: Tao Xingzhi's Educational Radicalism." Ph. D. dissertation, The University of Minnesota, 1999.

8. Yeh Wen-Hsin. *Provincial Passages: Culture, Space, and Origins of Chinese Communism*. Berkeley: University of California Press, 1996.

9. Yeh Wen-Hsin. *The Alienated Academy: Culture and Politics in Republican China 1919~1937*. Cambridge, Mass. Harvard University Press, 1990.

10. 文部省，《學制九十年》，東京：文部省，1964 年。

11. 阿部洋，《中國近代學校史研究》，東京：福村出版株式會社，1993 年。

12. 阿部洋，《對支文化事業研究》，東京：汲古書院，2004 年。